◎『苏州文化丛书』向世人展示苏州文化的综合实力，用以提高苏州人的文化素养，提高人的素质，用以吸引与沟通五湖四海的朋友。

——陆文夫

◇苏州文化丛书

苏州小巷

Suzhou Culture Series

Suzhou Alleys

薛亦然◇著

苏州大学出版社
Soochow University Press

图书在版编目（CIP）数据

苏州小巷 / 薛亦然著. -- 苏州 : 苏州大学出版社, 2025. 1. -- (苏州文化丛书). -- ISBN 978-7-5672-5126-7

Ⅰ. K295.33

中国国家版本馆CIP数据核字第2025FV4179号

书　　名	苏州小巷　SUZHOU XIAOXIANG
著　　者	薛亦然
责任编辑	朱绍昌
助理编辑	任雨萌
装帧设计	唐伟明
篆　　刻	王莉鸥
出版发行	苏州大学出版社（Soochow University Press）
社　　址	苏州市十梓街 1 号　　邮编　215006
网　　址	http: //www. sudapress. com
邮　　箱	sdcbs@ suda. edu. cn
印　　装	苏州工业园区美柯乐制版印务有限责任公司
邮购热线	0512-67480030　销售热线　0512-67481020
网店地址	https: //szdxcbs. tmall. com（天猫旗舰店）
开　　本	890 mm × 1240 mm　1/32　印张　12
字　　数	286 千
版　　次	2025 年 1 月第 1 版
印　　次	2025 年 1 月第 1 次印刷
书　　号	ISBN 978-7-5672-5126-7
定　　价	95.00 元

凡购本社图书发现印装错误，请与本社联系调换。服务热线：0512-67481020

总　序

无论是从中国还是从世界来看，苏州都可以称得上是一座杰出的城市。先天的自然禀赋，后天的人文创造，造就了这么一颗美丽耀眼的东方明珠。

得山川之灵秀，收天地之精华，苏州颇获大自然的厚爱与垂青。自然向历史积淀，历史向文化生成。作为一个悠久的文化承载之地，苏州积淀了丰厚的文化底蕴，两千五百多年的历史风烟在这里凝聚成无尽的文化层积。说起苏州，人们不能不想到其园林胜迹、古桥小巷，不能不谈及其诗文画卷、评弹曲艺，不能不提到其丝绸刺绣、工艺珍品，如此等等。从物的层面上去看，园林美景、丝绸工艺、路桥街巷这些文化活化石，映显了苏州人丰硕的文化创造成果，生动地展示了其千年的辉煌。翻开苏州这本大书，首先跃入眼帘的就是这些物化的文化结晶体。外地人触摸苏州，大约更多的是从这一层面上去接受。这是一个当然的视角。再从人的层面上去看，赫赫有名的苏州状元，风流倜傥的苏州才子，儒雅淳厚的苏州宰相，巧夺天工的苏州匠人……在中国文化史上亦称得上是一大文化奇观。特别是在明清时代，其耀眼的光芒照亮了东南大地的星空，总为人们所津津乐道。从人到物，由物及人，这些厚厚实实的文化存在，就是人们在凝视苏州时所注目的两大焦点。当展读苏州这本大书时，那些活泼泼的文化人物与活生生的文化创造物，就流光溢彩般地凸显在眼前。作为在中国文化史上具有重大影响力的苏州地域文化，其文化的丰厚性不仅在于其（自然）文化生态的意义上，也不仅在于其具有诸如苏州园林、苏州刺绣这种物化形态的文化产品上，更在于其文化创造主体的庞大与文化创造精神的活跃，在于其文化性格的早熟与文化心理的厚重。自古以来，苏州就是一个文化重镇，散发与辐射出浓厚的文化气息。这里产生过、活动过、寄寓过数不清的文化名人，从文人学者到书家画士，从能工巧匠到医坛圣手……这里学宫书院林立，藏书楼阁遍布，到处都呈现出生生不息的文化创造与永不停顿的文化传播。这种文化承传与延递，从未湮灭或消沉过。

接近一座城市，就像是打开一本包罗万象的书；感受她是一种享受，而要内在地理解她，则又需要拥有健全的心智。读解一座城市，既是容易的，又是困难的，特别是在读解像苏州这样一座文化古城时，其情形就更是如此了。正是为了帮助读者去充分阅读与深入理解苏州这一文化存在，于是便有了这一套“苏州文化丛书”。

感谢丛书的作者们，他们辛勤的劳动，为我们提供了一套内容丰富的文本。之中，经过他们的爬梳与整理，捧献出大量的阅读资料，并且从其自身的特定视角出发，阐释了其对于苏州文化的认识与理解。作为对苏州文化事实知之不多或知之不深的外地读者来说，这等于提供了一个让其接近苏州文化母本的间接文本；对于熟知苏州文化的读者特别是本地读者来说，则是提供了一个“奇文共欣赏，疑义相与析”而便于展开共同讨论的文本。这对于扩大苏州文化的影响，对于深化关于苏州文化内涵的理解，都是甚有益处的。

有一千个读者，就会有一千个哈姆雷特。对于每一个文本的理解，都是一个独特的视角，都是一种个性化的文化理解方式。就“苏州文化丛书”而言，重要的不在于希望读者都能同意与接受作者们对于苏州文化的这种阐释，而在于希望他们能够从这些读解中受到某种启发，从而生发出对于苏州文化进一层的深入认识。正像有人所说的那样，你从这些资料中读出一二三四五，而他人则可能从中看出六七八九十。重要的不在于从这种读解中所得出来的结论，而在于对这种读解过程的积极参与，体现出对当下苏州文化的热爱。如果能在这种不断往复的文化探询中，达到某种程度上的视界融合，并对苏州现代化的伟大实践产生积极的推动作用，那么，这就正切合编辑出版这套“苏州文化丛书”的初衷与主旨了。

读解苏州，这是一项颇有意义的文化工作，既有其文化学上的意义，又有其重要的现实功能。读解苏州文化，并不仅仅在于发思古之幽情，更在于要在历史文化与现实发展之间寻找到一个连接点。纵观历史，苏州有着丰厚的文化底蕴；审视现实，苏州正率先进行着宏大的中国式现代化建设之实践。在这一历史与现实的衔接中，大力加强文化开发和文化建设，无论怎样评价其对于推动当下中国式现代化建设的重要意义都不会过高。而读解苏州文化，理解本地域文化的自身特点，正是建设文化大市的一项基础性的工程。文化苏州，文化兴市。文化——这是苏州的底蕴、源泉、特色和优势所在。中国早期资本主义的最初萌芽，为什么会萌发于明清时期的苏州一带？享誉中外的乡镇工业的“苏南模式”，为什么会出自苏锡常这一苏南地区？新加坡政府在反复的比较论证后，为什么会选择苏州作为其合作建立工业园区的场址？名闻遐迩的“张家港精神”“昆山之路”，为什么能产生于苏州地域？在这里，人们可以寻找出许多别的什么理由，但有一点是共同的，那就是苏州有着非同寻常的文化沃土。读解苏州，就是读解苏州文化，不仅注目于其物质文化的层面，更是要从读“物”的层面进入读“人”的层面，读解其内在的文化精神，并在这种文化传承中实现文化的大发展，创立体现当代精神文明水平之“苏州文化模式”，从而推进苏州现代化建设之伟大进程。

书有其自身的命运；书比人长寿。“苏州文化丛书”首次出版时，是以二十世纪末的视角对苏州文化的一种读解，在某种程度上代表了我们这一代人对苏州文化的当下理解和集体记忆。她是一群文化研究工作者在世纪之交对苏州文化的整理和总结，当然也带有对二十一世纪苏州文化的展望与畅想。读解苏州，是读解一种文化存在，读解一种文化精神，而其“读解”之自身亦体现为一种文化创新活动。只要人们的文化创造活动没有停止，那么，这种读解工作就不会有止境。我们热切地期待着人们对她的热情关注、充分参与与积极回应。

值此“苏州文化丛书”修订出版之际，我们还要向丛书初版的组织者、主持者高福民先生和高敏女士，向支持与关怀丛书初版的梁保华先生和陆文夫先生，致以我们深深的敬意！他们所做的惠及后人的工作，为这套丛书打下了良好的基础，从而使这次进一步的修订完善成为可能。

陈长荣

（苏州大学出版社编审）

2024 年初夏

目录

contents

◎ 附录 ◎

引子： 当你说苏州小巷

苏州是一个美丽的词，当我们撮起嘴唇把这个名字说出来时，便会油然想到很多优雅的事情，除非没有来过苏州，除非没有听说过苏州——那实在是不可思议的大缺憾，这几千年文化结晶而成的美丽在这个世界上是不可替代、独一无二的。

小巷是一个亲切的词，她使我们想起家，想起童年，我们的思绪便会从纷繁琐碎的世事纠缠里一下子宕开很远，随意自适而恬然、怡然。

把这两个词连在一起——苏州小巷，我们便会感到一种亲切的美丽如水涌来，一颗苦于俗务的心便在那漫无边际的大水里舒展、荡漾，戴望舒那首《雨巷》的音韵便会不期而至：

撑着油纸伞，独自
彷徨在悠长，悠长
又寂寥的雨巷，

我希望逢着
一个丁香一样地
结着愁怨的姑娘。
…………

苏州是有一条巷子叫丁香巷，她西起于平江路，东止于仓街，北面是胡厢使巷，南面是大柳枝巷，是一条典型的苏州小巷。戴望舒曾经是在一个什么样的雨天在那油油的青石板路上徜徉过？记得以前看到过一篇专门考证此事的文章，读后大不以为然，有什么必要对此考证一番呢？这样的情调、这样的意境、这样美丽的诗，只能诞生在苏州。

一个城市有一个城市的风貌，这风貌也必然有一点能够体现其神髓的基点，比如胡同之于北京，里弄之于上海。在苏州，这一基点所在就是小巷。

不认识苏州小巷，就等于不认识苏州。

诘难者问：那么虎丘呢？要知道，大文豪苏东坡早在一千多年前就下过“到苏州不游虎丘，乃憾事也”的断语，有些导游说得顺嘴，苏东坡的话就成了“到苏州没到虎丘，就等于没到苏州”。于是一些贪图省事的游客、一些喜欢“上速成班”“吃快餐”的游客就真的以为游览了虎丘再附带到几个园林串串门，就算把苏州“解决”了，以为区区一张导游图就已经把苏州“一锅烩”了。其实哪能呢？要真是那样，苏州就不是苏州了。

苏东坡不能“一句顶一万句”，文人的话，有些只能姑妄听之，当不得真的。他们一登山就手舞足蹈，一喝酒就得意忘形，那时候十句话就要有十二句话带有夸张色彩，你去和他们计较？就是这个苏东坡，在苏州有一个朋友，叫闾邱孝终，曾经在黄州做过官，那是苏东坡写出著名的前后《赤壁赋》的地方。他们俩大概就是在黄州轧上朋友的。苏东坡到苏州来玩，闾邱孝终自然要略尽地主之谊，苏东坡又是一个喜爱杯中物的主儿，自然是感情深，一口闷，兴趣广博的苏东坡对苏帮菜肴也很赞赏（其中肯定有一道肥而不腻的扣肉）。诗人一高兴，少不得要说几句疯话，好像也要为主人的接风宴添上一道菜，于是就说出了苏州有二邱，不到虎丘即到闾邱的过头话来。文人酒后说些这样的话并不奇怪，但不奇怪并不意味着不错。一位故友显然不能跟虎丘相提并论，如同虎丘也不能与苏州等量齐观。不过，苏东坡这句话还是有一定影响的，闾邱孝终去世千年了，他的名字却能跨越千年，变成了地名：闾邱坊巷——从人民路向东伸出，在因果巷之北。一个人的姓名能够化入地名流传后世，不能不说是一种幸运。我们今天还能知道这个世界上曾经存在过一位名叫闾邱孝终的人，大约就得归功于他的朋友苏东坡。

是的，没有虎丘，苏州照样是苏州。而没有小巷，苏州就不再是苏州。

倒是唐朝诗人杜荀鹤一语中的："君到姑苏见，人家尽枕河。古宫闲地少，水港小桥多。"人家、河、古宫、水港、小桥，都是苏州小巷的组成要素，说得确实精彩，怪不得这首诗千百年来在苏州被引用得特别频繁，仅次于张继的千古绝唱《枫桥夜泊》。苏州的书法家在别人求字时，十有八九就是写这两首诗，而且这两首诗一般都是书法家的上乘之作，写得太熟了，闭着眼睛也能写出精品来。

其实与杜荀鹤同代的李绅有一首关于苏州小巷的诗也写得挺好，"烟水吴都郭，阊门驾碧流。绿杨深浅巷，青翰往来舟。朱户千门室，丹楹百处楼”，比起杜诗人的作品来，更有工笔写实之妙。

写苏州小巷写得好的诗文很多很多，人们比较熟悉的如“黄鹂巷口莺欲语，乌鹊河头冰欲消。绿浪东西南北水，红栏三百九十桥”，“处处楼台飘管吹，家家门外泊舟航”等，它们的主旋律都很一致，也都很正确：苏州小巷美。

苏州小巷美在哪？

苏州小巷之美，美在她的清幽。

清幽，是许多钟情于苏州的人的共识。踏进苏州，人们会感受到一种静，这种静不是以分贝来计算的，这种静是静在心里的，是一种深入骨髓的宁静。的确，比起一些其他城市来，苏州明显少了一些浮躁之气，多了几缕清幽之气。这清幽之气正是来自清幽静谧的苏州小巷，来自小巷里散发出清韵的青石板，来自小巷两侧高高的风火墙，来自小巷里简洁质朴的石库门，来自小巷那“庭院深深深几许”的古老民宅。这冉冉氤氲在苏州小巷里的清幽之气由来十分久远，是从许多宋版线装书中飘散而出的，是从许多明清青花瓷器里盘旋而至的，是在那伴着昆曲票友们咿咿呀呀拍曲的笛音里回环往复的，是在那穷极楼阁廊台之变化的苏州园林里修炼而成的。

苏州小巷之美，美在她的雅致。

雅致，是苏州小巷文化最明显，也是最令人津津乐道的特征。不说别的，就说小巷里的砖雕门楼吧，在外地人看来，砖头上雕花，能雕出什么名堂来？告诉你，善于绣花的苏州人在砖头上照样能玩出令人目不暇接的许多花样来，如果不信，你到定慧寺巷的双塔下走一走，看一看，那儿有一个砖雕艺术展览，千百年来的砖雕精品，十数种效果各异的精巧雕法，一定会让你大开眼界。看了砖雕，你再随便踱进小巷里的哪户人家，也许有少女正在窗下绣绷上飞针走线，也许有老者正在蟹眼天井里莳弄那精心培育的奇花异卉，也许碰巧你还会遇上一位象牙微雕艺术家，在一粒米大的象牙上，他能刻出一阕苏东坡的《念奴娇·赤壁怀古》。

苏州小巷之美，美在她的丰富而深藏不露。

徜徉在苏州小巷高高的粉墙下，对于墙那边的精彩，行人一无所知，“墙内秋千墙外道，墙外行人，墙内佳人笑”，但你尽可以放纵你的思绪，展开你不羁的想象。你可不要被那简朴的石库门迷惑住，以为里面不会有啥花头。在苏州，人们崇尚的是那种不事张扬的内敛美。你注意过苏州园林的大门吗？有的非常大，颇有气派，如拙政园，如现在的网师园。有的很小，不惹人注目，如留园、怡园，如过去的网师园。其实，苏州园林的大门当初都不大，行人从门前走过，这些门一点也不比隔壁邻居的门来得神气。现在为了适应席卷城乡的旅游热，适应如潮涌来的现代游客，只好把大门搞搞大，一些方家对这种破坏了苏州园林整体美的举措表示惋惜，这也是没有办法的事情。鱼和熊掌难以兼得，事情往往正是这样。我总希望游客们能了解并且理解这一点才好，苏州园林绝不是暴发户为了显摆大富大贵搞起来的，她的主人个顶个都是文化人，都称得上是艺术鉴赏家。苏州小巷就是这样的，你说是大家闺秀也好，是小家碧玉也好，反正她总是不事粉饰而沉稳持重。说起来苏州园林其实是苏州小巷不可分割的一部分，把苏州园林从苏州小巷里剥离开来，苏州园林就会失去那种隐逸不群的气息，只剩下一堆花团锦簇的建筑群。苏州是一棵大树，苏州小巷是繁密的枝条，而园林和其余的民宅都是簇拥在枝上的花和叶，园林只是那绿肥红瘦里开得最艳的几朵花而已，离开了树枝和绿叶，那花还会有灵性吗？

苏州小巷之美，美在她的灵秀而才俊辈出。

苏州沧浪亭里有座五百名贤祠，里面的相当一部分人是从苏州小巷里走出来的。苏州这块土地似乎是个人才基地，千百年来，一茬又一茬的文学家、艺术家、状元、进士、名医，直至现在的院士从小巷里走出来，为世人所瞩目。随便说说，就是一长串：陆龟蒙、范仲淹、范成大、沈周、唐寅、文徵明、仇英、祝允明、高启、吴宽、冯梦龙、金圣叹、叶天士、薛雪、沈德潜。说到现当代，人物更多了：叶圣陶、顾颉刚、周瘦鹃、范烟桥、程小青、包天笑、贝聿铭、何泽慧、周干峙……还有许多小巷儿女没有这样显赫的名声、辉煌的业绩，但只要走进他们的人生历程、走进他们丰富的内心，你会为他们的灵秀、为他们的才智而击节赞叹的。

好，还是让我们联袂走进苏州小巷深处，领略那一道别有情韵的风景线吧。

◎ 小巷沧桑 ◎

苏州小巷 >>>

伍子胥：从这位苏州首任“规划局长”说起

苏州小巷的形成在苏州城诞生之后不久，那时的小巷是什么样子，这是一个永久的谜，我们连猜测都很吃力——查遍所有的史料，都没有这方面的记载。

但是我们可以确切地说出规划苏州小巷者的名字——伍子胥。就是他，在太湖之滨广袤的江南平原上，“相土尝水，象天法地”，选定了城址，规划了城市布局，其中自然包括了城市居民居住的地方——小巷。经过两千多年的风风雨雨，苏州城址基本没变，说明伍子胥在城市规划方面是很有眼力的，我有一位从事房地产开发的朋友，干脆说伍子胥其实是苏州城市规划局的首任“局长”。

为了把伍子胥的历史地位看得清楚些，让我们的目光投得更远一点吧。

苏州阊门内下塘和桃花坞大街之间有一条小巷，叫混堂弄，小巷西侧，有一座泰伯庙，又称至德庙；向南的干将路乐桥以东，原来有一条交让巷，巷里有一座让王庙，又称交让王庙。把这两座庙放在一起，便是一个发生在三千年前的完整的故事。

商朝末年的一天，在周族首领古公亶父的宫室里发生了一件大事：他三个儿子中的老大泰伯和老二仲雍跑了，失踪了。当时古公亶父正在病中，老大和老二一起到衡山去采药为老爷子治病，谁知竟一去不复返。古公亶父心里明白，老大、老二在帮他的忙，他年纪大了，一直在考虑接班人的人选，最后想把权力传给老三季历的儿子姬昌，可是这不大符合老规矩。老大、老二这一走，事情就好办了。这一“让王”行动对中国历史的发展至关重要，姬昌就是大名鼎鼎的周文王，泰伯、仲雍这一让，让出了周朝八百年天下。

泰伯和仲雍跑到了当时还是“荆蛮之地”的梅里（今无锡梅村），因为他们的“至德”，还因为他俩来自较为发达的黄河流域，带来了许多先进的生产技术，他们被人们推为王。泰伯建立“句吴”，死后由仲雍继位。

王位传到仲雍十九世孙寿梦的时候，正值中原各诸侯国忙着打仗，楚晋两强南北对峙，外交和战争成了各国的第一要务，寿梦又是一位颇有进取心的君主，这就难免到那场闹哄哄的战争中插一脚，这一插，晋景公的“联吴制楚”之计便成了现实，连绵百余年的吴越之争拉开了序幕。

做皇帝历来就是个烦心的差事，寿梦也碰到了传位给谁的难题：四个儿子中他想传位给老四季札，可是季札是个泰伯式的人物，也会逃走，寿梦只得立下“兄终弟及”的权宜之计，于是老大诸樊、老二余祭和老三余眜各坐了一段时间的王位。诸樊在位的时候，因要避开楚国的锋芒，迁都到苏州，筑了一座周围三里的城堡“吴子城”。余眛临终本该传位给季札，季札闻风出逃，就传给了自己的儿子僚。这一来诸樊的儿子光不乐意了，他是寿梦的长孙，按祖制应该由他即位，于是光开始暗中筹划宫廷政变。他有扛鼎拔山之势、经文纬武之才的楚国亡臣伍子胥，虎背熊腰、生性好义的壮士专诸，以及勇士要离，只待时机以求一逞。公元前515年，已经坐了12年王位的僚坐到头了，光用伍子胥之谋，以乘丧伐楚图霸为名，说动僚派他勇猛善战的弟弟掩余和烛庸率兵攻楚，派他声名远震的儿子庆忌出使郑、卫以声援对楚之战，以此拔除僚的三翼。同时密遣要离打入庆忌大营，骗得信任，俟庆忌闻变南下"报仇复国"时乘隙刺杀庆忌。一切就绪，光开始行动了，他以尝鱼鲜为名，请僚赴宴，席间专诸举案献鱼，从鱼腹抽出剑将僚刺死，光随即车驾入朝，召集群臣历数僚背叛先王之罪，宣布自接王位。光，正是雄心勃勃、精明强干的阖闾。

为了内有可守，外可应敌，阖闾命伍子胥建造城郭，以"设守备、实仓廪、治兵库"。于是伍子胥就"相土尝水""象天法地"来选城址了。"相土尝水"好理解，"象天法地"就有点玄，估计是占卜师和祭师玩的那一套吧？古代的一些占卜师是中国最早的一批"城市规划师"。周武王东迁，命召公建都，召公反复利用占卜手段选择都城地址，"我卜河朔黎水，我乃卜涧水东、瀍水西，惟洛食。我又卜瀍水东，亦惟洛食"（《尚书·洛诰》），这才下决心定址于洛水边。伍子胥深谙卜学，在选城址这样的大事前，无疑要认真地来一番占卜观象。伍子胥为此跑了很多地方，至今在苏州还留有"相城"的地名。阖闾大城大约竣工于公元前508年，大城周围47里210步2尺，有陆门8座，以象天之八风；水门8座，以法地之八卦。

伍子胥所筑的阖闾大城，成为春秋吴国的国都，奠定了今日苏州城的规模。

伍子胥还把大城内的吴子城加以扩建，大概从现在的锦帆路开始，经过十梓街，到言桥一带，形成一个四周环水的长方形城池。越灭吴，又被楚所灭后，楚考烈王封与齐国孟尝君、赵国平原君、魏国信陵君齐名，号称“战国四公子”之一的春申君黄歇于吴。黄歇在子城废墟上大兴土木，司马迁南游时看到春申君住过的宫殿，对其壮丽宏伟曾叹息不已，说：“吾适楚，观春申君故城，宫室盛矣哉！”此后，汉朝、唐朝、宋朝都以此内城为郡治，围绕内城的则是“七堰八门六十坊”，“东西南北桥相望”，“水道脉分棹鳞次，里闾棋布城册方”了。元末张士诚在苏州称王，也在内城旧址建起王府，兵败后城内燃起大火，王府毁于一炬，只留下一个王府基（亦称皇废基）的巷名。伍子胥的遗泽可谓远矣。

可惜伍子胥时运不齐，命途多舛，阖闾胜越后不思进取，荒淫无度，排斥忠良，听信奸佞，最后竟然赐死忠贞不渝的伍子胥，自己则落得个国破人亡的下场。

苏州人没有忘记伍子胥，苏州的许多地名都与他有关：西边的一座城门因靠近伍子胥故宅，伍子胥死后头颅曾被挂在城门上示众，人们便称其为胥门；胥门内建有伍员庙，庙内塑伍子胥像，庙旁的小巷叫伍子胥弄；传说阖闾曾命人将伍子胥的尸体用马革裹好投入胥门下通往太湖的河，以喂鱼虾，这条河便被称为胥江；伍子胥的尸体顺流而下，至太湖出口就不动了，老百姓都说伍子胥死也要守住这个口子，不让越兵入吴，便称这个湖口为胥口；伍子胥的尸体被当地老百姓捞起葬在山上，并设祠立庙，四季祭奠，这座山便有了一个名字：胥山。一个人身后能有此殊荣，足矣。

手执一张地图，行走在苏州小巷里访旧问古，心绪一片宁静。由混堂弄经东中市、西中市，从老阊门附近折进专诸巷，巷子的西边，即是老城墙的墙址。

胥门伍子胥雕像

说了伍子胥的事，不能不提到专诸。

专诸的壮举苏州人都耳熟能详，而另一位壮士要离则不怎么为人所知，这不太公平。其实要离的墓冢也在专诸巷，只不过随着时光的流逝，如今已经无迹可寻了。但要离的墓碑大约还在世上，据《清稗类钞》记载，端方在苏州任巡抚时，曾经以二百金购得要离墓碑，碑只存“要离之”三字，其他均已漫灭，难以辨认。端方十分珍惜此物，有懂行的客人来访，他总要展示给人家看，并在一边得意地说：“吾至苏后，搜罗尽矣，惟此尚差强人意耳。”后来此碑又流落民间，有人于民国初年从北京琉璃厂购之，后辗转归于苏州沧浪亭图书馆，不知现在存于何处。

说起要离刺杀庆忌的轶事，真是令当今苏州人血脉偾张，或许还有一点儿羞愧？苏州人当初并不像现在这样温文尔雅，连吵架都像唱歌。要离是地道的苏州人，他身材矮小，几近侏儒，论气力、论武艺都捧不上台盘。但是他凭着世所罕见的胆量和沉着干出了惊天动地的大事，连被他刺杀的庆忌都很敬重他。要离是在渡江的时候刺杀庆忌的，要离力气小，便事先坐在庆忌的上风，借着风力用长矛猛刺庆忌，庆忌带着重伤，将要离揪过去，三次把他的头摁入江水，然后将他捞起来放在膝盖上，说“真是天下之勇士，竟敢刺杀我！”手下的人要杀了要离，庆忌不允，说：“我快死了，岂可一天之中死天下勇士二人，可以放他回吴国，以表彰他的忠义。”要离回国途中，想起自己为了骗取庆忌的信任，曾经要阖闾把自己的妻子当街烧死，悲痛不已，他对旁边的人说：“我杀妻子以事君王，非仁也；我又为新君而杀故君之子，非义也。不仁不义，我有何脸面见天下之士？”说完便翻身投江，别人把他救上来，他又自断手足，伏剑而亡。

要离为了取得壮士的名声而以自己的生命为祭礼，甚至还附带上自己妻子的生命，这也许是当时社会的一种风尚。现在生活在小巷里的苏州人是绝对不会做这样的事了，经过千百年的磨洗，苏州人和苏州小巷一样，都变得练达老成了，只有从他们爱面子的性格中，还可以依稀辨认出一点他们老祖宗的秉性来。倒是古往今来的诗人对要离念念不忘，陆放翁就很向往要离的胆魄："生拟入山随李广，死当穿冢近要离。"蒋士铨则说得感慨万千："要离碧血专诸骨，义士相望恨略同。"说得对，要离与专诸自然是"恨略同"，小巷里的今人"讲张"讲到这些，就成了天方夜谭似的传奇了。

讲张：那些历史化石凿成的巷名

“讲张”是苏州人的说法，意思就是谈话、聊天。什么时候开始把聊天称作“讲张”呢？那是在元末明初。

元朝末年，各路反元起义军割据一方，自成气候，其中一支以张士诚为首领的起义军以苏州为中心建立了政权。后来张士诚兵败自杀，朱元璋对苏州老百姓实行了重赋税等严厉政策，老百姓于重压之下自然念及张士诚在苏州时的种种好处，常常聚在一起窃窃私语。朱元璋听说此事后勃然大怒，下令不允许讲张，于是苏州的公差奉命行事，在街头巷尾四处查访，一发现小巷里有人聚在一起说话，就上前严加盘查：“你们在讲张吗？”老百姓都连忙申明：“不在讲张，不在讲张。”后来时间长了，“讲张”就成了聊天的同义语。

如果说“讲张”是历史留在苏州方言里的化石，那么苏州的一些巷名就是历史化石凿成的。

就说张士诚的事情吧。

如今体育场附近有一条巷子叫皇废基，是条非常普通的巷子，但元朝末年时，这里是非常壮观的所在，张士诚的吴王宫就设在这里，这些宫殿在张兵败时被一把火烧了，剩下一片废墟，皇废基是个实打实的地名。

不能不说张士诚是个人物，他不是苏州人，却在苏州闹下了一番不小的动静，也在苏州的巷陌间、民间传说里留下了不少印痕。有意思的是，他留下的印痕大多与他兵败有关。

张士诚是元末泰州白驹场亭人，那里如今隶属盐城市大丰区，与《水浒传》的作者施耐庵同乡，小名叫九四。他在苏州的住所除了吴王宫，还将城北的承天寺改造为“姑苏王府”。在这之前，人们在重修平江城的时候曾经在古城基内挖到一块碑，上面写着一大段莫名其妙的文字：“三十六，十八子，寅卯年，至辰巳，合收张翼同为利。不在常，不在扬，切须款款细思量。且卜水，莫问米，浮图倒地莫扶起。修古岸，重开河，军民拍手笑呵呵。日出屋东头，鲤鱼山上游，星从月里过，会在午年头。”当时大家都觉得云里雾里，丈二和尚摸不着头脑。后来张士诚进城了，称王了，人们这才醒悟过来：三十六，不正好是九四吗？那是张士诚的小名呀，十八子，与张士诚一同起义的确是十八条汉子！不在常州，不在扬州，现在不是在苏州吗？于是人们都觉得这是天意，上苍早就安排好了，出过安民告示的。

这套把戏无疑是张士诚派人玩的，那时候的人们信这一套，这也是农民起义军的看家本领，陈胜、吴广他们早就玩过了。施耐庵不造反，但也懂这，写《水浒传》也是靠它收先声夺人之效，与张士诚这位大同乡倒是心有灵犀。张士诚曾经想招施耐庵入伙的，他的部将卞元亨是施耐庵的朋友，奈何施耐庵不肯来，张士诚又不好意思派兵抓他来做官，只能作罢，让他专心致意写《水浒传》，也算是张士诚对文学史做的一大贡献。

张士诚原本是个私盐贩子，那时候盐由国家专营，贩私盐利润丰厚，但风险很大，受到元朝官府士兵的呵斥、侮辱是家常便饭。他不仅受政府压迫，还与当地的地主强豪闹翻了，活得十分憋气。正好红巾军等农民起义风起云涌，元朝统治摇摇欲坠，张士诚一跺脚，反了吧！便和弟弟士义、士德、士信，以及一些亲友共十八人于元至正十三年（1353）杀了仇人起兵反元，他的部下以私盐贩子和青年农民为主体，战斗力很强，曾经和率领数十万大军的元朝丞相脱脱较量过，兵势大盛，占领了苏北一带后又乘胜渡江南下，攻占苏州，并在苏州宣布建立大周政权，改号天佑，自称诚王。

称王之初，张士诚还是颇有作为的。他兴修水利，免除赋税，发展工商农桑，兴办手工业和纺织业，还采矿冶炼，用矿石炼铜，发行了“天佑通宝”大小四种钱币。现在与苏州有关的钱币只有两种，一种是三国时期东吴所铸的“大泉当千”等，另一种就是“天佑通宝”了。在古钱币收藏界，“天佑通宝”属大珍品，我有一位朋友收藏古泉颇丰，建立了个人古泉博物馆，他最珍爱的就是镇馆之宝“天佑通宝”。

张士诚也没有忘记打仗。他在苏州城墙上增置月城，在城墙外面面对南京方向修筑了高台，用来军事瞭望，至今留下望市墩的地名，就在南浩街谈家巷底。望市墩南面还埋葬着张士诚的亲家公，即他的驸马潘元绍的父亲。其墓很高，据说谁侵犯了它谁就会生病，当地人还为其立了个碑，叫“古神冢”，此地在二十世纪三四十年代曾一度作为处决死囚的刑场。

张士诚还将城内本来是一片荒地的南园和北园辟为水田，种植水稻，很有点备战备荒的意思。后来朱元璋派大将徐达带兵二十万于元至正二十六年（1366）攻打苏州，将苏州城铁桶似的围得水泄不通，张士诚靠着城内自产的粮食和百姓的帮助，坚持到次年 9 月才失守兵败。现在年纪稍长些的苏州人都很熟悉这段历史。

割据称王后不久，张士诚就有点“喇叭腔”了。他对做皇帝的那一套很热心，忙于立省院六部百司，建万岁阁，设枢密院，开弘文馆，似乎王位已坐稳，天下太平了。他扩建前代有名的齐云楼，供他和娇妻爱妾们寻欢作乐。在桐芳巷建造了香桐和芳蕙两座楼阁，把选来的美人中最姝丽者安置在里面由他享用，留下了桐芳巷的巷名。还在承天寺西里的西海岛里营建了另一座后宫，秘密藏娇。他还效法吴王夫差开锦帆泾，用锦绣丝绸做船帆，携姬挽妾泛舟游玩。甚至重建灵岩山的响屧廊，想重温夫差和西施的旧梦。他的“政事”则全部交给弟弟丞相张士信。没想到这位丞相也不甘落后，他把权力交给姓黄、蔡、叶的三个无能贪官手里，自己也全心全意地享乐去。张士诚的女婿潘元绍也是一个角色，“娶美娼凡数十”，旦夕“耽情于声色财货”。其余部将纷纷或豪夺民女玉帛，或搜刮奇花异卉建造花园，或强占民房扩大私宅。政事则被张士信任用的人搞得乌烟瘴气、一塌糊涂。当时老百姓流传着这样的童谣：“丞相作事业，专用黄叶菜，一朝西风起，干瘪！”

腐败堕落必然导致战斗力大减，张士诚气数尽了。为了自保，他甚至向元朝皇帝俯首称臣，当上了元朝的太尉，直至出兵攻打红巾军，逼走其首领韩林儿，杀害刘福通。这是后来朱元璋讨伐张士诚时列数其八大罪状中的主要两条。

张士诚败了，败得十分狼狈。和他一起造反的十八条好汉都投降了，如李伯升、吕珍、他的女婿潘元绍。潘元绍这家伙最是小人，他的宅第在狮子林北面的潘儒巷，规模宏大，前后左右还有其他房子，家里有七个小妾。当他明白城是守不住了的时候，便把小妾们召集起来，“激励”她们万一城破，要“幸自引决，毋为人耻也”，就是要她们自行了断，免得丢他的脸。这些女子都是烈性子，一个姓段的率先“请及君时前死”，带头投環自尽，其余六人也回房追随而去。可鄙的是潘元绍自己却在城破之日投降了，还有脸劝张士诚一起投降。张士诚的老婆也在城破时自尽，她“积薪于齐云楼下，驱妇女上，令养子举火”，自己则自缢而死。张士诚也是自缢身亡的，只是过程波折了点，自缢了两次才成功。

倒是一些小人物为张士诚献出了生命。在娄门内，有仰、胡、洗三个家族聚族死守娄门，十分惨烈，后来此地留有三家村的巷名。还有一条小巷内的十位壮士在张士诚十分危急的时候应募入伍，他们舞动铁头枪，杀出阊门，浴血向前，杀得朱元璋的军队不得不向后退却，最后他们寡不敌众，壮烈战死，这十位壮士居住的巷子被称为十郎巷。人们也没有忘记潘元绍的七个小妾，在临顿路边的任蒋桥南建了一座七姬庙，她们没有给潘元绍丢脸，而是潘元绍把这七个女子的脸给丢尽了。

苏州人是大度的，他们念及张士诚早期为老百姓做了些好事，向后人讲叙这段往事的时候给张士诚塑造了一个蛮好的形象。比如苏州人每逢农历七月三十便要在家门口的小巷里遍插棒香来纪念张士诚，俗称烧“九思香”（九四的谐音），说顺了便成了“狗屎香”。据说是当年老百姓为了帮助张士诚突围，从葑门、盘门，直到蠡墅，一路插遍香火引导他，祈愿他逃脱追捕。这个传说还有另外一种版本，说齐门失守后，张士诚带着亲兵往胥门跑，老百姓怕朱元璋的兵追上，有人在他走过的路上插上棒香遮没马蹄印，好让追兵赶不上，一传十，十传百，家家户户门前都插上了点着的棒香，朱元璋的军队进城后很奇怪，老百姓就说这是给地藏王菩萨烧地藏香以求消灾纳福的。以后农历七月三十老百姓总是要烧香纪念，又怕朱元璋追究，就有意把“九四香”读成“狗屎香”，还说是给小孩子点了白相相的。这个风俗到中华人民共和国成立前才逐渐淡化。八月中秋吃月饼的时候，也总是要“讲张”的。

不久前我还搞清了另一个与张士诚有关的传说。我住的长洲路和十全街之间有一座帝赐莲桥，可是附近的人包括我爱人都叫它狗屎头桥，我一直不得其解。一位老者告诉我这个名字背后有个故事，传说张士诚的老母亲当年就住在此处，张士诚是个孝子，天天都要来看望他多病的母亲，即使在战事十分吃紧的时候也从来没有中断过。老母亲怕儿子因为她误了大事，一咬牙自尽了，张士诚十分伤心，觉得老母亲是在为自己分忧，非常感动。为了纪念老母亲，就在她住房大门前造了一座石桥，亲自题名为玉石桥。没几天城破了，张士诚也自杀了，为了纪念他，老百姓就把这座桥叫九思桥，又怕朱元璋晓得，就故意念走了音，叫成了“狗屎桥”。这当然只是个传说，属于民间文艺。张士诚的母亲确实是在苏州去世的，但她死在张士诚还十分风光的时候，随葬品十分可观，可谓备极哀荣，她的墓在中华人民共和国成立后被发掘，墓中出土的文物证实了这一点。这个传说只是曲折地说明了张士诚在老百姓心目中的地位。

我们在巷名上跳跃，就是在历史里跳跃

锦帆路、桐芳巷、望市墩、三家村、十郎巷、皇废基……历史就像无始无终的大水漫无边际地流着，一些地名便是露出水面的一块块石头，后来者从这一块块石头上一路跳过去，一段段难以辨认的故事便忽隐忽现起来。

这样的巷名在苏州还有很多，比如因当年吴王阖闾的东征大军停下来临时安顿埋锅造饭而得名的临顿路等，其中值得记一笔的还有三处：一是朱家园，一是石人弄，一是五卅路。

朱家园是一条弯弯曲曲的长巷，它北起于西善长巷，南止于小教场，中间转了四五个大弯子，分别与伍子胥弄、寿宁弄、石皮弄相通。这里在宋朝时是个大园子，主人是大名鼎鼎的朱勔，凡是对苏州园林感兴趣、对太湖石的历史稍微了解点的人都知道这个人，苏州的冠云峰、瑞云峰都与他有关。朱勔的父亲叫朱冲，为人狡诈，善于钻营。朱勔更是青出于蓝而胜于蓝。有一次权臣蔡京到苏州来，这父子俩巴结上了，当宋徽宗赵佶欲大兴土木建造园林的时候，对山石园林颇为内行的朱勔谋得这桩美差，便千方百计搜罗各种花石珍木运到京城供皇帝享用。老百姓家的东西他被他看中了，就带着兵丁撞进去，

贴上黄封标识，转眼间就成了皇上的贡品，大的物件甚至拆房破墙运出，老百姓稍有嗫嚅，就给人家安上“大不恭”的罪名。

最令人瞠目的是朱勔往京城运太湖巨石，其船队被称为“花石纲”，《水浒传》里的杨志就是在押运花石纲时遇风翻船倒的霉。据《吴郡志》载，“朱勔造巨舰，载太湖石一块入京师，以千人舁进”，一千人运一块石头，其盛况可谓空前绝后。从苏州到京师，花石纲一路横冲直撞，水门小的便破水门而过，桥梁矮的便拆桥梁而过。

如此卖力，赵佶自然要给他封官晋爵。朱勔一下子当上了防御使，至此他更加飞扬跋扈、胡作非为。有一天，他自称得到圣旨，说他住处附近孙老桥四周的房屋土地，皇帝都赏给他了，周围从孙老桥到侍其巷的数百户人家一律要在五日内搬走，在老百姓的啼哭声中，他造起了同乐园、神霄殿。其中堂台楼阁、曲桥幽径，十分奢侈豪华。

朱勔以采办花石为名，大肆贪污中饱私囊，“指取内帑如囊中物”，还向地方官勒索，累以万计。他还毁了阊门内的北仓，辟为养殖园。还在老家虎丘建造房庄，三里一庄，一共十处，所以虎丘有十房庄的名称。

朱勔的劣迹引起世人的公愤，方腊起义就是“以诛勔为名”揭竿而起的，皇帝也不得不罢了朱勔及其弟侄的官，及至起义被镇压下去，朱勔又嚣张起来，甚至在苏州豢养了一支数千人的卫队，苏州人吃了他二十年苦头。直到金兵南下，举国上下同声要求诛杀奸臣，朱勔才与蔡京、童贯等人一起被处死。他的同乐园几乎是同时毁坏的，“勔败，官籍其家不数日墟其圃”，愤怒的人们顾不上皇帝高兴不高兴，一夜间便把同乐园里的太湖石全部捣碎了，同乐园成了朱勔的

平江路石人弄

同灭园。

如果说朱家园是一篇反面教材，那么石人弄无疑是一阕正气之歌。

石人弄是平江路大柳枝巷旁的一条南北向的小巷，在小巷南面靠近大柳枝巷的地方，曾有过一座小庙，庙里供奉着一尊身披盔甲、手执圆棍的石像，人称“石老爷”，小巷也由此得名。这位石老爷是谁呢？当地的人都说他是民族英雄岳飞的部将，“马前张保、马后王横”中的王横。据说，他就是在这里被人杀害的。

苏州有幸，与岳飞和文天祥这两位英雄都有缘分。岳飞曾在苏州留下“三声马蹀阏氏血，五伐旗枭克汗头”的诗句，寒山寺内碑廊里有其诗碑。桃坞大街南面的庆云弄里曾有座庆云亭，亭上的匾额也是岳飞的手笔。有意思的就是这座庆云亭上墙上，还题有文天祥的诗句，《烬余录》里记下了“一片黄云万顷田，江南父老庆丰年”的诗句。庆云弄北面如今还有一条文丞相弄，文天祥曾经在巷子里住过，其住宅后来改为文山寺以纪念他，现在已列为苏州市文物保护单位。

王横是怎样在这里遇害的呢？“老苏州”说，岳飞奉诏回京，走到苏州的朱马交桥附近，又遇到皇帝派来的人，岳飞跪着接旨，知道已经落入秦桧奸党之手，一时义愤填膺，王横愤而挺身抗议，被乱刀杀于桥下的一块大石头上。不久岳飞在杭州风波亭遇害，苏州百姓纷纷到朱马交桥下凭吊，发现那块石头上的斑斑血迹中还能依稀辨出王横身影，就将石头珍藏起来。后来，有人把那块石头凿成石像，在王横殉难的河边造了座小庙，将石像供起来，以后每逢初一月半和王横遇害的日子，便有许多人前来烧香拜祭。“文化大革命”时小庙被红卫兵捣毁，石像却被当地居民砌在墙壁里保存下来，现在藏于苏州博物馆内。

五卅路的由来苏州人大多数都了解，但了解得很具体的估计也为数不多。

五卅路原来也是一条小巷，叫马军弄。1925 年 5 月 30 日，上海发生了震惊中外的五卅惨案，第二天，中共党员姜长麟便受上海党组织的负责人恽代英、侯绍裘的派遣赶到苏州介绍情况、传达指示，苏州的地下党组织马上行动起来，苏州工人俱乐部和学生联合会发起成立了苏州各界联合会，统一领导声援活动。工人俱乐部的骨干在宫巷毛上珍印刷厂秘密连夜赶印了声援上海人民反帝斗争的一万张标语和三万份传单；学生联合会在北局青年会召开紧急会议，决议即日罢课示威。从 6 月 1 日上午起，学生们便有组织地在各大街小巷散发传单，2 日，各校三千名学生集会于体育场，并上街游行。7 日，各界联合会组织了更大规模的示威游行，连亘数里长的队伍从体育场出发，经干将坊、松鹤板场、临顿路、观前街、东西中市，直至阊门。25 日是全国总示威日，苏州组织了第三次大游行，全城各主要街道都拉起了“卧薪尝胆”“永志不忘”的标语，各学校、工厂一律降半旗以示哀悼。与此同时，由乐益女中首先发起爱国募捐献款活动，在该校教师、地下党员叶天底的直接领导下，全体学生分组到车站、阊门、玄妙观等处沿途募捐。东吴绸厂也向各厂发出倡议：“自即日起将荤菜一概除去，改吃咸菜十天，将省下来的钱接济上海的工人。”全城 36 家丝织厂的工人纷纷响应。接着西中市祥大号布店也倡议苏州商界节省端午节筵资捐助上海；苏州光裕社从 6 月 9 日起会书三天，所得钱款悉数捐助；阊门外新苏台、三新、大东三家旅社从 6 月 21 日起将所收房金的十分之一援助上海工人。最后，苏州一共捐助了一万多元，从经济上支援了上海人民的斗争。苏州的革命队伍在这场斗争中成长壮大起来，中共苏州独立支部在乐益女中成立，叶天底为支部书记兼组织委员，张闻天为宣传委员，侯绍裘指导并参加党支部的领导活动。

翌年 5 月 30 日，在纪念五卅惨案一周年纪念大会上，决定将原来的马军弄改名为五卅路以纪念五卅运动，并用上海总商会退还的部分捐款拓宽马军弄。当天，人们还将两块五卅路纪念界石分别竖于体育场和言桥堍，以警策后人，不忘国耻。

背负青天朝下看：苏州小巷的另一种情味

如果说对历史的回顾是一次时光上的鸟瞰，那么，且让我们化作小鸟，到空中去俯视苏州小巷。

古时候，鸟瞰苏州城大约是一种奢华，张士诚修的齐云楼，虽然只有北寺塔一半高，登临远眺，也可以随意极目苏州了。现在干将路上的一座造型颇为别致的新楼也题名为齐云楼，估计也算是“政通人和”之时“增其旧制”的意思吧？可惜混迹在一长溜大楼里，并不怎么特别引人注目。

平民的眺望常常是在苏州古老的城墙上，比如葑门一带的城头。从小道爬上去，站在城垛上可以远眺湖泊水网，看那白色的、灰色的船帆点点片片，可以俯瞰城墙下的密密麻麻的商肆民居，小巷里的老房子鳞次栉比，炊烟袅袅，夹缝里是小巷、小河，沿河的是竹行、木行、缸甏行……

最理想的眺望地当是在北寺塔上，我看过两张二十世纪二十年代在北寺塔上向下拍摄的照片：满眼整整齐齐地铺向天边的民宅，可以很清晰地看出其一进一进的规模，小巷民宅之间，处处有一簇簇树烟升腾上来，焕发出勃勃生气。近一点的街巷布局也看得比较明白，粉墙黛瓦，闾阎扑地，有一种洋洋洒洒的朴素美。看着照片，心里不由一阵感慨，北寺塔下的苏州完全换了一副样子。

还是让我们到空中去吧，只有在那儿，才可以看到古城的全貌。当然，要看得十分清楚，还必须插上一对想象的翅膀。

古城像什么呢？过去有两种说法。

一种说苏州城像一只螃蟹。八座城门通向城外的八条街，那是八只蟹脚，城西的虎丘山和狮子山是两只蟹螯，玄妙观是海兜，松鹤楼内的马蹄泉是蟹嘴，那马蹄泉又叫海泉井，走到井旁蹬蹬脚，井水就会起泡，所以过去松鹤楼的蟹肉大包最为著名，而这只大蟹的脐就是牛角浜的七星泉。相传蟹一爬动就会发生战争，于是古人早就废塞了匠门和蛇门。直到1928年，不信邪的国民革命军进入苏州，废塞的城门才重新打开。

一种说苏州城是一个文具盘：宋时宋公祠的祠堂方基是砚，玄妙观的半月石水盂是水盂，双塔是笔，塔前有三间平屋，夕阳西下，塔影斜卧屋面，三间平屋就成了笔架。由于明嘉靖二十年（1541）重建的学宫在双塔东北向，为补形胜之不足，壮学宫之声势，就在学宫的东南方向建了文星阁，又名钟楼，因阁成方形，如同一锭墨，也称方塔，这样就齐了。清初，葑门彭定求、彭启丰祖孙会状，被认为是“文星钟灵之验”。

这两种说法都很有意思，可惜玄乎得几近浪漫。南宋绍定二年（1229）苏州郡守李寿朋和他的手下做了一次具体入微、十分别致的鸟瞰，并且把他看到的东西非常细心地刻在一块大石头上，这块石头叫宋《平江图》碑，是我国最早的一幅古代城市规划图，它以平面和简练的立体形象相结合的手法绘成，被国务院列为第一批全国重点文物保护单位。

图碑高 2. 76 米，宽约 1. 4 米，碑的上端约四分之一稍大的地方，刻有“平江图”题额三字和交龙图案，二龙神态飞动，下部刻着一幅宋代苏州城的全图。在平江图上，街市的排列、水道的走向，主要建筑物的分布，都一览无余，其中街巷系统井然有序，排列十分整齐，与现在的情况基本相似。城内河道南北向的有六条，东西向的有十四条，街巷与河道并行，往往前门是街巷，后门是河流，前门可以乘车，后门可以上船，从而构成了城市交错的脉络和骨架及完整的水上交通系统，形成了“水陆相邻、河街平行”“前街后河”的典型水乡特色和双棋盘城市格局。城里的桥梁特别多，从市中心的乐桥向四周次第数去，可以数出 359 座桥，与白居易的诗句“绿浪东西南北水，红栏三百九十桥”、杨备“画桥四百”的说法大致上互为印证。图中还标明了玄妙观、报恩寺、能仁寺、定慧寺、万寿院、开元寺、瑞光塔等大小 50 多座寺观庙宇，刻有坊市名称的跨街楼坊 65 座，七八百年前的人能把苏州城的面貌绘得如此精细，实在是十分了不起。

《平江图》之后，苏州城出了多少地图，这已经没有人能够说清，如果把这些大大小小、五颜六色的地图归并到一起，出版成一本别开生面的地图册，倒是一件十分有趣的事。

现在，不管我们打开哪一张苏州地图，纵览苏州城里的大街小巷，都会觉苏州这个城市很整齐，其排列都中规中矩，十分紧凑。其中还有一个别的城市没有的规律——大街基本上都是南北向的，街上各种商店一家挨着一家，形成热市的商业街。街的两侧都是小巷，像梳子上的齿一样，向两边延伸开去，形成东西向的横巷，而且直街两端的横巷都规规矩矩地两两相对，居民都住在这些小巷里。也只有在这样的横巷，住宅的大门才能正正经经地面朝南开，坐北朝南是大户人家择地建宅的基本要求，所以大户人家的住宅大多在横巷里。苏州园林本来就是世族大家的一部分，自然必须到横巷里才能摸到苏州园林的大门。横巷和直街之间好像有一种默契，一种分工，直街是商业街，横巷是住宅区；直街热闹，横巷安静，苏州人的生活便过得有条不紊、清清爽爽。

规律也有例外，比如观前街便是横向的，而且是所有商业街中最繁华、最热闹的一条，这大约与玄妙观有关。

苏州小巷还有一条规律：显赫的小巷人家讲究前巷后河，便于布局其深院大宅，生活、出门等有诸多方便，这么一来横巷便大部分在河的北岸了。但是这个规律也有例外，比如十全街，它位于城南，它北面的横河都是在街巷的南面，好像陪伴十全街的横河只有处在路的北面才能形成对称似的。

说近几十年来苏州的小巷密度是历史上最大的大概不会有太大的异议，因为小巷的密度是由人口的密度决定的。二十世纪七十年代后期，随着六十年代下放人员大批回城，苏州城的人口猛增，以至于住房奇缺，过了好一阵子，才把这些人慢慢消化了，甚至可以把二十世纪九十年代苏州人的“购房热”看成一种那次大回城的住房“后消化现象”。年纪大的苏州人都记得，二十世纪三四十年代的时候苏州南园、北园一带都很空旷，文庙、沧浪亭、工人文化宫一线以南都是大片的菜地，现在这些地方都成了房产热销地带了，大量的居民新村则被挤到更远的地方。

是的，人口的消长与小巷的消长无疑有着密切的联系。可是我们拿不出千百年以来苏州人口增减和小巷疏密消长的准确数据。一来是因为这方面的数据本来就很庞杂；二来是因为史料上记载的人口数据都把苏州下属辖区的人口包括在内了，而苏州下属辖区的范围又是经常变化的，现有的数据有时很难加以比较而得出有说服力的结论来。

不过我们还是能够从一些史料中看出苏州城内人口数量曾多次发生大的变化，从而影响小巷数量的变化。

越国两次攻入吴都，苏州城大伤元气。

隋朝杨素曾在城西南郊建新城，为什么要离开旧城，恐怕战乱后的古城已经到了破烂不堪、无法居住的地步是一个主要原因。唐初的时候吴郡居民仅有 11 859 户，到开元年间就上升到 68 000 户，天宝年间达到 76 000 户，到白居易任太守的宝历初年，已经达到 10 万户了，所以我们才看到唐朝苏州城有 300 多条小巷的历史记载，白居易才能写出“甲郡标天下，环封极海滨。版图十万户，兵籍五千人”，“半酣凭栏起四顾，七堰八门六十坊”的诗句来。

最惨的大概要数建炎四年（1130）南下的金兵纵火焚城，城里的建筑几乎全部被烧毁，后来花了上百年的时间才逐渐恢复元气。让我们读一读《烬余录》记下的当年惨状吧：

兀术陷苏时，荼毒生灵，历古未有。小儿十岁以下，男子四十以上及四十以下不任肩负与识字者，妇女三十以上及三十以下向未裹足与已生产者，尽戮无遗。尤奇者，凡有书籍之民居，有簿记之店肆，必尽火其屋，尽杀其人，虽妇稚不遗。去时以一衾络一女一儿，使两男担之，大约裹胁以去者十万人。城中仅留有病妇女四千一百余人于南寨，使遗黎邵登辙等四人守护之。留一万六千七百余人于北寨，亦有病妇女，使蔡隆兴等十人守护之……所据合城屋宇中男子病不能行者尽杀之，妇女或驱入寨或亦杀之，谓之洗城。

虞图南的《沼吴编》也有记载：

建炎庚戌，兀术南寇。二月二十四日犯胥、盘、葑、娄四门，阖城居民麇集于城北土寨，夜五漏，兀术破盘门入。二十六未明，寨亦陷。先驱兵士戮寨外。次胁丁男归献金，金尽杀之。次斩老妇婴儿于东北园，积薪焚尸。兀术宴诸酋于天半楼，遂据寨，三月朔，始出阊门去。初三日，诸军凯旋。寨中、庆云庵、旃檀庵、报恩寺、扬柳楼台、张家祠、刘家祠、梅园、章园、孙园、蔡庄，以寇巢毁。妇女二万余人以从寇籍。蔡隆兴倡义瘗河中男尸五千余、女尸十一万一千余，暴露男尸六万二千余、女尸二万五千余，火化男女骨十五万七千余，赎回营妓二千三百余人。

明清易代时，土国宝镇压反抗人民的大屠杀也给古城造成了严重创伤。

最近的一次便是太平军的进攻和淮军伙同洋枪队的反扑，战火无情，千年古城再次遭劫。《苏台麋鹿记》有记载：“阊门中市自西及东，直巷则专诸巷、吴趋坊，横巷则天库前至周五郎巷，延及刘家滨房屋之后半，尽为煨烬。”另有目击者记叙，从阊门到观前，“弥望皆瓦砾场”，“金阊门外瓦砾盈途，城内亦鲜完善，虎丘则一塔幸存，余皆土阜”。

苏州小巷呵，几千年来，你竟经历了如此多的浩劫!

国家衰则小巷衰，时代兴则小巷兴。有一组数据很有说服力：据1982年的统计资料，苏州城的路、街、巷、弄加起来共有1487条，道路总长达372.74千米，比中华人民共和国成立前增长57.6%。如果把现有的街巷按中华人民共和国成立前的密度排开，等于多出了半个苏州。加之这些年卓有成效的城市建设，政府与市民的共同努力，苏州小巷如枯木逢春，越发美丽。

美丽的苏州小巷迷住了无数中外游客，一位北方友人游览苏州后对着古城地图对我说："苏州的小巷子特别有魅力，吸引人，朴素、含蓄、温柔、多情，使人不忍离去，姑苏城就像一张由小巷小弄织成的网，这是一张温柔之网，在里面做一条鱼真是幸福。"

巷名谱：一场突如其来的脱口秀

假日闲暇之时，骑一辆自行车，与二三同道穿行在苏州的小巷小弄里，实在是一桩惬意的事情。

不必带地图，不须事先拟定好计划，只一味恣意往小巷里钻，遇上残碑断碣便跳下车任意猜测一番，小巷是一叶茶叶，时间则是一泓清泉，冷水泡茶慢慢浓。有的是绿茶，清新沁脾。有的是红茶，浓香馥郁。有的是花茶，淡雅宜人。

在小巷里我想到最多的是苏州特产茉莉花茶。不是因为茉莉如米小，也学牡丹开，而是喜欢它的平民气息，喜欢它的俗中之趣、俗中之雅。如同带给我愉悦的许多以讹传讹、将错就错的巷名。

苏州小巷中以讹传讹、将错就错的巷名特别多，简直俯拾皆是。

养育巷呼为羊肉巷，企图误导人们到那儿去买羊肉？

条坊巷呼为调丰巷，是不是寓有风调雨顺的意思？

马脊梁巷呼为马济良巷，巷子里大约曾经住着一位著名的老中医？

因果巷呼为鹦哥巷，巷子里有个花鸟市场？

临顿路成了伦敦路，如果剔去读音因素不谈，真的是百思不得其解，这哪儿跟哪儿呀！

游墨圃巷成了游马坡巷，顺口是顺口了，意思却不大顺。马儿在坡上游泳？这是苏州小巷在跟你玩幽默、玩现代派哩。其实这一招有其实用价值，不仅上口，而且容易记住——看到一匹马在山坡上游泳，你会忘得了吗？

窦妃园成了豆粉园，前者是因为巷子里曾有一座窦妃墓，据说窦妃是吴王阖闾的一位妃子。后者却是专营蚕豆粉、绿豆粉的小店了，可能是那种小巷里常见的前店后坊。我工作的单位就在那附近，有一次我还真想到那儿买点小菜。

以讹传讹、将错就错的巷名固然可以带来一些出人意料的诙谐，生出一点使人微笑的歧义，但也会因此损失不少历史注脚式的效用，令人不知所云。

朱家园以北有东善长巷和西善长巷，我曾有朋友住在那里。我向他请教“善长”何解，他也答不出，以一句“巷名如同人名，只要不与其他巷子同名就行了”敷衍过去。以后我才弄明白原来的巷名是东船场巷和西船场巷，吴方言里“船场”与“善长”同音，大约那儿曾经是停船和修船的所在吧？这也是望文生义，还没有史料证明。

苏州曾经有一条名字很雅的巷子，叫紫兰巷，二十世纪九十年代初拓宽干将路时这条巷子被大路“吃”掉了。紫兰巷原来叫纸廊巷，苏州历史上出产的纸很有名，《吴郡志》载：“彩笺，吴中所造，名闻四方，以诸色粉和胶刷纸，隐以罗纹，然后砑花。”洪武《苏州府志》亦有记载：“庆元间，郡人颜方叔创造佳笺，其色有杏黄、露桃红、天水碧，俱砑成花竹鳞羽、山林人物，精妙如画。亦有用金缕五彩描成者。近年有青膏笺、水玉笺，绝佳。”如此之美的彩笺，听听都感到心醉，如果用它写字，你忍心胡乱涂鸦？不过，大约住在纸廊巷附近的人在用纸上可以奢侈点，纸坊就在旁边嘛。

道前街一侧的西美巷原称米巷，是过去的米市所在，附近还曾有谷市桥。明代的清官况钟曾经在巷子里住过，就是昆剧《十五贯》里的那位况钟，现在巷子里还有况公祠。《吴郡金石目》记载得明白，“永定乡人造井题记，嘉定十七年（1224）十二月，正书，在府治东西米巷”，确证过去是叫西米巷的。现在改成西美巷，美则美矣，只是已失其原旨了。不过苏州人大约觉得这样一改很有点意思，索性连东边的一条果子巷一起改过来，叫东美巷。果子巷这名字也不是原版，原版叫果子行，意为专门买卖果品的地方，巷中曾有桥名果子行桥，现在这么一改，把附属在原名上的历史内容一股脑儿抹去了事，倒也省心。

文庙西南有一条潘环巷也是错出来的，要把这个错理清得多绕一个弯子。曾经在报刊上看到有文章指出潘环巷是如何错的，说潘环巷的“潘”应该是“泮”。古时候称学校为“泮宫”，清朝时称考中秀才为“入泮”。潘环巷在文庙附近，巷名起于文庙，故应该是泮环巷。乾隆时的《吴县志》也持这个观点。文章另举苏州竹辉路口的近潘村为同样的错误，应为近泮村。有意思的是，乾隆《吴县志》还记载了“土人”把东泮环巷叫成“东半爿巷”的错误，可见巷名的错误是经常发生的，而且花样百出。后来又从洪武年的《苏州府志》中看到，泮环巷也是错的，潘环巷则是错上加错，最初的巷名应该是蒲帆巷，编蒲做帆是吴人的特产，家住蒲帆巷附近的宋代诗人梅尧臣曾有“绿蒲作帆一百尺，波浪疾飞轻鸟翮”的诗句。编蒲帆的手法与编蒲包相同，《宋平江城坊考》的作者王謇说“近世只见蒲包，不见蒲帆矣”，而现在连蒲包都看不见了，满世界乱飞的都是涂着乱七八糟广告的塑料马甲袋。

错得最令我头痛的是三多巷。我住在三多巷附近，经常路过三多巷，不管路过不路过，心里很长时间悬着一个问题，三多巷说的是哪三多呢？于是我就自作聪明地猜起来。我主要往人物这方面想，因为三多巷就在著名的三元坊旁边。最后我确定了这样的“三多”：一是状元多，状元是苏州的特产，人所共知；二是御医多，苏州产生过许多名医，历史上形成过很有影响的温病学派，不少有成就的良医都被召进皇宫；三是名妓多，陈圆圆、赛金花是最著名的两位，还有很多，比如在虎丘山葬着的真娘等，过去南方妓院里的妓女都喜欢自称是姑苏人氏，能讲一口苏白、弹一手琵琶的青楼女子，如果再稍有几分姿色的话，保准会走红。我还把这些猜测写成一篇文章，但我对所猜测的三多没有绝对把握，只好给文章取了个《乱弹三多巷》的题目。文章发表后没有什么反响，也可以看成没有什么异议。后来我到苏州市民政局地名办公室查资料，看到关于三多巷的解释——真令人泄气——乃福禄寿三多之义，太无趣了。我心中不服，又翻史料，这才真相大白。三多巷得名于三多桥，而三多桥乃杉渎桥之误，三多巷亦为杉渎巷之误。北寺塔砖文中存有“杉渎”字样，证明苏州曾有此地名。杉渎是一条河名无疑，这样桥为杉渎桥、巷为杉渎巷才能顺理成章。问题是为什么叫杉渎？我把杉渎与船场巷联系起来想，修船总要用木头，而修船用的木头以杉木为宜，船场附近的河里当然需要经常存放一些杉木，于是当地人便自然而然称此河为杉渎了，此推测不知方家以为然否？

追究巷名是如何错的颇有意思，最常见的错误原因是音同字不同，其目的是方便，便于理解、便于记忆。这也对，巷名毕竟不同于乡土教材，更不是历史资料室，没有必要搞得那样拗口又难认、难写。方便，是巷名的第一要务。

如此说来，那些错了的巷名倒错得有理？

正是这样。

不仅错在理上，还错得很漂亮。比如宋仙洲巷，原来叫宋筅帚巷。筅帚，是古时候用的一种洗涮工具。宣统《吴县志稿》：“筅帚，缕竹为之，用以溉濯，今以业名地者，有筅帚巷。”冠以宋筅帚，大约巷里做筅帚最有名的师傅姓宋吧？随着时代变迁，筅帚业淘汰了，那个“筅”字不查一下字典还不识，不改行吗？于是错成宋仙洲巷，字错音不错，从字面上品味，仙洲要比筅帚空灵多了，想象空间大多了。这个错错得有意思。

蒹葭巷也是一个美丽的错。原来的巷名是老老实实的陆家巷，后来也不知是谁心血来潮，肯定是个读书人吧，大约是在给文友们写信的时候，写到自己的住址，眉头一皱，陆家巷，土，俗，于是信笔改成蒹葭巷。这么一改，歪头玩味一回，嗯，通体透着青春浪漫的气息，还挺文艺的。没想到大家都仿效起来，巷名真的就改了。不过，这难道不好吗？

往深里想，巷名的变迁实际上是一次集体民间文学创作，一个巷名随着历史变呀变呀，一直变到大家都觉得好认、好记、好写，最好还有点讲头，俗中带点雅，这个巷名基本上算通过了，这个巷名就会定稿，就会稳定相当长一段时期。纵览这些林林总总的巷名，大约可以称之为巷名文化？也许若干年后巷名文化会成为吴文化的一个研究分支也未可知。

当代有一次巷名集体改编运动却失败了，我说的是发生在“文化大革命”中的改巷名运动。那时候，街头巷尾冷不丁便会响起锣鼓声来，有一段时候匆匆而来、匆匆而去的锣鼓声大多是改街巷名字的。于是观前街成了东方红大街，道前街成了红旗路，白塔子巷成了井冈山路，十全街成了友谊路，临顿路当然在必改之列，革命怎么可以临时停顿呢？于是改为前进路。红卫兵们一时改得兴起，大街改了改小巷，弄得叫兴无巷和创新巷的巷子有好几条，“老苏州”一个个面面相觑，叫苦连天的邮递员们最倒霉，有的信真不知道往哪儿送，只好碰运气。

我有一位朋友记下了一则轶事：城内一小河，沿河各有一小巷，分别称为上塘街和下塘街。一队红卫兵敲锣打鼓地来了，觉得这两条巷子的巷名应该两相对应，于是选用了“破旧立新”这句最时髦的口号。将上塘街改为“破旧街”，下塘街则改为“立新街”。旋即下塘街鞭炮齐鸣，革命群众全体集中在巷口，迎来新街名；上塘街也是全体革命群众集中在巷口，人声嘈杂，却绝非为了出迎，因为他们说什么也不肯答应：改了新街名，自己反而生活到既“破”又“旧”的环境里。

苏州的巷名还是很有规律可循的。

有以人名为巷名的：

侍其巷：宋代行义修洁的善士侍其沔居于此巷。

宜多宾巷：原为麋都兵巷，宋代朝议大夫麋登居于此巷。

吴殿直巷：宋代殿中丞吴感居于此巷。

潘儒巷：明代潘时用居于此巷。

闾邱坊巷：宋朝议大夫闾邱孝终居于此巷。

潘儒巷

另如唐寅坟、伍子胥弄、专诸巷、文丞相弄等，还有马大箓巷、乔司空巷、王洗马巷、孔付司巷等虽然不能具体说出是谁在此居住过，但肯定是因人命名的。

有以姓氏为巷名的：

叶家巷：宋诗人叶梦得所居。

唐家巷：明代千户唐岳所居。

丁家巷：宋淳化三年（992）进士丁谓所居。

开家巷：宋浙西总管团练使开赵所居。

管家巷：明江西永新令管正音所居。

另外还有史家巷、吴家巷、平家巷、曹家巷、燕家巷、汤家巷、钮家巷、肖家巷等。

苏州是园林之城，有以园名为巷名的：

慕家花园、管家园、朱家园……

有以花卉为巷名的：

百花巷、斑竹巷、桑叶巷、海红坊、槐树巷、楝木巷、丁香巷、蔷薇弄、腊梅里、柳枝巷、莲花斗、水仙弄、桂花弄、红菱村……

有以飞禽走兽为巷名的：

麒麟巷、金狮巷、乌鹊桥弄、碧凤坊、凤凰街、苍龙巷、鹰扬巷、鹅颈湾、鸭行里、骆驼桥浜、马弄、虎弄……

有以行业为巷名的：

醋库巷、枣市街、皮市街、盐仓巷、砂皮巷、绣线巷、仓米巷、邵磨针巷、石匠弄、米店弄、饭店弄、炒米浜、酱园弄、粉坊湾、磨坊弄、板刷村、油车场、笔店弄、剪刀弄、养蚕里、猪行河头。还有不少巷曾经是手工作坊的集中所在，如刺绣集中在滚绣坊、绣线巷，制帽集中在巾子巷（今因果巷），乐器集中在乐鼓巷（今史家巷），金银匠作集中在金银巷（今剪金桥巷）附近，木器集中在王天井巷，年画木刻集中在桃花坞，玉器集中在天库前和周王庙弄，机织业则集中在仓街，并有“东北半城，万户机声”之说。

有心人还把以数字开头的六十多条巷名中选出若干列成一排：

一人弄、二郎巷、三茅场、四亩田、五龙堂、六步桥、七道湾、八宝街、九曲里、十间廊屋、百步街、万人码头。

还有喜好舞文弄墨者一逞文才集巷名为诗：

虹桥（浜）六步（桥）九狮庄，柏树（弄）三株（弄）五圣堂，

塔影（弄）青山（浜）枣市（街）尽，胥江（路）锦帆（路）进横塘。

醋库（巷）盐仓（巷）总管堂，回龙（阁）碧凤（坊）天官坊，

居仁（里）世德（里）三元（坊）魁，学士（街）文衙（弄）察院场。

瓣莲（巷）紫竹（头）观音堂，坝上（巷）幽兰（巷）孝义坊，

镇抚司前槐树（巷）老，金门路接朱家庄。

和尚（坟）打柴（浜）木耳场，太师（巷）放鸟（浜）濂溪坊，

悬桥（巷）觅渡（桥）温家岸，吊鳝（弄）望山桥下塘。

下里巴人也不甘落后，他们玩他们擅长的街巷谚语、歇后语：

南浩彩子北浩灯，城门洞里轧煞人。说的是正月十五元宵灯节，阊门外的南浩街和北浩街十分热闹，喜欢闹猛的人可别出事。

南浩街着火带脱小郝弄。说的是明末和清末的事，南浩街两次着火，火借风势，一直烧到鲇鱼墩和小郝弄，即城门失火，殃及池鱼的意思。

吴趋坊看会——老等。看会的人去得早，庙会行列来得迟，只好等啰。

穿珠巷配眼镜——各人眼光不同。穿珠巷是专诸巷的别名，有段时候眼镜店特别多。这条歇后语阐发的是实事求是的道理。

小巷里能够说道说道的东西太多了，要品味其中真趣，还得自己到小巷里走一走、转一转。

小巷之旅：时代变迁的见证

苏州是个博物馆城，有苏州博物馆、苏州革命博物馆、苏州丝绸博物馆、苏州园林博物馆、苏州城建博物馆、苏州工艺美术博物馆、苏州戏曲博物馆、苏州民俗博物馆、苏州佛教博物馆。还有许多家庭自身就是颇富特色的收藏博物馆。

于是有人说，整个苏州城就是一个大博物馆。

这话有道理。有的外宾在小巷里拾到一块带有文字的残砖便大呼小叫起来，说是发现文物了，有一二百年的历史，还不算文物吗？按照他的观点，那残砖还真的应该算文物，在苏州小巷里，你随便走进哪家，那旧宅的年纪大多有数百年甚至上千年。那精致的砖雕门楼，那带着深深绳槽的石井，那色彩斑驳的花窗，都饱经沧桑，都是历史的见证。问题是如果那样算的话，在苏州小巷里找文物不难，难的是要找出不是文物的东西来。

这话有些夸张了，但苏州小巷里的古物之多、密度之大是罕见的。在十多平方千米的古城区里，各级各类文物保护单位达到百余处。更不用提大大小小的巷子里的古寺、古井、古园、古树、古宅了。许多苏州小巷本身就是文物，这话可一点也不夸张。

确实，苏州小巷是美，游人们赞不绝口并不是客套话。那灵活多变的空间，参差错落的造型，柔和雅致的色彩，玲珑秀丽的庭院和临水而筑的风情都不是浪得虚名。但是时间的流逝和城市工业化浪潮的冲击，使得古城的面貌发生了很大的变化。中华人民共和国成立初时苏州被讥为“烟囱没有宝塔多”，“大跃进”之后，大量冒着黑烟的厂房和火柴匣似的多层住宅在小巷中拔地而起，与素朴洁净的小巷氛围极不协调，形成了“马褂与西装加于一身”的局面。同时，小巷民居大多有近百年历史，有的年龄更长，甚至可以上溯到明、清、南宋，数百年的雨打日晒、梅雨浸蚀、蚁食，再加上一些破坏性的建设，苏州小巷年衰力竭、气喘吁吁了。

对外地的游客和艺术家们来说，苏州小巷里的弹石路、斑斑驳驳的老墙门、小巷边排着的一只只马桶、上空挂着的“万国旗”，那都是一种古韵，一种风情。对着别人艳羡的目光，老巷子里的人只好苦笑。苏州小巷好是好，住在里面受不了。连夜的阴雨，连月的潮湿，拥挤的房间，成天与马桶为伴，与煤球炉为伍，三天两头断电停水，时不时房顶上有纸筋、望砖掉下来……小巷里的人向往宽敞的卧室，整洁亮堂的厨房，洒满阳光的阳台，向往抽水马桶和管道煤气——他们也是现代社会的一员，当然会向往一切现代物质文明。

怎么办？改。然而说起来容易做却难。数千年的历史古城，数百万平方米的古旧民宅，既是古城的宝贵财产，又是古城沉重的包袱。

改是肯定的，不改不行。问题是怎么改？这是一个令历届市政府挠头的事情。

1986 年 6 月 13 日，国务院以国函形式对苏州市城市总体规划做出批复，明确指出“苏州是我国重要的历史文化名城和风景旅游城市”，“今后的发展建设，要在保护好古城风貌和优秀历史文化遗产的同时，加强旧城基础设施的改造，积极建设新区，发展小城镇”，“要全面保护古城风貌，正确处理保护古城与现代化建设的关系”。

同年 8 月，苏州市旧城建设办公室成立，四年后更名为苏州市旧城保护建设办公室。保护被放到了首位。

首先是对古城区的文物建筑进行一次全面系统的普查统计和归类，除各级各类文物保护单位之外，还确定了控制保护建筑 252 处，这当中大多为各历史时期的小巷民居。专家们根据古城街巷、河流的走向和组合，把全城大致平均划分成 54 个街坊，每个街坊为平均 26 万平方米的矩形块区，并在此基础上进行详细缜密的规划探讨。54 个街坊便是 54 幅图画，54 道难题，54 次战役。

对于“坊”苏州人并不陌生，苏州在唐诗里有“六十坊”的记载，宋代郡守李寿朋也曾排定过六十五坊，近代则有“三宫九观二十四坊”之说：三宫是皇宫、学宫、天后宫。皇宫本名万寿宫，清康熙五十六年（1717）创建，内供皇帝生位，每逢皇帝生日，全城官员都要去朝拜，如遇皇帝“驾崩”，则在此设灵致祭。学宫即三元坊的孔庙。天后宫在城北天后宫桥，亦称天妃宫，航海者都拜祷此宫。二十四坊则有一首民歌专门唱它，编唱此歌的是苏州一位有名的民歌歌手张正芳。

草草不恭全唱到，有人说我不到家，城内廿四牌坊唱勿出，不算姑苏张正芳。

正芳听说笑堂堂，埋怨得来正相当，只要一句提醒吾，编成句子就好唱。

海红坊来通关坊，南传坊来北传坊。前清打春北园啷，例规先走迎春坊。

通贵坊来同巷坊，合村坊来节孝坊。父尽忠来子尽孝，奉旨设立忠孝坊。

濂溪坊来干将坊，碧凤坊来滚绣坊。读书考中三鼎甲，奉旨设立三元坊。

嘉余坊来桂和坊，富仁坊来大成坊。出品大员来拜相，奉旨设立天官坊。

闾邱坊来黄鹂坊，清嘉坊来吴趋坊。廿四牌坊全唱齐，再加作歌张正芳。

歌中所唱廿四坊与《姑苏野史》一书所列廿四坊有六坊有异，其中通贵坊应为通关坊，而歌中的南传坊、北传坊、同巷坊、节孝坊、忠孝坊五坊在《姑苏野史》中为南官坊、采真坊、井义坊、庆元坊、仁德坊，后者无疑较为准确，查范成大《吴郡志・坊市》六十坊市中大都列有其坊名，其中南宫坊（南园巷）、旌义坊（蔡汇头）大约即为南官坊和井义坊。

一般苏州人都认为坊是牌坊的意思，如三元坊是为三元及第的钱棨而立，闾邱坊为表旌闾邱孝终的宅第而立，大成坊系宋朝时为表旌大云翁林处而立；也有人觉得坊是由作坊而来，后来才演变成某个区域的意思。其实，坊和里一样，是中国古代城市用地的划分单位，汉长安城有 166 个闾里，汉魏时洛阳城有 326 个里，唐长安城有 108 个坊。坊由城市干道划分而成，大小不尽相同，四周筑坊墙，开有坊门，定时启闭。坊内主要为民居，也有寺院和官僚府第，宋东京城、元大都城也有里坊制，但已无坊门、坊墙，仅作为一种行政管理单位。里坊的划分对中国古代城市用地布局和方格道路系统形成有很大影响，至今在一些城市仍有里坊制的痕迹，苏州便是典型的例证。

1988 年到 1992 年，苏州采用点、线、面相结合的办法，对街坊改造进行了多方位的探索。点，即单个院落的改造，试点是十梓街 50 号等五处民居，对其院落内部进行改造，外观保持不变；线，即结合道路进行综合改造，依据苏州古城“水陆平行，河街相邻”的格局和沿街建筑的传统风貌，对十全街和枫桥大街进行试点改造，使其成为古城新景观；面，即街坊成片改造，试点是桐芳巷小区，将其建成幽雅别致、高低错落的新型街坊小区。这是一步高明的棋，既加快了古城改造的步伐，又能探索出各种民居改造的新方法、新路子。点，侧重于展现粉墙黛瓦的园林庭院风味；线，体现临河而筑、小桥流水的水乡风情；面，则集衣食住行为一体，揉园林民居、小桥流水乃至商业网点于一身，使人更能感受和了解苏州昔日“坊闹半长安”的繁华和“坊市棋立，桥梁栉比”的特色。

探索获得了极大的成功，专家们认为此次探索不仅对苏州保护古城风貌具有特殊意义，而且对全国的古城保护、城市规划都有普遍指导意义。于是苏州的街坊改造进入了实质性的建设阶段，1995 年 11 月，第一批街坊改造正式启动。

在这之前的 1994 年，古城完成了一个大动作，横贯东西的干将路拓宽改造工程顺利竣工，通过干将路这个城市主骨架和大动脉，现代化城市社会所必需的基础设施被引进了古城，水、电、煤气、通信、排污等各种管线得以在古城中心带向两侧辐射，为各个街坊提供了改造基础设施的先决条件。于是，东起皮市街、西至人民路、南到白塔西路、北到西北街的 10 号街坊，东起中街路、西止汤家巷、南到景德路、北到东中市的 16 号街坊，东起官太尉河、西凤凰街、南到十梓街、北到干将路的 37 号街坊，三个旧街坊改造一齐启动，全面铺开。奋斗一年，三个街坊的新建建筑群即告完成，回迁居民们已经高高兴兴地搬进新居，水、电、煤气、排污设施进入了普通人家，过去烟熏四邻的煤球炉和传代的马桶向苏州人告别、向这个时代告别了。新街坊不再蓬头垢面、老态龙钟，而粉墙黛瓦、镂窗飞檐的传统风貌更是焕发出新的光彩，园林式的六角、八角镂窗，“哺鸡脊”“纹头脊”等多种形式的屋脊，和屋脊上雕着的“刘海撒金钱”“和合二仙”等民间传统雕塑，楼屋之间，亭台、照壁、回廊、水石小品，无不韵味悠长，令人赏心悦目。

当然，这事到现在还有不同看法，有人认为干将路改造破坏了古城的整体风貌，而且再也不能恢复到从前，是苏州现代城市规划上的败笔。不能说这种看法没有道理。问题是那些生活在那些区域里的老百姓如何才能真正步入现代化？也有人说如果没有苏州古城内这样大刀阔斧的改建，没有这条沟通东西的主干道，苏州古城的交通永远不可能适应新的时代。也许这样的争论无疑还会持续下去，也许这世界上就没有能够两全的事。

好在苏州小巷里宝贵的文物古迹都完好无缺地保存着，环秀山庄、定慧寺、罗汉院自不必说，寿星桥、吴待秋故居、春申君庙、顾廷龙故居、周瘦鹃故居、诵芬堂雷宅，以及众多的古树、古井、名木、名屋，全部安然无恙。改造中有这么一则故事，皮市街西侧有一口古井正处于地下管线之上，这是一口“品”字形三眼公井，石纹斑斑，庞大古拙，附近的居民说这井水质甘醇，从不干涸，废了还是留着？各路人马紧急现场办公，确定将污水管线方案重新设计、重新实施，绕过古井。

我有朋友住在37号街坊里的定慧寺巷，我在访友的同时认识了这一条面目全新的苏州小巷，回来后愉悦之情久久不能消去，便写了一篇题为《定慧寺巷漫步》的散文，记下了当时的所见所感：

是日秋雨初歇，一路古城如洗，骑车往定慧寺巷访友，不值，兴味亦不减，索性手插裤兜沿巷闲逛起来。

其实，定慧寺巷也是老友了。饱经沧桑、作千百年无声之谈的双塔应该记得我，一个曾久久地坐对浮云缭绕的塔刹、试图听出一点世外玄机的冥想者；懒卧人间、镇日凝视流水和水流间行云的吴王桥也会想起我，一个踯躅桥头，寻寻觅觅写诗的年轻人。

物换星移，再访定慧寺巷，我已步入散淡中年，好却很有点今年二十、明年十八的意思。便想起曾画家朋友对我解说，美人最美的轮廓线是一条美妙的“S”形，站在巷口石牌坊下向东望去，巷路正好呈“S”形，如此一想，巷子便越发婀娜多姿起来。

石牌坊是新建的，竖立在街景开阔的巷口，使人感受到一种气派、一种气象。牌坊正中上方是四个正楷镏金大字：定慧寺巷。两侧是对联：名士当年留旧宅，禅门今日尚生辉。悄声吟哦，顿觉清秀妩媚的笔触之间梵音满耳、书香扑鼻。转过来，牌坊内侧又是一联：日出推窗喜见塔影，深夜闭户静听橹声。一读之下，便生出若不在此巷小住几日，人生便太亏了的感慨。

说是巷，其实叫小街更合适。巷两边清一色是两层建筑，几

定慧寺巷双塔

乎都是新建的。粉墙黛瓦、歇山挑檐、深红色的花窗、高高耸立的风火墙，一栋栋富有民族特色的楼宇鳞次栉比、错落有致，高高低低一路逶迤开去，苏州味特浓。漫步于小街，举目四顾，真不知今夕何夕。

过石牌坊沿街往东走，没几步便见左侧一座色调淡雅的建筑，大理石镶就的墙壁拥出一八角洞门，原来是吴作人艺术馆。信步进去遇画家老沈，一聊，才知他在此任馆长。展厅里参观者三两人，却看得特别细，我楼上楼下都看完了，有一位小伙子好像还在原地没动。是啊，这些都是苏州老乡吴作人捐献给国家的艺术珍品，此道中人怎能不流连忘返、细细揣摩呢？

与吴作人艺术馆一墙之隔的就是双塔。在我的心目中，苏州园林里最具有平民气息的就是双塔。是因为保留着原样的天王殿正殿遗址呢？还是因为其茶室平易近人、汇聚了一批老茶客？说不清。我只知道在每天来此的老茶客中，有一位貌不惊人的老者是章太炎的弟子，当代大儒。想一瞻风采却又不敢造次，想当面请教奈何腹中空空。他是我藏在双塔的悬念。因为这个悬念，我对这里所有的茶客、所有不熟悉的苏州人都怀有敬畏之心。

现在双塔也换了气象，门前开阔了许多，对门的照壁上是“唐宋遗迹”四个斗大红字，两边是回廊，还有角亭。但双塔仍然气息如旧，这是我最欣赏的。无论是那默默厮守的双塔，还是那丰富多姿的砖雕展览，以及天王殿遗址上的石柱、一片片盛开的菊花，都在无声地漫溢着一种亲和力。

出双塔向东，街侧已有几家店铺装备齐全。还有不少店面似乎在筹划中，但都不例外地宫灯高挂，霓虹灯也都装好，好像只需一位总导演令下，就会拉开大幕开演了。倒是巷东头的一家店面按捺不住，率先开出“又一顺”的饮食店，一声吆喝，热气腾腾的馒头出笼了。

吴王桥不为所动，它看得太多了，它还在往下看。桥两边添了两座小亭，这边是木头的，那边是石头的，在石驳岸和绿垂柳之间对望，倒也相映成趣。使人眼一亮的是沿河一带的漏窗烩粉墙，和粉墙后面既古色古香又有现代气息的居民小区。走进去，整洁而雅致。红的是美人蕉，绿的是冬青树。一株高大的银杏树下，方圆数丈内均匀地铺满了金色的落叶、铺满了使人思绪悠远的秋意。

秋天是我最喜爱的季节。秋意是诗意的连襟。我曾在秋天想为一条名叫诗巷的巷子写一首诗，也曾为它的消失而愁惆过。其实，在今日苏州，应该叫作诗巷的巷子又何止一条呢？

散文发表在一本叫《今日苏州》的杂志上，现在看来已经是“昨日苏州”了，这两年苏州变化太快，特别是苏州小巷，有时今天路过时还好好的，明天再来就不见了，一眨眼就会有一条巷消失似的。怀旧的人整天背着相机到处转，好像怕哪一位老朋友临走时没能与他道个别，落下终身的心病；盼新的人掐着手指天天等，似乎新娘子要来，没能出门一百米迎接，以后新娘子便会天天怪罪。在二十世纪旧城改造的热潮中，苏州小巷没能保持住传统的矜持，大约是怕误了与新世纪的约会，便赶在有限的时间里拆啊拆啊，造啊造啊……

◎ 走进深巷 ◎

苏州小巷 >>>

小巷深深深如许

从某种意义上说，苏州是一个正在呱呱降生的城市，同时又是一个正在逐步消失的城市。

这里我不仅仅是说那些已经被拓宽或者正在拓宽的一条条街衢，也不仅仅是说那些虽然加了不少传统建筑符号却依然遮掩不了其时代气息的楼宇，我主要指小巷。随着那红色的“拆”字一大把一大把地洒进一条条深巷，随着一片片古旧的房子变成一堆堆古老的瓦砾，随着全面推开的街坊改造，一条条带有苏州风格的新巷子出现了，而这每一条新巷子的出现都是以消灭了一条甚至几条老巷子为代价的，这毋庸讳言。传统与现实，保留与创造，继承与发展，从来都是一对难以两全的矛盾。

街坊改造以后苏州小巷再也回不到从前的老样子，这是怎么样也改变不了的必然趋势。因为古老的苏州小巷再也适应不了当代苏州人的生活。社会的发展彻底改变了苏州人的居住方式，其中最明显的一点就是居住主体由大家族变成了小家庭，在如今的苏州古城里，再也找不到聚族而居的人家了。仅仅这一条，就足以摧毁苏州小巷的人文根基。在已经完成的街巷改造中，我们还没听说过有搞成几进几落那种仿古深宅的例子，因为现在已经没有那种社会需求了。试想，小巷里的深宅都演变成公寓楼了，还能说传统意义上的苏州小巷依然存在吗？所以，有关方面强调街坊改造中的苏州传统风格而不是再造传统小巷，是十分正确的策略。

所以，我们现在试图描绘的苏州小巷，已经不是经过二十世纪五十年代“大跃进”和六七十年代“深挖洞”时做过“手术”的苏州小巷，而只能以二十世纪初的苏州小巷为主要蓝本了。所幸的是苏州小巷在那一时段给我们留下的印痕还比较多。

苏州小巷的物质要素有哪些呢？让我们走进深巷。

首先是如今的年轻人都没有见过的巷门，然后是弹石路、高墙和墙头瀑布般挂下来的植物流苏及一两枝红杏，接着我们便看到形态各异的门楼和简朴明快的石库门，以及与石库门相映成趣的金刚腿。走进门楼，是停轿备茶的茶厅、起分隔作用的仪门、酬宾和婚丧大事用的大厅、隔开内宅与外宅的楼厅门、起居用的楼厅。这一条排在直线上的建筑，谓之“正落”，是大宅的主体。这种大宅可以借用时下的一句时髦话“一体两翼”，“正落”两侧还有“边落”，边落也有讲究，根据男尊女卑、男左女右的规矩，左边是读经论道的书厅、藏经念佛的佛堂，右边是女眷应酬的女厅和厨房，以及其他库房杂屋。正落一侧还有一条长长的备弄，亦称陪弄，平时家人出入都靠这条备弄，如同宅中之巷。宅中还有走廊和走廊边精巧的蟹眼天井。还有或大或小的后花园，我们现在称它为“园林”，这些园林的大部分已经先于小巷的消失而消失了，只有部分足够大、足够美丽的园林被冠以“苏州园林”的商标幸存下来，向全世界展示。

当然，还有宅子里的古井，还有宅后的水码头和与水码头连着的水巷风景，本书将有专章述及。

现在，抬起我们想象的双脚，往小巷里走吧。

首先迎接我们的是巷门。

巷门是从唐代开始的里坊制的坊门脱胎而来。关于里坊制，前面我们已经谈到过。那时坊里的一般居民只能在坊内开门，只有贵族及寺庙才可以向城市街巷开门。不仅如此，就是坊门也只允许在日出或日落时，定时敲钟击鼓关启。坊门关闭后，居民严禁在街上行走，每年只有元宵节前后数天夜间可以不关坊门。这种等级礼制的规定既不符合社会发展规律，又缺少生活气息和人情味，势必被历史淘汰。到了宋代，里坊制基本上不复存在，名字上虽有某某坊之称，实际上已成为地名，宋真宗时宣布实施厢坊制，市肆商业不再限定在特定的“市”内，而是分布全城，与居住街坊混杂，商人沿街开店，形成熙熙攘攘的线性商业街，在沿街店铺及贵族宅第后面，有密集的院落式住宅。《东京梦华录》记载：“其后街或闲空处，团转盖局屋，向背聚居，谓之院子，皆小民居止。”

二十世纪初时的许多苏州小巷都是有巷门的，巷头和巷尾都有。巷门是由很粗的杉树圆木做成的。窄巷为独扇巷门，阔巷则为双扇巷门。巷门非常高，也非常牢固，小偷要从上面爬过去是很不容易的，因为不仅巷门难越，还有看巷人的眼睛也难越过。看巷人就住在巷口的巷门后，晚上巷门关了，晚归的人要进巷，就得请看巷人开门。熟人自然没有问题，生人要进巷门必然要通过一番盘问。那个时候苏州的夜生活远不如现在，太阳一下山，人们也就紧跟着回家了，晚上也很少出门，本来就很冷清的小巷一到夜晚就更加寂静了。

看巷人一般都是没有家室、年岁较大的人，生活费由巷子里的大户人家支付，或者靠庙宇祠堂给些可以糊口的补贴。看巷人的全部工作，就是早上把巷门打开，晚上关上巷门，还要打着竹梆在巷子里巡视一番、扯着嗓门叮嘱一番：“关门喽！平安喽！”然后就守着巷门后的小屋，掌握巷门的开开关关。人到了五六十岁没能成家又没能立业，或者成了家又散了，立了业又败了，他的雄心壮志就很难重新燃起。这与其说是人生的悲哀，不如说是人生的一种幸运——免了家室之累，逃脱了名利心的追逐，孤身一人，心底清静，倒也可以免去许多是非烦恼，动则云游八荒，静则自守一隅，也是另一种潇洒。苏州评弹名家周玉泉的《玉蜻蜓》里就有一位沈家看巷人冯德，他好喝酒，常误事。一次金大娘娘经过，酒醉后的冯德开门开迟了，还信口骂了几句，酒醒后内心惴惴不安。谁知金大娘娘也觉得自己打巷门闹沈家过分了，让老家人王定向家沈赔不是，所以王定也就做主对冯德从轻发落。本是来领罪的糊涂人冯德喜出望外，想对王定表达一下感激之情，但笨嘴笨舌，说了一段令人喷饭的话来：“唉，格位老伯伯，谢谢倷，倷实头是一个好人，相貌看得出格，喏，寿眼睛，实头个寿耳朵，还有寿头。”糊里糊涂地把“寿头”这句苏州骂人的话也说出来了。

进了巷门便是铺着弹石的巷路，也有青石板的。后者好走，前者走惯了柏油路水泥路的高跟鞋现代女郎就要皱眉头了，弄得不好便会崴了脚。路两边是高高的墙，由于巷子窄，那墙就显得特别的高，高墙上时而开出几扇很别致的花格子窗户来，但那窗户里的景象你是无论如何也看不见的，窗子太高了，需仰视才见，怎能看到窗子里面？高高的粉墙因年久而色彩斑驳，再加上那些墙头上悬垂下来的古藤、露出一角来的马头墙上的瓦花，以及你那在巷子里回响的足音，不禁使你生出走在时光隧道里的错觉来。

石库门：苏州文化的封面

好了，现在我们在一座石库门前停下来，这是一处典型的小巷深宅。

石库门的门框是坚固的金山石凿成的，而门，则是用坚实的青水条砖扁砌在门板上，又叫“墙门”，这在民居密集的苏州小巷里是十分必需的，万一巷子里发生火灾，只要把门一关，火就进不来，金山石火烧不变形，墙门也不怕火。墙门后还有一根粗大的门闩，门框一旁有个门闩洞，苏州人称其为“墙门洞”，关门的时候，只要把门闩拉出墙门洞，就可以关紧大门，墙门后面还有一个“丁”字形的“天落撑”，用它撑住大门，外人想尽办法也无法进来。石库门还可以隔断虫蚁，不让其咬蚀木门。这种石库门在二十世纪初在苏州流行，上海人也纷纷仿效，可谓盛极一时。

有些石库门前还安有一种叫“矮挞门”的竹篾门，是用竹篾编成“人”字形、“万”字形、“一”字形等各种花纹，然后钉在木门上，抹上桐油，安在石库门外，以保护石库门。矮挞门制作方便，经久耐用，且在通风采光方面有特别的优势。盛夏时节，暑气逼人，只要将石库门打开，反正外面矮挞门关着哩，一股股凉风就会从那竹篾间的

平江路郭长巷鹤鸣堂石库门

花纹里穿堂而至，带给人一阵阵凉爽。那矮挞门最初出现在元朝，据说当时的统治者为了便于频繁检查，规定居民不得关门。不关门总是令人心中忐忑，于是有聪明者想出矮挞门的法子，检查时只要让官兵在竹篾上留出的洞孔中例行公事张望一下就结束了，于民于官都方便，而且还有意外的好处，于是就一直流传下来。如果说那备弄是小巷的陪弄的话，那么矮挞门则是石库门的陪门了。

石库门是苏州小巷中基本的建筑要素，同时它也是重要的文化符号。

门，是建筑物的封面；石库门，是苏州文化的封面。

书的封面如同人的脸，脸如其人，一个人的内容——性格、善恶、巧拙等——都要在脸上或直截了当，或曲曲折折地表露出来。有时也有表里不一致，甚至相反的例子，脸成了内容的一种阻隔，但那阻隔其实是一种更为深刻的表露。门与脸在这一点上有异曲同工之妙，所以有些地方干脆将门称为“门脸”，这是很有道理的。想登堂入室探求苏州小巷文化之奥义的人，如果竟对身边的石库门视而不见，那真是太可惜了。

一色水磨青砖，一览无余，绝对没有花里胡哨的东西。平淡简洁、谦和内敛，这是石库门留给人们的一般印象。

平淡，是绚烂之极后的平和淡泊，譬如山珍海味之后的一道清汤，其色寡寡，其味无穷。简洁，是繁富之后的简单雅洁，是对天然去雕饰的追求。往深一层里说，平淡简洁其实是一种生存智慧在美学上的表达。平淡的苏州人也曾轰轰烈烈过，两千多年前尚武的吴国人出过风头，打得中原诸侯均不敢小觑，以一柄鱼肠剑刺杀王僚的铁血英雄专诸更是名垂青史。简洁的苏州人也大富大贵过，明朝“富可敌国”的沈万三简直比皇帝老儿还要有钱，结果吃了大亏。历史的教训太值得注意了，平淡简洁才能不引人注目，那是阅尽沧桑的结晶。苏州人懂得自我保护、学会用心计了，明朝时的苏州府已是闻名遐迩的鱼米之乡，同时也以赖粮著名，在朝廷做大官的吴人申时行对此自然司空见惯，而首辅张居正不懂其中奥妙，只能气急败坏地骂什么“其乡人最无赖”、其地可称“鬼国”。由此可见，苏州人的心计是怎样用得人无可奈何，用得人心悦诚服。

是的，苏州也曾经做过老大，是政治中心。后来不了，这没有什么，成不了政治中心，还可以成艺术中心。让他们去玩权力去，咱就在苏州小巷里玩艺术，玩明四家，玩吴门画派，也蛮好。现在艺术品拍卖会上卖得好价钱的东西，很多都与苏州有不解之缘。忽然艺坛上除了京派、海派的声音嘹亮，其他声音低下去了，这也无所谓，如同政治中心转移了并不影响人们玩权力一样，艺术中心转移了，并不影响苏州人玩艺术。再说了，苏州还可以成为休闲中心嘛。石库门一关，吟吟诗，作作画，搞点刺绣，弹弹古琴，唱唱昆曲，听听评弹，假山假水城中园，真山真水园中城，你瞧，现在一直玩成世界文化遗产了。改革开放后人们生活水平日益提高，似乎开始“全民有闲”了，到处风风火火赶时髦搞起度假村、休闲中心来，其实，苏州是最早也是最大的休闲中心，那历史“老鼻子”了！江南休闲甲天下，苏州休闲甲江南，如此种种，不亦乐乎？

苏州有句老话，叫“七石缸，门里大”。苏州人心里大多有一只“七石缸”，要苏州人服气是不容易的，除非你拿出真货色来。拿不出八石九石，起码也要七石吧？苏州人觉得能达到这个水平的不多。因此，苏州人到外地旅游很少有动不动就一惊一乍的。

于是石库门就谦和内敛起来。谦和，是一种谦谦君子的接近，又是一种颇有礼貌的婉拒。拒人于千里之外不好，而拒人于一缕微笑之间就显得很有人情味了，这很难，没有点道行是做不到的，需要一种至柔的太极轻功。内敛，那是一种自信，一种“家里有粮、心中不慌”式的自信。那自信的背面正与你较着劲儿呢。不服吗？不妨进门看看，那真是“曲径通幽处，禅房花木深”，其精美之处无与伦比。你甚至不必往深处走，你就看看石库门背面的砖雕门楼吧，那就足够了。其实苏州人不会真的请你进去，他们不稀罕别人的夸奖，心里早就自我评定了。苏州文化的进取心是向内的。石库门的两面有点像苏州文化发展进程中内敛和进取的两面。石库门为苏州文化挡住了一些乱世纷扰，守护了苏州人自足的精神世界，但也缠住了苏州人的脚踵，使得苏州人一般不肯外出乱撞。《水浒传》里那种说走就走的游侠精神，苏州文化中多少有一点才好。

对一座门的打量总是带有几分猜度的意思，这就有点冒险。老话说“出门看天色，进门看脸色”，对“门脸”多熟悉几分，进了门会少迷点路吧？

金刚腿：苏州人的疆界？

进了石库门，必须回过头来，仔细欣赏一下石库门上的砖雕门楼。

砖雕是苏州的特产，因为苏州砖雕用材得天独厚——城北的陆墓御窑，那是传统的金砖产地，陆墓水磨金砖质地坚硬，呈灰青色，“断之无孔，敲之有声”，用来制作砖雕最为适宜。苏州门楼砖雕的内容一般为绘画和书法两类，清代钱泳《履园丛话》记载：“大厅前必有门楼，砖上雕刻人马戏文，玲珑剔透。”绘画砖雕多为渔樵耕读、八仙上寿、文王访贤、双龙戏珠、梅兰竹菊、水浪云头之类的内容，书法多刻在门额正中，均为名人手笔，四字成章，文采斐然。“老苏州”说，苏州原来有两座半砖雕门楼最为壮观而精致：一座在山塘街浦家墙门，一座在砂皮巷里，还有半座在东美巷，可惜现在全部灰飞烟灭了。我爱人家曾在大石头巷住过，巷子里的吴宅内有一座清初的砖雕门楼，据说吴宅过去是《浮生六记》沈复住宅的后院。那砖雕门楼高 6 米，宽 3 米，分三层，上层是“三星祝寿”和“八仙过海”图画，中层是书法“麟翔凤游”四个大字，下层是“四时读书乐”砖雕组画，四季题句分别为“绿满窗前草不除”“瑶琴一曲来薰风”“起弄明月霜天高”“数点梅花天地心”。砖雕图案生动有趣，细腻圆润，刀法变化多端，人物为圆雕，花卉为深雕和透雕，背景上的楼阁则用高浮雕，层次分明，立体感很强。该门楼当亦为砖雕精品，现已被列为市级文物保护单位。

欣赏完砖雕，别忙回身，请将目光放低，打量一下石库门下面那高高的门槛，那门槛有个响亮的名字——金刚腿，也是深巷大宅之一绝。

金刚腿是负责建造天安门的苏州人蒯祥发明的。据说缘于他建造一座官宅的经历，主人要求他将正门造得特别高，但又不能妨碍住宅里的人正常出入。这道两难命题没有难住蒯祥，他灵机一动，在高门槛的两侧设计了两只靴腿形的斜形凹榫与高门槛相配，若要在正门迎进高贵客人，可以随时将高门槛从那凹榫中卸出，非常方便。就因为金刚腿高大威严，官宦人家、金玉府第可以借此显示其门庭显赫，非同凡响，所以苏州过去的大户人家门槛大多是金刚腿。现在一些大户人家的后代回忆起过去在老宅里的情景，还对那高门槛有印象，小时候玩捉人游戏，往往就是因为高门槛一下子跨不过才被捉住的。无人进出的时候，小孩子们把高门槛当木马骑，还可以跨在上面，面对面地玩“拍大麦”“洋画张”。从老宅走出来的人自然会对那高大的门槛留下深刻的记忆，细心的外地游客进出网师园、留园等苏州园林大门时也会注意到那高门槛的独特之处。

想了解苏州的人注意到金刚腿就对了。都说细节传神，金刚腿就是能够传递苏州神韵的一个经典细节。

高大和精巧是金刚腿的两大特点。

“噱头噱在头上，蹩脚蹩在脚上”，特爱面子的苏州人连脚上都不肯马虎，就是要在千脚踏、万脚踩的门槛上搞出一番气象来。但苏州人又不是只凭蛮力一味硬干，他们还有足够的才智表现出威严气象下氤氲着的通融温和来。苏州人希望人家对他们敬而亲之，而不是远之避之。在金刚腿面前，你不能不钦佩苏州人门槛精。

精，是生活艺术使然；而门槛透出的内容则更多地关乎于人生态度了。

金刚腿是苏州人的一种姿态，它无疑是为别人进门而设置的。你可以不来我家，但如果你执意要来，首先要做的就是端正态度，起码有点儿肃然起敬也好。当然，如果你面对金刚腿心里乱嘀咕我也拿你没方法，由你嘀咕去吧。假如你暗笑“这金刚腿别人跨进去难，你主人迈出来也不会容易到哪儿去啊”你就大错特错了。这金刚腿就是为外面的人设置的，里面的人根本就没想跨出去那回事儿！你想想，里面的生活那么美妙精致，万物早已皆备于我了，我还要出去干什么？——都说苏州人恋家，是因为苏州人家里着实招人恋啊。

于是，金刚腿成了苏州人的疆界，一道透着自信和矜持的生活疆界。除了有几次被朱元璋赶了一些到江北、到南京，除了上山下乡时耐不住只好在船到长江时一起号啕大哭，苏州人一般是轻易不肯离乡背井的。久而久之，苏州的门槛没有加高，而苏州人的腿一代代地短下来了——腿长的苏州人早已跨出去了。

是的，金刚腿早已成为苏州的一种精神象征物。

那气度雍容的冷水盘门不也是一道金刚腿？那若隐若现蜿蜒在苏州古城边和苏州人心中的古城墙不正是一条见首不见尾的苏州门槛？

待在里面往外瞧，苏州的门槛真高，高得外面热辣辣的阳光、强劲的风进来照例要打一个折扣，于是里面的花呀草呀长得跟豆芽菜似的；站在外面朝里看，苏州的门槛不过如此，只要你腿足够长，想跨就可以跨进来，而且，既然跨进来了，你苏州人还不能不认账。

都说古城区和园区、新区是一体两翼，说得更美丽些，三者像三潭印月，说得不客气点，则是园区、新区把一位苏州老爷子从金刚腿里面架出来挟持着走。

从门厅到屋肚肠：神秘的深巷大宅

回过头来，便是一进一进的厅堂，门厅、轿厅（又称茶厅）、大厅、二厅、主厅、内厅等，一厅一进，每进中间都隔有天井，最多可以有七进，后面尚有余地，那就是后花园了。另外，还可以造花厅，造几个书房，比如东书房、西书房，这一点最令目下居室窘迫的读书人垂涎不已。再加上东西落的杂七杂八的房间，一户大宅子里总共会有数十间，甚至上百间房间。

这些厅中最有特色的是“纱帽厅”，它是达官贵人家必有的建筑，官做得越大，其纱帽厅越是气派不凡。纱帽厅得名于其厅内四根立柱上部的棹木形似古代官人乌纱帽上的一对纱翅。显然纱帽厅起源于明代，因为明代才有带有纱翅的乌纱帽。这种厅不是一般建筑，必须请准朝廷后才能建造。艺圃是明代东阁大学士文震孟的旧宅，其主厅博雅堂就是一座典的纱帽厅。博雅堂面阔五间，进深约为 6 米，堂前游廊环抱，堂内立柱上装饰的木雕乌纱翅极为精致。在卫道观前的潘宅，有一座苏州最大的纱帽厅，建筑面积达 250 平方米，可以同时摆开数十桌酒宴，号称百桌厅。纱帽厅有时也不一定作为正厅，而是作为主人会见文朋诗友的处所，因此，格局也相应起了变化，不再一味地追求雍容华贵、庄重严肃，而是追求轻巧雅致，其氛围与主人向往的情调相和谐。钮家巷里清代大学士潘世恩旧宅里的纱帽厅就是这样的，潘宅纱帽厅分前后两厅，前厅小，后厅大，平视如纱帽状，据潘家后人回忆，前厅中央本来有楠木雕刻挂落一帷，精工细琢，艺术精湛。挂落中置红木炕床一张，为会客时招待上宾的席位，挂落左侧树立着高约三尺许、周长一米多的青紫色瓷坛一座，中贮画幅三五轴；右侧树立高约二米的银杏树桩一件，上镌清嘉庆、道光、同治、光绪皇帝御笔，以及清代名流题字。这瓷坛和树桩表面上是堂中摆设，实际上寓有做官做到“碰住”（到顶）之意，因为吴语中“甏”与“碰”、“树”与“住”谐音。太平天国英王陈玉成也曾在这座纱帽厅住过，二十世纪二三十年代的时候，纱帽厅成了潘家后人小孩温课下棋的地方。现在则辟为市民茶室，时有评弹艺人在此演出，索弦之声不绝，吴侬雅音绕梁，此纱帽厅得其所也。

宅子从门楼到大厅，都是没有楼的，要到了内厅（或称女厅）方始有楼，此外，如花厅、书房、账房等一概无楼，所有的楼都只有一层，俗称为二层楼。从大厅进入内厅，有个地方叫作穿堂。穿堂是官厅衙署中大堂至二堂的名称，苏州大宅借用过来了。但是平日里都不经此穿堂出入，大厅中有屏门，悬挂着许多名家字画，并有匾额，名为某某堂，大厅旁边还有一条走廊，一直通到厨房及后园。在这里值得一说的是常在走廊边看到的蟹眼天井。

天井是中国民宅中的重要组成部分，在苏州大宅中每一进都有一个天井。使每进都保持一定的距离，天井的面积也是有具体规定的，“凡第宅，内厅外厅皆以天井为明堂财禄之所，横阔一丈，则直长四、五尺乃宜也，深至五六寸而又洁净乃宜也，房前天井固忌太狭致黑，亦忌太阔散气，宜聚合内栋之水，必从外栋天井中出，不然八字分流谓之无神，必会于吉方，总放出口，始不散乱”。苏州香山帮匠人则有专门的口诀：“天井依照屋进深，后则减半界墙止，正厅天井作一倍，正楼也要照厅行。”天井的表层功能是通风、采光、排水，其深层功能则是精神上的需求。天井把居者的视线观念引向苍天，天、地、人三者在视线和思维上成一直线，从而产生天人共在的感情。居屋形式把人与天隔开，而天井则又寻找到人和天的通融之处。在中国，南方和北方都有天井，苏州小巷中的蟹眼天井则以其玲珑小巧别开生面。在小巷深宅的走廊边，我们常看到在几处建筑间的咫尺隙地上，竖着两条石笋，配着一丛青篁，形成一个小小天井，天光从上面漏下来，照得簇簇竹叶生气勃勃，如同一幅充满生趣的小品画。蟹眼天井体现了苏州人的生活趣味和巧思妙想，就像一张报纸的版面，长篇文章中嵌进一方小小的图案，本来显得沉闷的版面就出现生气，有了灵气，《新民晚报》的文艺副刊上就常常这样来处理一些长篇文章带来的弊病。

备弄，也是苏州小巷里老宅不可或缺的组成部分。有时一座老宅里有一条备弄，有时竟有几条备弄。长的备弄从大厅一侧一直通到后进居室，有一百多米长，简直是巷子里的巷子。备弄一般一米到两米宽，大都是青砖铺地，两旁是白垩墙，就靠顶端的两扇天窗采光。晴天，太阳光穿过天窗，在备弄里投下两根光柱，像两根长长的时针在备弄里缓缓移动。天阴的时候，备弄里就很昏暗，到了黄昏，备弄里就像深深陷进了一团暗夜，那时进出要打一只灯笼才行，跟着灯笼一脚高、一脚低地走在备弄里，看着那黑黑的墙上晃动着的幢幢人影，胆子不大的人还真有点害怕。如果宅子里流传过什么阴森森的传

学士街天官坊王鳌怡老院内备弄

说，那就简直有点恐怖了。夏天则是备弄的黄金时段，因为备弄隔开了骄阳，南北向的备弄里，一阵阵穿堂风吹到身上别提有多惬意，这是大宅里夏天最为清凉的地方。大人躺在竹榻上读读报纸、听听评弹，小孩子搬一张小方凳在备弄里做作业，都是一种很好的享受。

有好多年我经常到瓣莲巷老画家蒋风白家陪老人家说话，看他作画。他家就在小巷深处，我骑着自行车穿过长长的备弄，刚进备弄时眼前会一黑，得特别当心，一会儿就适应了，来到后院，支好车子，按电铃，就听到师母悠悠的声音，“来了！”这一段备弄好像过滤器，让人心静下来，进屋上楼，看蒋老劈竹撇兰。也是在这里，蒋老不止一次细心地让我看他的收藏：唐寅、石涛、徐渭、祝允明、文徵明、王宠、任伯年、任薰、郑板桥、吴昌硕……至于潘天寿、黄胄等当代画家的画作则更多，在墙上挂着呢。

关于后花园我们就不谈了，这方面的文章太多，在苏州古城里一块块地竖着哩，有兴趣的人还是走进去慢慢读吧。我们来看看深巷大宅里的厨房。厨房里主要部分是灶，灶有大小，最大的可置五镬，苏州人称之为“五眼灶”，其次则为“三眼灶”“两眼灶”。大宅中主人、宾客、奴仆，动辄上百人，人口众多，势非五眼灶不办。大厨房里从早到晚都很热闹，至少有两人专管烹调的事，手执锅铲在灶面上炒菜的名为“上灶”，执火在灶后烧火的叫“下灶”。也有老资格的厨师可以雇用助手，他平时就可以动口不动手了，逢到重要的事他才亲自上阵。其他的一些佣人、保姆，也都是以厨房为聚会的地方，中饭和晚饭开饭的时候，男仆、女仆们进进出出争先恐后，煞是闹猛。大厨房还有许多附属的房子，第一是柴房，存放厨房用的燃料，有稻柴、茅柴、木柴，以稻柴用得最多。乡下人农事余暇，便把稻草装着一船船运到城里兜售。临河人家最为方便，推窗一呼，船靠埠头，一捆捆稻柴就送上岸来，那些大厨房一买就是几百担，一担就是一百斤，要存放几千斤稻柴非得有个专门的大房子不可。小一点的人家也要有一间柴房，民国年间的住宅格局，往往是进门一个小天井，一边是灶间，对面就是柴房。灶间装着通长的窗子，柴房则装一扇小板门。有些人家的柴房就对着后门河埠，门也不一定锁，那就成了大庇小巷寒士的“广厦”、流浪汉的冬夜“天堂”。有些柴房位于大宅深处，那就难免不生出一些故事，无非鬼呀怪呀，还有就是男呀女呀，少爷和丫头呀，宅子大了，什么事都会有的。巷子深了，那些故事会越说越长。有的说到评弹里去了，有的说到电影电视里去了，比如在《唐伯虎点秋香》的故事里，华安兄弟就在漆黑的柴房里演过一出好戏。柴房之外还有个灰房，就是垃圾间。养狗的还有个狗房，有的人家还有个厕所。这些房子都接近后门，有人来清理扫除，都是从后门出入的。

学士街上的王鏊故宅就是一所大宅，王鏊是明代的吏部尚书，又是大学士，学士街、天官坊等路名、坊名都是因他得名。这所老宅规模甚大，西达城墙，东、北两面分别以淖河及通衢为界，大门正面一排照壁，墙上置铜环数十，用以系马。轴线正中是一连串的厅堂：轿厅、茶厅、花厅、大厅和后厅，其中大厅全系楠木建造，高大而宽敞，遇有婚丧大礼，这条线上的各厅大开迎宾，深不见底，气派非凡。现在从整体建筑上已经看不出旧时面目了，仅存门楼、砖雕等还可以考证出其为王鏊遗存。

滚绣坊 6 号也是一处大宅，原来是明代朱纨的故第，为三落五进的明代建筑。朱纨这个人值得记一笔，他是明正德十六年（1521）进士，在提督浙江江防军事的时候，率兵抗击倭寇，曾擒获杀戮行劫的法国强盗及匪徒李光头等96人，《明史》中称李纨“清强峭直，勇于任事，欲为国家杜乱源”。朱纨有一句话说得很好，“去国外盗易，去中国盗难，去中国濒海之盗易，去中国衣冠之盗尤难”，这是因为这些“语多激愤”的话，朱纨为仇家陷害，最后“作绝命词，仰药死”。人死屋空，直到清康熙年间户部尚书赵申乔在苏购得此宅，准备卸任后客寓苏州，可是他没等到卸任就去世了，便由他的曾孙率族子弟定居。清咸丰十年（1860）太平军忠王李秀成攻入苏州建苏福省，梁王凌郭钧占其宅为梁王府，将大厅门庭整修一新，并且在宅内各进都绘上龙凤图案，连滴水瓦都雕有龙凤。后宅的范围也大为扩大，有后花园、养马场，甚至还有监狱和刑场，据说刑场就在水仙弄一带。二十世纪六十年代，这座大宅的前厅被改为粮店，七十年代粮店扩建，将前厅等建筑拆除，1995年又将仅剩的绘有双龙抢珠图案的裙板和梁柱等拆除，好在原宅主后裔守候在一旁，将其全部购去。现在，滚绣坊那一带已经全部建成粉墙黛瓦的新建筑，过去的痕迹荡然无存了。

邓云乡老先生曾经在一篇文章里记下他对苏州大儒巷潘家故宅的印象：

> 平江路很窄，我心里暗笑它为什么叫“路”？而转到大儒巷，却宽了，坐北朝南的门前是笔直干净的石子路巷子，旁边沿巷子一条清澈而很深的河，水位很低，路南院子高大的后墙下面，全是丈许长的大条石整齐地砌起来的。巷子里，几乎没有一个行人，午后的斜阳照映着石桥、流水，有的人家后门一条狭狭的石桥接到北面石子路上。潘家的院子在巷子东头路北。好气派的一

所大房子……宽敞的大门进来是门厅，再过来是轿厅，再过去是正院，当时这些高大宽敞的厅，虽然陈旧了，但很肃穆，没有人使用，空荡荡的，想见当年停满轿子时的盛况。右手转弯，也有院子或花园，只是我没有进去过，不知其详。左手转弯进一门，顺轿厅山墙走，就是笔直的通向后面的弄堂，上面有房顶，两边是高墙，左右三进院子，都有门通向弄堂，如果不开，便无光线进入。潘畹九先生住在最后一幢楼上，记得第一次去时，我进入弄堂，两眼墨黑，伸手不见五指，地下铺的条砖，年代久了，又高低不平，正在为难之际，亏得中间一幢，“咿呀”一声，开门了，不但漏出光线，还走过来一个人，这才引我找到后面的门，敲门进去，不然我真不知道如何找。自然，以后我就熟了。这已是这幢大宅最后一进，后墙就是河，弄堂顶头就是后门，那是另一条巷子的河了。所谓“水巷吴宫”，临顿路两旁的大巷子，都是这样排列着的，在宋代的《平江图》画得清楚，在陈从周教授编的《苏州旧宅图录》中有照片……

我们已经描绘了苏州小巷里的物质环境，苏州人就是在这样的氛围里过着精致优雅的生活，在庭院深深中起居、饮食、会友、品茗、莳花、弄草，在春兰秋菊前绘画、练字、下棋、拍曲、赋诗、逗鸟，在那闲情逸致背后，也许还有大家族里错综复杂的钩心斗角，还有仕途失意后的彷徨和无奈，这一切，我们现在已经难以尽述。不过，我们还是可以从一些文字中感受到苏州人那富有审美情趣的雅致生活，比如沈三白的《浮生六记》，他是正宗的苏州人，家境并不十分富裕，人生也颇有一番坎坷，但他始终不肯粗糙地打发人生，必欲从生活中品出滋味来。我们来看看他如何对待园艺的，请注意，沈三白并不是这方面的专家，他只是业余玩玩的。

……及长，爱花成癖，喜剪盆树。识张兰坡，始精剪枝养节之法，继悟接花叠石之法。花以兰为最，取其幽香韵致也，而瓣品之稍堪入谱者不可多得。兰坡临终时，赠余荷瓣素心春兰一盆，皆肩平心阔，茎细瓣净，可以入谱者，余珍如拱璧。值余幕游于外，芸能亲为灌溉，花叶颇茂。不二年，一旦忽萎死。起根视之，皆白如玉，且兰芽勃然，初不可解，以为无福消受，浩叹而已。事后始悉有人欲分不允，故用滚汤灌杀也，此后誓不植兰。次取杜鹃。虽无香而色可久玩，且易剪裁。以芸惜枝怜叶，不忍畅剪，故难成树。其他盆玩皆然。惟每年篱东菊绽，积兴成癖。喜摘插瓶，不爱盆玩。非盆玩不足观，以家无园圃，不能自植；货于市者，俱丛杂无致，故不取耳。

其插花朵，数宜单，不宜双。每瓶取一种，不取二色。瓶口取阔大不取窄小，阔大者舒展不拘。自五七花至三四十花；必于瓶口中一丛怒起，以不散漫，不挤轧，不靠瓶口为妙；所谓“起把宜紧”也。或亭亭玉立，或飞舞横斜。花取参差，间以花蕊，以免飞钹耍盘之病。叶取不乱，梗取不强。用针宜藏，针长宁断之，毋令针针露梗；所谓“瓶口宜清”也。视桌之大小，一桌三瓶至七瓶而止，多则眉目不分，即同市井之菊屏矣。几之高低，自三四寸至二尺五六寸而上，必须参差高下互相照应，以气势联络为上。若中高两低，后高前低，成排对列，又犯俗所谓“锦灰堆”矣。或密或疏，或进或出，全在会心者，得画意乃可。若盆碗盘洗，用漂青松香榆皮面和油，先熬以稻灰，收成胶，以铜片按钉上，将膏火化，粘铜片于盘碗盆洗中。俟冷，将花用铁丝扎把，插于钉上，宜偏斜取势，不可居中，更宜枝疏叶清，不可拥挤；然后加水，用碗沙少许掩铜片，使观者疑丛花生于碗底方妙。

若以木本花果插瓶，剪裁之法不能色色自觅……以疏瘦古怪为佳。再思其梗如何入瓶，或折成曲，插入瓶口，方免背叶侧花之患，若一枝到手，先拘定其梗之直者插瓶中，势必枝乱梗强，花侧叶背，既难取态，更无韵致矣。折梗打曲之法，锯其梗之半而嵌以砖石，则直者曲矣。如患梗倒，敲一二钉以管之，即枫叶竹枝，乱草荆棘，均堪入选。或绿竹一竿配以枸杞数粒，几茎细草伴以荆棘两枝，苟位置得宜，另有世外之趣。若新栽花木不妨歪斜取势，听其叶侧，一年后枝叶自能向上。如树树直栽，即难取势矣。

至剪裁盆树，先取根露鸡爪者，左右剪成三节，然后起枝。一枝一节，七枝到顶，或九枝到顶。枝忌对节如肩臂，节忌臃肿如鹤膝。须盘旋出枝，不可光留左右，以避赤胸露背之病。又不可前后直出。有名双起三起者，一根而起两三树也。如根无爪形，便成插树，故不取。然一树剪成，至少得三四十年，余生平仅见吾乡万翁名彩章者，一生剪成数树。又在扬州商家见有虞山游客携送黄杨翠柏各一盆，惜乎明珠暗投，余未见其可也。若留枝盘如宝塔，扎枝曲如蚯蚓者，便成匠气矣。

点缀盆中花石，小景可以入画，大景可以入神。一瓯清茗，神能趋入其中，方可供幽斋之玩。种水仙无灵璧石，余尝以碳之有石意者代之。黄芽菜心其白如玉，取大小五七枝，用沙土植长方盆内，以炭代石，黑白分明，颇有意思。以此类推，幽趣无穷，难以枚举。如石菖蒲结子，用冷米汤同嚼喷炭上，置阴湿地，能长细菖蒲，随意移养盆碗中，茸茸可爱。以老莲子磨薄两头，入蛋壳使鸡翼之，俟雏成取出，用久年燕巢泥加天门冬十分之二，捣烂拌匀，植于小器中，灌以河水，晒以朝阳，花发大如酒杯，叶缩如碗口，亭亭可爱。

用一句现在的话说——苏州人实在会过小日子，已经化生活艺术为艺术生活了。

二十世纪苏州建造的最后一处大宅大约就是周瘦鹃的紫兰小筑了。它虽然没有几进几落那样的气派，但也十分精巧别致，深得苏州小巷之神韵，值得玩味一番。

紫兰小筑位于苏州葑门内的一条小巷——王长河头。原来是一座名叫“默园”的旧园子，共有三亩半地，是湖南道州书法大家何绍基的裔孙何维构的产业，周瘦鹃把平时积蓄下来的稿费都用在购置家园上了。刚买下的时候，园内只有六间平屋，却有不少高大的古树，特别在一株素心蜡梅的树荫下，有一大丛周瘦鹃最喜欢的紫罗兰。周瘦鹃买下旧园后，就在大门的横额处嵌上一块雪白的金山石，改默园为紫兰小筑。经过数年经营，紫兰小筑终成气象。

走进大门，是两排树木，一边是一列柏树，一边是几株棕榈，都是常绿树。中间是石子小径。小径小间向左转便是那六间向南的平屋，主人将中间的房子设为接待来宾的爱莲堂，西间为陈列青花瓷瓶瓷盆的“且住”和以各种梅花作点缀的寒香阁，前面一间突出的厢房为主人的书房“紫罗兰龛”。爱莲堂的东邻是主人的卧房“含英咀华之室”，连接卧房的一间六角形厢房，正好与紫罗兰龛相对，主人为纪念亡妻胡凤君而命名为“凤来仪室”。后来上面增盖了一座小楼，为“花延年阁”。爱莲堂前有一道廊襟带左右，廊下陈列着大大小小的盆花、盆树和盆景，春秋两季花开如锦，香满一庭。穿过中间小径，便是一片方形草坪，四周是枫、红薇、丁香、木樨、玉兰、白梅等花果树，居中湖石和石笋布置遥对爱莲堂的大花坛。花坛的右边是一只长方形大石缸，水中种着萍花，立一块络满了爬山虎的小石峰；左边是一六角形的小花坛，中间立着一尊手捧玫瑰的女像。草坪的四面种着常绿的书带草，外围就是石砌的小径，小径的西边有一株大杏树，树下放着杜鹃、山茶、建兰、珠兰、棕竹等盆景，杏树的南面是一个紫藤棚，种着两株老干的紫藤，棚下有小屋一间，名为“鱼乐国”，养着各种金鱼。东窗和南窗外种着不少芭蕉，入夏绿满窗前，绰有凉意。再南面陈放着几百盆盆景，是主人进行盆景创作的地方。

草坪的南面，有许多花树，其中有大枫三株，到了秋霜后便满树红酣，枫下种了无数紫竹，竹丛中有一扇形小池，竹影水光幽趣无限。从竹林南面的小径向东，是一座略有起伏的土山，疏疏落落地点缀着青石黄石，山上山坡的大片树木中有枇杷、绣球、绿萼梅花、木桃、樱桃、太平花、广玉兰、贴梗海棠和好些棕榈。

由石砌小径向南、向东、再向南，就是一座假山。名为“五岳起方寸”，五块湖石象征着泰山、嵩山、恒山、华山、衡山五大名山，陪衬“五岳”的是各种花树和三大缸深红、浅红的睡莲，后面则有高达三丈的刺杉和茂密的竹林，一派山林气象。假山高处的后面，隔着曲径埋着两只挺大的七石缸，将湖石多块掩蔽起来，上通檐溜，下接

凤凰街王长河头周瘦鹃紫兰小筑

水管，直达前面的最高峰，利用雨水注满缸中，机关一开，水就沿着正面的一片平石汩汩下泻，形成一个人工瀑布，泻到下面的池子里。池子中心是一座大石峰，下面的西池种着红、白莲花，东池养着金鱼，中间用几块大湖石盖着作为桥梁，池子四周用湖石拦住，池边各种一株地柏，柏枝像璎珞般纷披下垂，几乎拂到金鱼身上。假山上面还有一所正方形的梅屋，是春初梅花时节陈列梅盆的所在。下山有石级三层，曲径一条，东边靠墙的紫兰台下种满了紫罗兰。邻近紫罗台而遥对梅丘的地方有一间用带皮的刺杉木造成的小轩，中间安放着石案、石鼓凳、瓷鼓凳，可以在此吟赏为乐。轩的西南有一小片青砖铺地、正对梅屋的空地，中央安放一大块汉代的琴砖，上面用石水盆供着一个黄山松的附石盆景。后面的边沿恰好有几株高大的女贞树，绿荫四布，像一座露天的客厅，春可赏梅，夏可观莲，在此品茗清谈，真是赛过神仙了。

文人参与设计建造私宅私园是苏州古城的一个老传统，到紫兰小筑可以说是一个句号，一次难得的回光返照，历史走到这里终于憋不住想转个弯子了。尽管还僵持了一段时间才峰回路转，毋庸置疑的是，苏州的小巷发展史已经另起一行。当我们试图向它那长长的篇章作一次较为详尽的张望时才发现，我们只能对着它踽踽而去的背影作零零碎碎地怀旧之想了。

遍地美食的小巷

“老苏州”谈起小巷叫卖声来总是津津乐道，其原因是那叫卖声都与两点紧密联系着，一点是童年，一点是小吃。这两点与叫卖声搅到一起，其魅力那真是如钻石般“恒久远”而“永流传”了。有时候，他们自己也搞不清究竟是叫卖小吃的声音令人终生难忘，还是跟着叫卖声而来的诸色小吃的滋味叫人难忘。在人类的记忆里，声音与滋味往往如一团乱麻缠在一起。有一群在国外的“老苏州”，聚在一起的时候谈起故乡，最热门的话题就是苏州小吃。每逢相聚都要情不自禁地把苏州小吃排一排，过一过口头会餐的瘾。能够登上排行榜前列的往往是英雄所见略同：热白果、烘山芋、熏腗担上的熟肉、橄头山芋、铜锅菱、肉馅梅花糕、氽鱿鱼、八宝粉、黑芝麻酥糖、甜果肉、元大昌门前的油鸡、稻香村的异味枫鱼和外塘熏鱼、采芝斋的松子糖、黄天源的炒肉小阔面、荠菜馅春卷、咸猪油糕、松鹤楼的卤鸭、朱鸿兴的红油面和汤包、小有天的鸡头汤、观振兴的油氽紧酵和带皮瘦肉面浇头、五芳斋的椒盐排骨和五香小肉、陆稿荐的酱汗方肉……据说这些小吃竟是一些“老苏州”回国定居的主要动力。

是啊，民以食为天，丰富而精致的苏州食文化一旦融进游子那浓浓的乡情，其威力是难以抗拒的。

要说小巷小吃，得先说说骆驼担。

骆驼担是苏州小贩走街串巷卖小吃的担，用竹子做成，形似骆驼。在骆驼担上，有小巧的炉子，有干净清爽的锅，有各色各样的佐料，有碗筷调羹……总之，它是一爿可以随意移动的小吃店，原料、佐料、器皿、用具应有尽有，所以俗名“一担挑”。骆驼担上还有一根竹梆，小贩一路走，一路敲，“笃笃笃，卖糖粥”，苏州城里大街小巷中曾经活跃着许多这样的担子，现在早已绝迹了。年轻人只能从民俗博物馆里看到骆驼担的模样，那神情隔膜得很。没有听着“笃笃笃，卖糖粥”入梦的经历，看到骆驼担心里是不会涌起情感的涟漪的。

其实，苏州城里并不缺乏小吃店，但是，小巷里的人们更愿意光顾“骆驼担”。

沈复在《浮生六记》里提到过一种苏州的馄饨担，我想很可能就是我们所说的骆驼担。乾嘉间的苏州人沈复与朋友们商量到南园游玩，因为南园大片的菜花黄了，面对烂漫开放的菜花，怡然感受那春天铺天盖地而来的气息，是很有趣的事情。可惜的是，没有办法对花热饮，而冷饮则“全无意味”，那么只好赏完花再就近找酒家小饮，或者看完花“归饮”，而这些都没有对花热饮来得愉快。朋友们正犹豫不决，沈复的夫人陈芸笑着说：“明天你们只要出酒钱，我会把炉火挑来的。”沈复问她是怎么回事，聪慧的陈芸说：“我看到街上卖馄饨的担子上锅灶无不齐全，雇一副担子一起去南园，我先把菜烧好，到那儿再下锅热一下，温酒烹茶都很方便。”沈复表示怀疑，说给酒菜加温当然容易，烹茶不行，缺乏器具。陈芸早想好了，她说：“我们带一只砂罐去，用铁叉穿在砂罐的柄上，去掉馄饨担上的锅，把砂罐悬在馄饨担的行灶上，加柴火煎茶，不是很方便吗?”于是他们与一位姓鲍的“担者”约定，“以百钱雇其担，约以明日午后，鲍欣然允议”，“明日看花者至，余告以故，众咸叹服。饭后同往，并带席垫，至南园，择柳阴下团坐。先烹茗，饮毕，然后暖酒烹肴。是时风和日丽，遍地黄金，青衫红袖，越阡度陌，蝶蜂乱飞，令人不饮自醉。既而酒肴俱熟，坐地大嚼。担者颇不俗，拉与同饮。游人见之，莫不羡为奇想”。果然是个好点子、好策划，没有这个主意大家不会玩得如此尽兴。他们一直玩到红日将颓，沈复想吃粥了，姓鲍的“担者”马上去买了米来煮，简直活用馄饨担到了出神入化的地步，数百年之后，《浮生六记》的读者们仍然会情不自禁地“羡为奇想”。

我有一位朋友，说起骆驼担来真是一往情深。缠绕着骆驼担的，还有他的一位同学的父亲的形象。那位同学家住星桥巷，母亲早早去世，兄妹三人都靠他父亲一人拉扯，这一家生计就都维系在那一副骆驼担上。其实那骆驼担也赚不到什么大钱，一碗一两的酒酿小元宵才五分钱，一碗糖粥四分，鲜肉小馄饨也不过七分钱，这点生意要维持一家四口的生活也真算艰难。不过那时的物价低，兄妹仨也都是“穷人的孩子早当家”，上学前后帮父亲搭一手，生活上粗粗糙糙也挨得过。他父亲那副油光锃亮的竹节骆驼担就像工艺品，精致而整洁，他父亲说：“家再穷，做生意的家伙不能丢人现眼。”每当明月初上，别人家一家人热热火火聚在一起的时候，他父亲总是奔走在大街小巷里，挑着骆驼担，弓形的竹节底座上，一头是在小炉火上冒着热气的汤锅，一头是小钱柜抽屉、佐料架。架上碗碟中，葱、油、糖、盐样样齐备，担顶竹竿上还吊一盏火油玻璃灯。如果碰到夜戏散场，那远处巷口跳动着灯火、传出悠悠竹梆声的或许就是他父亲。儿子的小伙伴们来了，他父亲还会很慷慨地款待我们，次数多了，我们不好意思了，便不大肯来他们家玩，他父亲知道了便不高兴：“小调皮，怎么不来了，阿是怕你老伯伯被几小碗汤圆喝穷了？”听说老人家已经去世了，他知道不知道，当年他那悠悠的竹梆声现在经常在“小调皮”的梦中“笃笃笃”地响起。

对于骆驼担上端出来的诸色苏州小吃，朱平老先生有很详细传神的记述：

> “笃笃笃，卖糖粥，啥人哭，我来捉。”这是哄小孩子睡觉的顺口溜。可是，不喝下一碗糖粥，怎能上得了床呢？于是打开边门，招呼那副骆驼担子停下来：“一碗鸳鸯！”刚才还只见担子不见人，这时忽然从“驼峰”下面钻出一位老人，一声不响摆好青边碗，举起铜勺子，打开前担锅盖，舀出一勺白粥，倒在碗里，离碗边还差三分，转过身，又从后担小镬子里，舀起一勺红得发紫的赤豆糊，浇在白粥上。渐渐地赤豆沉下去了，羊脂般的白粥泛了上来，这还不算，老人再从小抽屉里取出小调羹，盛满绵白糖，捏上一撮黄桂花，一齐洒到了碗里。这套动作，使人未吃先甜，心痒难搔。
>
> 冬天过去，夏天来了，老人还是那位老人，却换了一副两头一般齐的矮担子，只是前担平铺一块四四方方的木板。木板上端端正正放着一块脸盆那样大、那样圆的绿豆糕。白纱布罩在上面，一把薄如纸片、晶光锃亮的白铜刀压在角边。这种绿豆糕，稻香村和采芝斋做不出来，必须现做现卖。一粒粒绿豆，拌了面

粉和菱粉，烧得只酥不化，而且一定要原汁原汤，方才能凝成一寸多厚的糕状，红枣和红绿丝点缀多姿，看了透心凉，吃后满嘴生香。价钱便宜，两个铜板切一块，边走边吃，可以一直吃到校门口。

这桩生意不太长，转眼又换了高脚担，前头的木桶里，一镬子的焐熟藕。此物现在还能见到，可以不再噜苏。值得一提的是，切起片来，定用棉纱线，一头咬在嘴里，一头绕在指上，围着藕段，巧使软硬劲，薄藕一片，才肯舒舒服服落在碟子里。只有外行才会用刀切，为什么？最薄的刀，难免沾上灌进去的糯米，掉了糯米岂不破了相。这种线切功夫，卖熟山药的本事最大，能够片刻之间，银洋钿那样一片片地堆满一盆子；配以白糖，浇上玫瑰露，胃口好的“三客”不过瘾。

此时，仍是挑担子的老人，最怕葑门外轧进来的采菱小姑娘。她们没有像模像样的正式担子，可是货色齐全。“阿要沙角菱！”“热格馄饨菱！”“圆角菱买来吃！”生意做得巴结，备有小刀小砧板。“先生吃馄饨菱！”她从青花底子的棉褥下，一只只热腾腾地摸出来，平放在砧板上，拦腰一切，似断未断。吃客蹲在地上拿了就吃，切一只吃一只，吃一只切一只，搭起讪来，讲不完的闲话，吃不完的菱。这注好生意，老人做勿着，恨啊！

秋风起，落英缤纷，真正的骆驼担，再显身手，这回是卖桂花糖芋艿。有讲究，大的不稀奇，考究的是只只大小匀称，椭圆形，符合几何尺寸。这就靠平时的刀功了。能够扦得一式一样。还有，为了入味，桂花、糖是一锅煮，不过千万少放碱，否则腻虽腻，味道不对。

卖甜食的骆驼担，卖小圆子亦常见。想象中这一粒粒圆子，搓成功倒费工夫。谁知轻而易举，好像变戏法。但见手上拿只圆筛子，抓几把形状不一的米粉坯子，放在筛上，左右摇晃，几来几去，都变了滴粒滚圆；撒一把干粉上去，再一摇，大功告成。也有兼卖酒酿圆子的，应属高档。对象是教会学堂里的女学生，她们有时只要酒酿不要圆子，为的是要吃两只嫩嫩的水铺蛋。这就难为了小贩，挑担走路提心吊胆，生怕小抽屉里滚出鸡蛋来。

有一种不甜不咸的小吃，担子也特别：担头一只小风炉，炭火通红，铁镬子里毕裂剥落响，何方怪物？“烫手——糯来热白果！”后来此担亦有改烘鱿鱼干的，细铁丝网一夹，烤脆了蘸点甜蜜酱，仍旧非甜非咸。然而，据说是从上海城隍庙引进的，算不上苏州的传统食品。

甜的说过说咸的，可惜小时爱吃糖，一副牙齿都吃炀了，只记得卖馄饨是最典型的骆驼担。现在民俗博物馆陈列的那一副应是真的。但真要派用场，缺少一大堆的配件。真的馄饨担挑过来，那副派头，足以吓煞半夜三更不歇摊的大排档。担子要旧，顶多半成新，就像学校里的高班生，制服越旧越破越神气。不过因卖吃食，望上去应该油光水滑，一尘莫染。担子上的设备要齐全：“驼峰”上下两层，或抽屉或空格，分别放干净碗、干净匙；四只小陶罐，盛着三伏酱油、细盐、味精和熟猪油；捏好的小馄饨，皮薄透明，隐隐心中一点红；边上一只中号瓷盘，肉馅，横插一枝尖竹筷。这还未完，抽屉里还装有轧得很薄的小阔面；七八只生鸡蛋躺在最妥当的地方。显目处，切好的葱花，一根细竹筒，筒口塞满了棉花球，内盛虾籽或蟹籽；胡椒粉、辣火，自然应有尽有。一袋劈好的木柴，一只洗碗的小铅桶，切莫小觑了，也要卖相好，挂在一眼看去适意相的担角上。一切舒齐，起担了。无论是壮汉，还是精瘦的老头，无不束紧了竹裙，昂首挺胸，敲着竹梆，“卜卜卜、卜卜卜”，神气活现朝前走。本事，全靠浑身协调那股劲道，再加超越凡人的一把力气。一手托梆一手敲，百把斤的分量落在单肩胛，步伐要稳扎，赛过抬了八人大轿里坐的老爷，眼观四路，耳听八方。这好比：艺高胆大的小伙子，身负重物骑了脚踏车。表演双脱手。难啊，没有吃过三年萝卜干饭，休想！还有应该一提的：知道那竹梆是何物吗？原来也是一根毛竹管。此物中空，前端包有一圈小铁皮，派三个用场：敲梆，拨火，吹风——代替风箱。

在这样的担上吃馄饨，真是妙不可言。“来碗二六!”“二六”是什么？六个铜板面，加两个铜板馄饨。谁敢相信，那时时价：馄饨六个铜板一碗；小阔面八个铜板一碗。大肚皮吃客才吃“二八”，加鸡蛋则是阔客了。

当然咸的吃食担子多得很，例如：油豆腐线粉，虽然形状不是骆驼模样，功能一样，而且这种小吃的味道，现代的特级厨师也不敢尝试。正统的不作兴用猪油，清汤透底，线粉现烫，捞起一碗再加麻油——道道地地山东人那里进来的小麻油，顿时清香四溢，要闻够了才肯下箸。到了夏令，更有一种蒸馄饨，有的用原来的骆驼式馄饨担，也有另起炉灶，另外式样的挑担。不论何种，都在灶头叠起尺把高的小蒸笼，随叫随吃。后一种的蒸笼里，有时蒸的竟是鲜荷叶包的粉蒸肉。开笼后荷香、粉香、肉香，再加色泽鲜明，仿佛珍珠宝贝。此物贫富皆宜，不一定大户人家，贩夫走卒也能大饱口福。

常常这些甜咸吃食担，会齐在一条巷子里，人声喧哗，各式各样的吃相趁机一齐展览：有坦然的、斯文的，也有狼吞虎咽、穷凶极恶的。这时，大墙门里刚过门的新娘子最高兴，随便你一家老小，公吃甜来婆吃咸，样样有，省却了多少烦恼。

小巷小吃：小模小样地吃吃

小吃小吃，小模小样地吃吃，无伤大雅。苏州小巷里的人是有福的，小巷里的骆驼担、小吃担不仅年年有、季季有，而且天天有、时时有。只要你有雅兴，招之即来，张口即吃。甚至只要在大门口立一立，只要从窗子里头招招手，你想要的美味就会出现在你的面前。

清晨，你从睡梦中美美地醒来，伸一个懒腰，洗漱完毕，想吃点什么了。吃什么呢？巷子传来悠扬的叫卖声："阿要大饼油条，阿要猪油糕、黄松糕、白松糕……"对了，正想吃它。于是踱到门口，从那提篮小卖的小伙子那儿任意挑选几种，坐下来细细地享用。吃完了，觉得意犹未尽，肚子里安排得还不是那么妥帖，那么你再到小巷里看看。这时来的是肩挑木桶的人，招手停下，货色尽收眼底，一头是香气浓郁的糍饭团，一头是热气腾腾的豆腐浆。有干的，有稀的，又有咬劲，又爽口，行，就是它了。这一次，总算吃得心里笃笃定定，那边还有小担子转悠过来，那热情服务的目光正盯在你脸上，一摸肚皮，算了，管你什么好东西，明天吧。苏州人吃东西从来不吃得要死要活的。午睡之后，神清气爽，精力充沛，想干点什么了，远处"笃笃笃"的声音正好踩在点儿上，东头来的是赤豆糊糖粥，西头来

观前街玄妙观卖糖粥老人铜雕

的是小馄饨，你来点啥？爱吃甜的，来糖粥；觉得咸一点好，那就小馄饨。卖糖粥的老人瘦得精神，一根宽扁担，挑着两只大木桶，木桶的底是铁的，下面生着两只小炉子，一个小朋友举着碗跑过来，“老阿爹，买一碗焐酥豆粥”。老人笑眯眯接过来放在盛粥的木桶盖上，移开盖，先舀大半碗半透明的糯米粥，再打开另一只桶盖，加上满满一勺焐酥豆，豆粥乌黑透红，厚厚的，香香的，几乎要溢出碗口，还关照一声：“小朋友，当心点拿。”小朋友答应着小心翼翼地端回家。小馄饨担子也停下来了，一头是滚滚沸腾的汤锅，还有一格格放着各种佐料的小格子，另一头是一层层的竹抽屉，放着生皮子、包好的生馄饨、拌好的鲜肉馅，竹抽屉上还有一只小竹橱。大约是年代久远的缘故吧，馄饨担已经乌黑发亮了，担子的主人是一位胖胖的老者，两绺寿眉特别可爱。隔壁阿嫂已经拿着钱等着了，无疑是老人的老主顾，老人一边忙着一边说：“喏，多放些馄饨，多加些油、加些姜丝葱末，重油重青啊！”你看着馄饨担清清爽爽，馄饨汤色香味俱全，挺好。两位老人都在看着你，看着这一桩生意，笑吟吟的，并不抢生意，你竟感到为难了——吃什么呢？

你刚应付好那两位老人，巷子那头传来一声声小锣，哦，卖鸭血汤的担子来了，一碗鲜血汤中两只油豆腐、百面结，再放点粉丝和蛋皮丝，色泽可爱，诱人食欲，如果想加点荤的，行，增添点肠圈、肚丝、心片、肺块，再来一只百面包肉，保证十分鲜美，百吃不厌。如果是夏天，就会改为素血汤，全部用豆制品和香菇、木耳、扁尖、香油等烧煮，那是何等的清爽解腻。

晚饭前后是小巷小吃大行其道的好时段，你从外面赶回家中，刚刚走进小巷，迎面豆腐花小贩来了，那叫卖声有点幽默：“完，完。”

什么意思？局外人不明就里，苏州人懂，豆腐花三个字连在一起喊，听起来就跟慢慢地说“完”字差不多。老吃客听到一声“完”，肚子里的馋虫就猛地活动起来，那就来一碗吧。享受豆腐花是从看那小贩卖豆腐花开始的：拿出一只敞口的白瓷青花碗放好，用一把直柄的扁平铜勺将从担子后面木桶中取出的生坯豆腐花一片片地舀入担子前面的汤锅中。汤锅里早已准备好鲜汤，锅下面是红红的炭火，豆腐花入锅后一会儿就熟了，因为炉子一直是文火，即使那小贩生意忙了，时间隔得长了点，豆腐花也不会失去那嫩嫩的品性。火候一到，小贩便用铜勺手脚麻利地盛起来，放下铜勺又顺便抓起一撮佐料撒在豆腐花上面，别看只一撮，名堂可不少：榨菜皮、虾米皮、蛋皮、肉松、大蒜叶、香葱，最后还要来几滴香油或胡椒粉，然后热气腾腾地端到你面前。那画面保准使你胃口大开：青花瓷碗里豆腐花莹莹闪闪、纷纷扬扬，如梨花、似玉兰，有那一撮五颜六色的佐料点缀，更显出豆腐花的洁白无瑕。然后噘嘴一吸，滑溜溜地一条线下去，那种透心沁脾的舒坦，才下喉头，却上心头。

喝下豆腐花，才抹一抹嘴，那油氽臭豆腐干的担子又出现在眼帘里，担子一头是一只煤炉、旺旺的油锅，一头是洗净的臭豆腐干，只要你稍一点头，两块三块氽好的臭豆腐干就送到你手里，你一路吃到家，大约正好吃完。不喜欢吃油氽的，还有一种五香热豆腐干，这种方方正正的小豆腐干鲜美可口，软而不散，用细竹条串起来，一串五块，放在热气缭绕的砂锅里，用八角、茴香等调料炖煮一番，拿出来再涂上一些麻油、甜酱，放在嘴边慢慢品尝，倒也回味无穷。

你在晚饭时候回家，路上“干扰”还真不少。一路上就像遇上了小吃博览会，叫卖声此起彼伏，谁也不甘示弱似的——五香茶叶蛋！

白糖莲心粥！桂花糖芋艿！终于回到家了，那叫卖声还顺着小巷一路追过来——五香酱牛肉！鲜得来格白斩鸡！甜得来白糖圆子……被这种声音追着，想跑也跑不快，所以苏州人走起路来都是慢条斯理的。

傍晚，每逢中秋节后的傍晚，总有叫卖热白果的小担穿巷而来，担子的两头各悬着一只木筒，在前肩的木筒上，放着一只木盘，盘内盛着一只红泥小炭炉，炉面上搁着用来炒白果的小铁锅，有生意时，小贩用一片大蚌壳代替铲刀，在盛放着十来颗白果的小铁锅里缓慢地翻动着，一面幽幽地喊着："烫手炉来——热白果，香是香来——糯是糯……"随着幽巷渐渐暗下来，那只小炭炉里的炭显得更红，而锅里热白果的甜焦香味也显得更加浓烈了。

晚上，深巷旧楼上的一家人围成一桌打麻将，一直到睡意弥漫上来，小巷里却又传来叫卖声："五香茶叶蛋——""火腿热粽子——"站在麻将桌旁看热闹的小女孩睡意顿消，兴冲冲拿只碗放入竹篮，再放进买蛋的钱，用绳子将篮子吊下临巷的窗口，从窗口往下看，只见朦朦胧胧的人影和隐隐约约的蛋担。接着再把吊篮拉上来，就像从井里吊水，只几下，一碗又烫又香又入味的五香茶叶蛋便呈现在小姑娘面前。这小姑娘就可以心满意足地带着满颊余香进入梦乡了。

有人说，"苏州小吃一担挑"，一点也不夸张。也可以说"四季小吃一担挑"，你看，冬春之时，糍饭团夹油条、白糖莲心粥、豇豆汤、焐酥豆；春天的酱田螺、油爆热螺丝、腌金花菜、黄莲头；夏天的定胜糕、扁豆糕、豆沙糕、灰汤糕；秋天的莲藕、水灵灵的红菱、元宝菱、和尚菱、炒白果、炒栗子，还有那不起眼的烘山芋，往往拥戴者甚众。

"苏州小吃一担挑"还可以说成"水果蜜饯一担挑"：白糖杨梅

干、糖汁蜜枣、金橘饼、山楂糕、大福果、腌金花菜等。那腌金花菜最受小朋友们喜欢，塞一把在口袋里，咸咸的、甜甜的，能嚼上半天。水果的变换也紧跟季节的更迭：刨皮甘蔗、生切藕片、水红菱、白沙枇杷、花红、樱桃、红心山芋。那水果也被小贩们打扮得赏心悦目：胡萝卜条蜜渍成橘红色透明晶莹的“糖佛手”；青青的梅子拌上绵白糖，美其名曰“雪里脆梅”；新鲜荸荠用小刀在手里一转，一层薄薄的皮脱下来，然后用竹签串起，叫“扦光地梨”；普通的粽子，用一根棉纱线切成一片片铜元大小的粽肉，抹上一点自家精制的“玫瑰酱”，那吃起来真是打耳光也不肯放手。

苏州小巷里的玫瑰酱是值得说一说的，我觉得那鲜红的色泽里闪着的是苏州小吃艺术的精髓。

制作玫瑰是一件精细而富有诗意的事情。

苏州人喜欢花，家常日子里离不开花。淡雅的茉莉，清幽的珠兰，浓醇的栀子。家境好一些的人家，都有花农定时送花来。卖花姑娘包着头巾，一身蓝布衫裤，挽着满篮沾露的香花，柔声叫卖着走过大街小巷，顺路弯进走熟了的老主顾家，穿越天井，登堂入室，将香喷喷的花一直送到深闺内宅。

玫瑰花开以前，老主顾就预定好了，约好时间，也讲好了数量。送来的时候，卖花姑娘掀开元宝篮上盖着的一层湿漉漉的白布，盛开的玫瑰一层一层地细心放着，花蕊一律朝天，满篮浓艳的色彩，满篮馥郁的香气，主人伸手到下面一层拈出两枝来察看质量，卖花姑娘忙说：“全是今朝天勿亮采下来格，连露水还没干呢。”于是拿来早已洗干净的竹筛，将玫瑰花整整齐齐地放到筛里，一枝一枝地摘掉到花蒂，再搁在通风的廊上吹干，任那香气漫无节制地满天地弥漫。到下午，花瓣有了点皱纹，便把花瓣小心地装进大口玻璃瓶，灌满上好的高粱酒，用厚厚的桑皮纸封住瓶盖，再系上红绳，严严地扎得密不通风——这是做玫瑰酒的。将另一些玫瑰花瓣放在碾盆里轻轻碾烂，拌上细白糖，一匙一匙放进白瓷花果缸里，每层中间隔着几粒霜梅，也密密封好——这是做玫瑰酱的。两个月后，玫瑰酱做成了，正好赶上端午，在雪白的粽子上浇两匙玫瑰酱，那鲜艳而透明的稠汁，实在是爱煞人。吃到嘴里，甜中带着一点酸，能叫人回味好半天。初夏，深宅里越发安静，气定神闲的时候，倒一杯玫瑰酒，啜上一小口，再拈两粒熏青豆缓缓咀嚼，真是滋味绵长，赛过活神仙。有一年夏天，我常到一位文友家玩，为的就是去喝一杯玫瑰酒——也来不及泡，便往半杯洋河里舀一匙玫瑰酱，再放两块冰块，拿在手上慢慢地一边摇一边啜一口，一边闲聊，不知不觉中暑气就退得老远老远。文友见我喜欢，要送我半瓶玫瑰酱，我怕回家自己弄不出这等口味、这等情调，就没有接受，我太怕破坏了那美好的记忆。

玫瑰花还可以制成玫瑰露，有药用价值。《桐桥倚棹录》里就记载了苏州虎丘花露的种类和效用，据说董小宛曾为冒辟疆手制过花露，兹录如下，其效甚多，其文亦美：

> 花露——以沙甑蒸者为贵。吴市多以锡甑。虎丘仰苏楼、静月轩，多释氏制卖，驰名四远。开瓶香洌，为当世所艳称。其所卖诸露，治肝、胃气则有玫瑰花露；疏肝、牙痛，早桂花露，痢疾，香肌，茉莉花露；祛惊豁痰，野蔷薇露；宽中噎膈，鲜佛手露；气胀心痛，木香花露；固精补虚，白莲须露；散结消瘿，夏枯草露；霍乱、辟邪，佩兰叶露；悦颜利发，芙蓉花露；惊风鼻

衄，马兰根露；通鼻利窍，玉兰花露；补阴凉血，侧柏叶露；稀痘解毒，绿萼梅花露；专消诸毒，金银花露；清心止血，白荷花露；消痰止嗽，枇杷叶露；骨蒸内热，地骨皮露；头眩眼昏，杭菊花露；清肝明目，霜桑叶露；发散风寒；苏薄荷露；搜风透骨，稀莶草露；解闷除黄，海棠花露；行瘀利血，益母草露；吐衄烦渴，白茅根露；顺气消痰，广橘红露；清心降火，栀子花露；痰嗽劳热，十大功劳露；饱胀散闷，香橼露；和中养胃，糯谷露；鱼毒漆疮，橄榄露；霍乱吐泻，藿香露；凉血泻火，生地黄露；解湿热，鲜生地露；胸闷不舒，鲜金柑露；盗汗久疟，青蒿露；乳患、肺痈，橘叶露；祛风头证，荷叶露；和脾舒筋，木瓜露；生津和胃，建兰叶露；润肺生津，麦门冬露。施位《虎丘竹枝词》云："韦苏州后白苏州，侥幸香山占虎丘。四面红窗怀杜阁，一瓶花露仰苏楼。"又郭麟《虎丘五乐府》有《咏花露·天香》词云："炊玉成烟，揉春作水，落红满地如扫。百末香浓，三霄夜冷，无数花魂招到。仙人掌上，迸铅水铜盘多少。空惹蜂王惆怅，未输蜜脾风调。谢娘理妆趁晓。面初匀，粉光融了。试手劈笺，重盥蔷薇尤好。欲笑文园病渴，似饮露秋蝉便能饱。待斗新茶，听汤未老。"尤维熊和词云："候火安炉，量沙布甑，蒸成芳液盈匕。凉沁荷筒，冷淘槐叶，输与山僧佳制。瓶罂分饷，倾一滴便消残醉。却笑辛勤蜂酿，只供蜜殊留嗜。试调井华新水。面才匀，扫眉还未。惯共粉奁脂盝，上伊纤指。向晚妆台一饷，又融入犀梳栊双髻。梦醒余香，绿鬟犹腻。"

由小吃而养生，又是如此富有诗意，再回味那句"上有天堂，下有苏杭”的老话，实在是不虚此言。

也许玫瑰酱、玫瑰酒和玫瑰花露属于“阳春白雪”，苏州也有对应于它们的“下里巴人”：豆瓣酱。小巷里普通平民家每年都要做一些豆瓣酱供家里日常食用。制作豆瓣酱是在春末，人们早早就把蚕豆泡好，泡到一定程度，便全家老小一起上阵剥蚕豆皮，剥好的蚕豆放在锅里焖烂，趁热倒进面粉里，揉合后切成方块，上蒸笼蒸熟。这时有些孩子会讨一点煞煞馋。蒸熟的方块铺在竹匾里，放到堆放杂物的小屋子里发酵。发酵后的方块叫“黄子”，然后将“黄子”放到敞口的盐水缸里，盐水里掺了少许花椒，再把缸放到太阳底下晒，每天都搅拌一次。夜里还要放在外面“吊露水”，一直晒到酱的颜色成了紫酱色，闻到扑鼻的香味了，才算“九转丹成”，可以收到瓦甏里，慢慢享用了。豆瓣酱最常见的吃法叫“肉炒酱”，即用豆瓣酱加香菇、木耳、金针菜、豆腐干、猪肉块等佐料一起炒，炒好后还可以淋上红红的辣油，真可谓色、香、味俱全的家常菜，吃粥下饭两相宜。

小吃里弥漫着巨大的热情和想象力

苏州小巷里的人们对小吃不仅情有独钟，永葆充沛的热情，而且充满着丰富的想象力。丰富的想象力使他们的小吃越吃越精、越吃越细、越吃越美，他们还集体创作出许多美丽的传说，来作为佐餐的另一道精神小吃。

就说糕吧。

苏州小吃中有着名目繁多的糕点，至今观前街黄天源糕团店的生意仍然蒸蒸日上、顾客盈门。其中有一种叫定胜糕的，便大有来历：说是在南宋时期，金兀术闯进苏州城，名将韩世忠和夫人梁红玉带领八千人马紧紧追来，准备截断金兵的后路。金兀术冷不防在太湖里遇上了劲敌，忙搬来了救兵，想和韩家军决一胜负。韩家军虽然英勇，但八千人马抗击金兵十万，硬拼不行，必须以计取胜。一天深夜，韩世忠正在军营里筹划，夫人梁红玉送来一盆糕点，说："苏州百姓又送来几箩甜糕，慰劳士兵，这一盆糕点，他们说一定要你品尝。"

韩世忠接过一看，这糕点式样别致，两头大，中间细，蛮像个定榫。伸手取过一块，一掰为二，只见糕里有张纸条，里面写着四句话："敌营像定榫，头大细腰身，当中一斩断，两头不成形。"韩世忠很奇怪，忙招呼夫人看，梁红玉一看："老百姓真是知道将军的心意。你看，这四句话不是告诉我们，打蛇要打在七寸上，金贼最怕拦腰一刀，老百姓摸得清，看得明，真是个好方法!"韩世忠连连称是，连夜调兵遣将，像一把大刀，直向敌营拦腰砍去。众金兵像没头的苍蝇，南北两头，只顾自己逃命。金兵逃到镇江附近的黄天荡，被早已赶到的梁红玉的精兵迎头痛打一阵，军心大乱，死伤不计其数。

太湖一仗，韩家军大获全胜。苏州百姓送的定榫糕立了大功，因"定榫"和"定胜"谐音，韩世忠就把这糕改名为"定胜糕"。因为定胜糕三字有大吉大利、旗开得胜的意思，所以后来苏州人常常喜欢把定胜糕作为喜事和节日赠送亲友的礼物。

定胜糕的传说植根于苏州人抵御外侮的历史，而有关大方糕的来历则源于另一个美丽的传说——珍珠塔。

大方糕又叫珍珠大方糕，过去苏州一些茶楼的早点都有大方糕，白玉般的糕面，或绿或红的甜馅，很受苏州人的喜爱。大方糕的前面为什么冠之以"珍珠"二字呢？因为它的诞生与《珍珠塔》的主人公方卿有关。

方卿吃尽苦头之后终于金榜题名，与有情人陈翠娥终成眷属，还喜得贵子，为了感谢老天降福，在同里的宅院里造了一座望天楼，一家人每天都要登楼朝天拜三拜，再吃过寓意"高高兴兴"的糕点才下楼。那糕点是用米粉加白糖做的，每天都吃，单调得很，方家人吃得腻了，厨师为此动了不少脑筋，做出各种各样的糕来，方卿对其中有馅的糕十分满意，但对那糕的形制不满，说："这糕固然好吃，不过，我乃堂堂三品命官，任职七省御史监察史，而这糕是圆的，圆者县也，可惜可惜。"在吴语里，"圆"与"县"同音，做了大官的方卿不乐意与县官为伍。厨师连忙将糕改做成方形，还请手艺高超的雕花匠刻制糕模，在糕上压制出精美的图案，图案中心还刻有福、禄、寿字样，方卿见了大喜，定名为大方糕，列为方氏家点。

大方糕的名声传出方宅，苏州城里有位老板趁拜寿之机偷学得大方糕的制作手艺，上市后大受市民欢迎，人们纷纷买了自己享用，还作为赠送亲友的礼品。因为《珍珠塔》的故事在苏州城里家喻户晓，大方糕就被大家称作珍珠大方糕，直到如今，有的“老苏州”还称大方糕为珍珠大方糕。

糕中的传说真是不少，年糕也有属于自己的故事。

苏州有“拆了相门城，活了一城人”的民谚，说的就是苏州年糕：春秋时期，伍子胥受命建造阖闾大城，当城造到相门的时候，伍子胥命令随从征集十几万斤糯米，限在三日里将糯米磨成粉后做成砖，随后用此砖砌成了相门城。当时人们不知道伍子胥为什么要这样做，直到后来，伍子胥自刎前嘱咐随从：“我死后国家必遭灾难，老百姓没有吃食的时候，可往相门城掘食。”后来果然如伍子胥所说，越国灭了吴国，将城洗劫一空，饿殍遍野，人们想起了伍子胥的话，赶忙到相门拆城墙，以城砖为食，终于渡过难关，而相门城也不复存在了。后来人们为了纪念伍子胥，每年春节时都要吃年糕。年复一年，苏州年糕的花样也越来越多，仅猪油年糕就分玫瑰、桂花、枣泥、薄荷四种。

有关苏州小吃的民间传说还有不少。比如酒酿饼得名于张士诚发迹之前为救老娘讨来老酒脚发酵后做成的饼，救了急。称王后便专门请人做这样的饼，称之为“救娘饼”，慢慢地就叫成了“酒酿饼”。比如和尚菱得名于乾隆皇帝的金口玉言，他微服私访江南，到了苏州的

夜幕中的相门城头

一座庙里，方丈拿出馄饨菱来招待他，乾隆怕馄饨菱刺嘴而叹惜，方丈忙换成一种没有刺的菱角请他食用。乾隆细细品尝，觉得比馄饨菱还要鲜嫩，问叫什么菱？方丈说这是自己种的，没名。乾隆一时高兴，说叫和尚菱吧。于是这名字就流传下来了。

苏州人的嘴真厉害，又能吃，又能编故事。他们为了吃得有趣而编故事，因为这些故事而吃得更加有趣。小吃热情高涨不退，加之想象力用之不竭，苏州人的小吃艺术进入化境了！我过去曾经纳闷过，苏州人这样精于食经，为什么没有产生如满汉全席、全羊席之类的大菜呢？现在我明白了，有这么多、这么精彩的小吃，还需要别的什么菜来凑热闹？苏州小巷不需要热闹，不需要排场，苏州人看重的是实惠——小实惠。小实惠的核心，便是苏州小吃。

哪怕是一碗最平常的面，苏州人也能吃出许多花样来。我有一位南京朋友，每来苏州都要吃面，他天南海北跑下来，总是忘不了苏州朱鸿兴的面，南京的面、北京的面，就是没有苏州的面好吃、入味、有味。如果他早生几十年，对苏州面的印象将更加深刻。朱鸿兴的面的确富有特色，特别是它的焖肉面，都是精选那种三精三肥的肋条肉，加上火功到家，焖得酥而烂透，看时有形，入口即化，肥而不腻，其味引人入胜。焖肉下的面条又是形如其名的“龙须面”，下这种细面在技术上要求较高，起水时要恰到火候，甩动时要快而有力，慢了面容易烂，力气小了汤水甩不干净，面卷不紧，容易泡软了胀开来。朱鸿兴面店里的老师傅下的面，你转几条巷子端回家，再慢慢享用，其味其形都会保持原样，可谓过硬产品。苏州的面不仅是朱鸿兴一家出色，有特色的还有很多。比如观振兴的蹄髈面，蹄髈焐得烂而入味，堪称一绝。松鹤楼的卤鸭面中看中吃，它选用的鸭肉又肥又嫩，做成的卤鸭又甜又鲜，而且颜色十分好看，令人过嘴难忘。六宜楼的划水面是用大青鱼的尾巴做浇头，颇受吃客青睐。张锦记的白汤面特色鲜明，它的汤是用烫黄鳝的开水沉淀后加工而成的，又鲜又清。黄天源炒肉面的浇头用料精致，虾仁、瘦肉、香菇切碎了合炒成面浇头，很合苏州人的胃口，据说这种面来自一位食客的即兴创作：他将炒肉团子里的肉馅挖出来放到面里当浇头吃，倒也其乐融融。其人无意插柳，老板灵机一动，马上原样复制，隆重推出，竟成“拳头产品”。苏州名目众多的小吃从整体来讲，大约也类似一种集体创作，源于那庞大创作群体的巨大创作热情。

细细想来，总觉得苏州小巷里弥漫着一种浓郁的享乐气氛，如同有一句无声无息的口号在鼓动着人们，家喻户晓，深入人心。这种气氛不仅仅在那些大户人家阵阵鼓荡，整个平民阶层也都行动起来了，谁都唯恐落了后——苏州小吃就是一个明证。会享受的不一定有钱，有钱的也不一定会享受。苏州人不论有钱无钱，基本上都属于会享受的一群。家道中落了，基业破败了，但那张经过千锤百炼味觉灵敏的嘴是无论如何也中落不了、破败不了的。

苏州有三个菜名给我的印象尤深：飞叫跳、两头看和等大。

飞叫跳一般是在小街小巷里叫卖，小贩拎着一只篮子，来往于一些老主顾的家和小酒店之间。小贩与主顾不必多话，这面伸手那面取货。飞叫跳究竟是什么呢？篮子上的布掀开来，谜底立现。原来是鸡翅、鸡头和鸡脚，不正是飞的、叫的和跳的吗？看，小巷吃客竟吃出幽默来了。

两头看，其实就是菜馆里酒席上吃剩的荤菜，酒宴上经常撤下一些稍微动了动筷子或甚至根本没有动的菜，菜馆将其廉价出售，又能增加一笔收入，而对买了的人来说当然是更实惠了，不过买那种廉价菜的时候精神比较紧张，被熟人撞见传说出去，那是非常丢面子的事情，所以掏钱的时候必须两头看看。瞧，这名字取得绝吧？

等大，来自等大摊，说白了就是熟咸肉摊。比如过去临顿路迎将桥堍靠西的人行道边，每年春天的下午 4 点多钟时，等大摊就开出来了。摊上散发出来的咸肉热气和香气就是广告，老主顾们就捏着钱来了。这时的摊主是最神气的，在一群人的注目之下，手中的切肉刀精明而果断。一刀就是一块，每一块的价格都是相等的，从来不用秤称，摊主就是天平加物价局长。而周围瞪大眼睛看的人，则个个都是裁判员，都要裁决出哪块最大，他们每人都有自己独立的裁决权，其裁决结论都表述为响亮而果断的两个字："我要！"这样就能让每个人都做到自己不吃亏，至少每个人都认为自己没有吃亏。这样的小吃无疑会更有味，也更养膘。这与现代的拍卖有异曲同工之妙，而且更少争议，皆大欢喜，当代拍卖师们可以择其善而从之。

在紧张地"两头看"着"等大"的人群中，肯定有不少人是从深巷大宅中走出来的，他们恋恋不舍而万般无奈地走出那钟鸣鼎食之家，走出食来张口、衣来伸手、食不厌精、脍不厌细的生活，走不出的是享受生活的执着热情、对往昔时光的无尽依恋。"君子之泽，五世而斩"，破落是一条难以避免的路，但是，不管他们在破落的路上走得多远，享乐，始终像是一根脐带，将他们与小巷传统紧密联系着。

也许，小巷也是这根脐带的别名？

小巷回音壁：茶馆里的喧哗和私语

小巷深深。

一条小巷，短的只住一户人家，人称一人弄。长的居住着数十户甚至上百户。平日里小巷冷冷清清，行人很少，这些人家大门紧闭，备弄深不见底，他们的生活大约是个什么模样？行走在高高的粉墙下面，遥想二十世纪初时高墙里的景况，脑海里不禁跳出那段宋词："墙外行人，墙里佳人笑，笑渐不闻声渐消，多情却被无情恼。"执意在世纪的两端相望，望到的往往是个黑匣子。

大户人家是个小世界。百口之家，各色人等都有，等于是个大观园了。也许是祖有恒产，乡下有大片出租的土地，每到岁末便有地租源源而来，生活上毫无经济之虞，有学者说中国的地主经济数苏州和成都两地最为发达，想来苏州小巷里专门吃地租的食利者不在少数。也许家中有人在京城为官捞银子，有人在上海为商挣票子，有人在军界带兵刮兵饷，总之是生财各有其道，家里的人们只要专心于享受就行了。再不济还有房产，自家退后两进，前边租给别人住，虽有苟营残喘之势，可是瘦死的骆驼比马大，日子还是可以过得有滋有味。

小户人家就要谋个职业了，开个小店做做小生意；祖上就是手艺为生的，自己也只好做个手艺人，倒也不想什么大心思；或者开个私塾授徒，或者开个诊所悬壶济世……经常在小巷里早出晚归、脚步匆匆的，大约就是这些人吧？

那么，除了这些来去匆匆的足音，我们还能从哪儿听到小巷的声音？听到苏州小巷更为深沉的呼吸？那些小巷深宅又是怎样谛听这个世界的喧哗？

我们到茶馆去。

大大小小的茶馆遍布苏州街头巷尾，把它们拼在一起，便是一面巨大的小巷回音壁。

而茶馆里的各色人等汇聚到一起，便是一个小巷大社会。

二十世纪初，苏州城内大街小巷的茶馆很多，稍有规模的就不下百家。仅以临顿路而言，北起跨塘桥，南至顾家桥，就有富春楼、龙泉、壶中天、方园、群贤居、同羽春、五凤楼、九如、顺兴园、锦阁等茶馆，家家门面都是坐东朝西。还有一家叫息庐的茶馆门面朝东，就在群贤居附近，它的东大门正中放一只大锡炉，长柄巨嘴，有四尺高，只要轻轻地将炉柄一提，沸水就轻而易举流到茶吊子里了。息庐是锡炉的谐音，令人一过难忘。另外还有更多的小茶馆，许多老虎灶都备有几张茶桌，以招徕茶客。近郊的农民和附近的老人往往更喜欢到这种小茶馆吃茶，在那里一孵就是大半天，谈天说地，论古道今。如果把这种小茶馆也算进去，那么苏州的茶馆不下于数百家。茶馆规模大小的差距很大，大的茶馆可同时容纳数百人吃茶，例如玄妙观中的三万昌茶馆，可以说是苏州茶馆中的重量级了。它的大门在玄妙观里，后门却开在大成坊巷，还有一个很大的评弹书场，单是茶桌就有一百多张，当年众多茶客聚在三万昌茶馆里品茶论道，各个茶室均是济济一堂，那阵势真是蔚为壮观。有句老话叫“吃茶三万昌，撒尿牛角浜”，这话不是说着玩的，不少年过半百的人都记得，三万昌后门附近的小街牛角浜，当年的确有一长排尿桶沿街靠墙放着，尿桶上盖着毡布。试想，过足了茶瘾的老茶客从三万昌神清气爽地走出来，一边走一边与老茶友继续聊着刚才的话题，聊到开心处，还得意地相互戏谑着，没走多远，便意涌上来了，正好走到牛角浜，大家一齐站定，对着尿桶畅快淋漓一通，临了扎上裤子，打个尿噤，那简直快要接近羽化登仙的境界了。现在想来，那一长排尿桶大约是乡下农民安排的，每天都能运回一船上好的肥料，又有利于苏州的城市环境卫生，倒也是一桩义举。一句民谚往往凝聚着丰富的历史内容，有时竟必须经过众多茶客和农民长期的集体努力共同协作才能创作成功并流传下来。

玄妙观有了这一家大茶馆却并不就此罢休，它还拥有一家比三万昌小不了多少的品芳茶馆。品芳之外，在玄妙观茶场西侧还有春茂茶馆，观前还有茂苑茶室，观东还有乐安茶馆，大成坊口还有丹凤茶室，与丹凤茶室遥遥对应的还有店大堂深的玉露春茶馆，有趣的是，玉露春正好与三万昌相反，把后门直通到玄妙观了。

苏州茶馆中规模比三万昌大，名声比三万昌响的是太监弄里的吴苑深处。吴苑深处占地颇广，前门在太监弄，后门开在第一天门，茶馆里分别辟出许多茶室，分为前楼、方厅、四面厅、书场、爱竹居、话雨楼等处。物以类聚，人以群分，这些不同的茶室里的茶客也是不同的，文化人与文化人在一起，车夫脚夫们在一起，如果不小心走串了门，彼此间都会觉得尴尬，当然，老茶客是绝对不会走错门的，否则就不叫老茶客了。吴苑深处周围也有一些茶馆活跃着，比如它的后门对面，就是一度也比较红火的红星茶馆，颇有点对本行大哥大叫板的意思。松鹤楼旁的蓬莱茶馆、碧凤坊口的桂舫阁等茶馆，也都有自己的特色和众多老茶客。

苏州茶馆临街枕河、遍布街巷是因为古城里有许多嗜好吃茶的老茶客。这座典型的消费古城有一个出名的生活习俗，这个出名的生活习俗可以用一句同样有名的话一语道破："早上皮包水，下午水包皮。"苏州的有闲市民们早晨爱上茶馆慢慢吃茶，让皮囊里包上一肚子茶水，下午则到澡堂里让水来包"皮"。这句话说得真有水平，简明扼要，形象透彻。

老茶客没有睡懒觉的。每当晨光熹微的时候，苏州小巷里就早早响起了清幽的脚步声，小巷"吐"出的第一批早行者，十有八九是老茶客。老茶客泡茶馆是从早上开始的，叫吃早茶。一壶茶下肚，心定，再消消停停吃早点，惬意。而且这不仅仅是生理需要，还是心理上的需要，老茶客都有固定的老茶馆和老朋友。这些老朋友中，有些是数十年如一日的。老朋友在茶馆里相聚吃茶，人手一壶，浅斟慢呷，时饮时沏，边吃边聊，东家长，西家短，新内容，旧话题，都能聊得有滋有味，都能说上大半天。特别是一些年长老翁，天天聚首，漫话世道，闲谈沧桑，唯有在茶馆里才不会感到孤独，此中真意，难于为外者道。所谓"孵茶馆"，是因为茶馆里有值得"孵"的"蛋"，"孵"什么呢？无非怀旧、交际、消遣这一类东西，以及老茶客们像蛋一样光洁的心情吧？

茶馆作为难以替代的消闲场所，笼罩着一种亲切、适意、喧闹中透出清静的氛围。旧式茶馆里总是一派热闹嘈杂，然而，茶客们的心是静的；现在的茶艺楼里那些衣冠楚楚、窃窃私语的红男绿女，要么是一方漫天要钱，一方着地还价的生意人，要么是慢条斯理地啜着茶，其实恨不得一口把对方吞下去的求爱者，别看他们一个个娴雅得很，内心里头杂七杂八的欲望蠢蠢地此起彼伏着哩。

服务到位是茶馆的无穷魅力之一。老茶客一跨进茶馆大门，号称茶博士的堂倌就会亲热地与你打个招呼，把你迎到你的老位置上去。老茶客一般都有自己坐惯的座位，不然怎么叫老茶客呢？听说有茶馆里为特别尊贵的茶客备有专用座椅，平时挂在墙上，主人来了，才从墙上取下来，那才真叫宾至如归哩。如果你的老位子上已经坐了茶客，堂倌会在你来之前想办法叫他愉快地把位子让出来。等你坐下来，堂倌转眼间就把你的茶具取出来摆在你面前，泡好茶，泡的茶当然是你吃惯的那种，有的茶客备有专用的茶叶，堂倌也决不会搞错。过去茶馆里时兴“响堂”，茶客要红茶或绿茶，茶博士就喊“红眉”几壶或“绿眉”几壶，如要加菊花，就喊“绿眉加菊”，口齿清楚伶俐。如果你是抽烟的，那么茶博士会取出为你准备的香烟，香烟还未盛行时，他递过来的就是水烟筒了，那水烟筒必然是装好烟丝的，一起递过来的还有纸捻子。你接过来，只要在纸捻子上“呼秃”吹一口气，就可以神气十足地吞云吐雾了。

茶博士不仅嘴上敷衍功夫好，手脚也十分勤快。茶客欲买香烟等什物，茶博士会掏钱代购。到了老茶客用早点的时辰，不用开口关照，堂倌早已将点心端到你面前，你爱吃面条、不爱吃馄饨，他决不会搞错，而且面条的硬软、咸淡、重青或免青、什么浇头、汤多汤少，他都能令你称心如意，你的种种习惯，堂倌心里清清爽爽一本账，那么多老茶客，吃早点的时辰大差不离，只见堂倌一碗一碗端上来，焖肉面、白汤面、鳝丝面、虾仁面、素浇面，还有蟹壳黄、生煎馒头、大方糕，等等，放到谁的面前从来不会搞错，那端碗的技术更是堂倌的看家本领，一碗碗摞在臂膀上，决不会把汤汤水水的泼到茶客身上。堂倌那儿还有另外一本账，你应付的茶资，以及你的早点费用，都不必现用现付，他身上有个手折一笔一笔记着，每月或逢节一起付清，茶客绝对信任，结账时还会赏给一笔小费。有时候老茶客在茶馆里与朋友一起吃茶吃早点，而那朋友客气，抢着会钞了，这时候，老茶客会假装看不见，堂倌也就心安理得地作为小费塞到自己口袋里了。苏州茶馆还有一个风俗，新年正月里去茶馆吃茶，茶博士会在你的茶壶里放两枚橄榄，叫橄榄茶，又叫元宝茶。与元宝茶一起奉上的还有茶博士的“恭喜发财”，此时，即使平时吝啬得一钱如命的茶客，也得忍痛解囊，摸出赏钱红包，人称“打秋风”。

吃饱了，喝足了，该聊的也聊得差不多了，老茶客起身准备离去。或者赶赴饭局，或者走访老友，或者准备进入下午“水包皮”的某种前奏曲，或者回家，路远的早有黄包车等着，那是茶倌喊的；有时下雨了，茶博士会将你的雨伞、套鞋递到你的手上，那是他从你家取来的。

做个受茶客欢迎的茶博士实在不容易，茶馆是个“百口衙门”，没有一套特殊技术不行。做得好也可以有较好的收入，有的茶馆老板将堂口包给茶博士，以营业收入的一至两成与其分成，茶博士忙不过来，也可以请帮佣，由老板出面雇佣。但帮佣的收入是很低的。

是的，如今这样的茶博士十个有九个会被评为最佳服务员，评为精神文明标兵。可惜那个时候没有这么多的光荣头衔，就像那时没有现在这么多满街跑的高级职称获得者。但那个时候有名的茶博士也有可以引以为豪的报偿，那就是他和他的老茶客们之间的深厚友谊。有的茶倌从一个茶馆跳槽到另一个茶馆，就会有一批老茶客跟着他每天到新茶馆里吃茶，有的老茶客会跟着茶倌转移好几个茶馆，人与人之间的关系到了这个份儿上，你还能说这仅仅是服务员与顾客上帝之间的关系吗？

茶馆里的形式美也是让老茶客们觉得趣味无穷的地方。

就说那让老茶客们称道不已的“凤凰三点头”和“朝天一炷香”吧。那是茶博士在倒茶时为了显示技艺娴熟、取悦茶客而搞出来的花样：堂倌手提一把巨大的铜吊子，把开水倾注到茶壶里、茶杯里，忙忙碌碌中能做到滴水不溢，而且整个注水过程舒展大方，那形似凤凰的铜吊子三起三伏，显得洒脱而利落，是为“凤凰三点头”。“朝天一炷香”也是形容冲水的技巧：堂倌为茶客续水，左手拿起茶壶，顺便用一根手指灵巧地勾起壶盖，将铜吊子凑近壶口，一条冒着热气的水柱便从铜吊子里窜出来，说时迟，那时快，堂倌右手将铜吊子从壶口拉开，就看到一条水柱从一尺多高的半空里飞进茶壶，随后铜吊子又向茶壶靠拢，接近壶口时猛地刹住，再看茶壶里的水，正好到达壶口，壶外不漏一滴水，那从上直冲下来的水柱就是所谓的“朝天一炷香”了。茶博士若没有这样的看家功夫，老茶客们是看不上眼的。

茶馆里一些约定俗成的无声语言也颇有趣：你把茶壶的盖子斜放在壶口，跑堂的马上就会过来为你续上水，那斜放着的壶盖是在呼唤他“快来加水呀”！你离开茶馆了，但你的茶壶盖子反盖着，那么，这壶茶是没有人来动的，那反扣着的茶壶盖在不停地宣读声明，“我的主人下午还要来吃茶，请不要碰我”。有的茶客喜欢在茶馆里下棋，上午没下完，约好下午来继续下，那么你把壶盖反扣着就可以放心走了，别人不仅不会动你的茶壶，连同你棋枰上的棋局，一个子都不会挪动位置。下午续饮也不用另外付费。这就是茶馆里的规矩，虽然没有明文张贴在墙上，茶倌也没有口头宣讲，但是在茶馆里人人心里都明白。这些大约都可以列入茶文化对人的熏陶影响。同时期，苏州的一些酒馆里也有个类似的习惯：楼上雅座酒客壶里的酒光了，可以把锡酒壶扔在楼板上，作为添酒的信号。跑堂的听到声音就会上来给酒壶加满酒。这种“规矩”下，酒客们扔得热闹，酒馆也不反对，因为锡酒壶是掼不碎的，掼扁了些，酒壶的容积小了，还可以少装些酒，而酒钱则是照算的。茶馆和酒馆的类似规矩一比，何雅何俗、何清何浊一目了然了。

最令老茶客们魂牵梦萦的还是茶本身，他们自备茶具里厚厚的茶垢是绝不允许勤劳的伙计洗掉的，当然，茶馆里的堂倌闲得手发痒也不会有谁多这个事，那厚厚的茶垢是老茶客的资本，洗去茶垢如同你抹掉了他档案袋里记载着的战功，如同你丢掉了他排列了一长条名誉职称的名片。那茶垢不仅是虚荣，也有它的实际功效，有它在，即使不加茶叶，白开水冲进去，也能让你吃出清香沁脾的茶味来。

苏州人吃茶是很讲究的，许多老茶客都是自备茶叶。茶馆里供应的茶叶一般有红、绿两种，都以本地产的茶叶为主。吃茶以绿茶为正宗，苏州茶客一般不爱吃非常浓的茶，有的茶瘾特别重的茶客则喜爱吃红茶。泡茶时，先冲半壶开水，过一会儿再冲满。苏州虎丘产的茉莉花茶也是不少茶客所青睐的，茉莉花茶经窨花、提花，所用毛茶也经过精制达到规定等级，外观整齐匀称，汤色清澈泛黄，叶色柔和，幽香扑鼻，爽洌不浊，回味无穷，又经久耐泡。这些茶叶大多价格不贵，“小洋”一二角即可。不像现在的茶艺楼，一杯茶往往需要花费数十元。过去名贵的茶叶需茶客自备，比如苏州东山名茶碧螺春，那是茶中上品，据《太湖备考》记载，大约在 1300 年前，东山人朱元正在碧螺峰的石壁缝里发现几株野茶树，采回制茶时发出阵阵异香，引起人们注意，后来经过陆羽栽培，后人一代代繁育，逐渐变为连片的家茶树，清初发展成为贡茶，定名为吓煞人香。它条索紧结，蜷曲似螺，白毫毕露，银绿隐翠。冲泡时无须沸水，也不用加盖后捂闷，所用茶具一般为瓷茶碗，先放开水，后放茶叶，茶叶迅速下沉伸卷犹如白云翻滚、雪片飞舞，汤色碧绿，香气袭人，喝来清香可口，回味醇甜。清康熙帝南游太湖时认为此名不雅，便以茶色碧绿，形曲如螺，采于早春为依据，赐名为碧螺春。现在的茶客们往往对“碧螺姑娘”发现“吓煞人香”的民间传说津津乐道，却忽视了碧螺春与陆羽的渊源。陆羽是唐代人，对茶文化的发展有着巨大贡献，为后人誉为茶圣。唐代贞元年间，陆羽寓居苏州虎丘，曾仔细研究了苏州的水质和茶叶，他在虎丘山上挖了一眼泉，以此泉为标准，参照各地多种水质，总结出“其水，用山水上、江水中、井水下。其山水拣乳泉石池慢流者上”的饮茶用水规律，并且用此泉水来栽培朱元正发现的散茶，摸索出苏州散茶“只采春茶，不采夏茶、秋茶”的做法。由于陆羽的提倡，苏州人饮茶成为大众习俗，“百姓营生，种茶亦为一业”，而开茶馆也成为一业了。后来苏州人为了纪念茶圣陆羽，许多茶馆及一些茶农的茶灶上，都供着陆羽的瓷像。

我们又要说到小吃了。许多人回忆当年跟着父亲到茶馆时的情景，大家都不约而同地首先说到小吃，那时的小吃真是精美可口，永志难忘。对于成年人来说，茶馆里的吃食无疑同样具有强大的吸引力。“香茗一壶，饼馒几只，小憩片刻”，那是一种茶馆才能给予你的惬意。高居老茶客小吃记忆排行榜的是色香俱佳的蟹壳黄和热炉热灶

小巷临河茶室

的生煎馒头，据说大文人周作人曾经千里迢迢赶来苏州，一头扎进吴苑深处吃茶，就是为了饱啖那儿的生煎馒头。茶馆小吃大多是随着不同季节呈现在茶客面前的。夏季是糕类大行其道的季节，有扁豆糕、斗糕、清凉糕、绿豆糕。还有一种袋粽，把上等糯米灌进一种比红肠粗长些的薄布袋中，烧熟出袋，用线割成薄薄的圆片，装在盘子里，外加一碟红艳艳的玫瑰酱，用牙签挑一片袋粽，蘸点玫瑰酱，慢条斯理地细细品尝，香糯清甜，爽而不腻，佐以香茗一壶，边吃边饮，妙不可言。秋风乍起的时候，茶馆里的小吃便换了明星：桂花糖芋艿、南塘鸡头肉，以及那外壳生青碧绿、肉色洁白如玉、又糯又甜的铜锅菱。除了这些，还有穿梭往来的零食担篮，有一种小贩是头顶着托盘叫卖的，这类小贩大多布衣短衫，干净利落，头上高高地顶着一只藤匾，里面放着一只只小蒲包，包里盛着各种零食：出白果肉、甘草脆梅、南瓜子、五香豆、兰花豆、糖浆豆、金花菜、陈香梅、山楂糕、冰糖金橘、黄莲头、嘉兴萝卜……只要你招呼一声，转眼间你面前便会摆满了这些玩意儿，你带去的小孩子再顽皮，也会在这么多美食面前安静下来，你则可以定定心心与老朋友谈正经事了。

茶馆除了以上说的种种好处，它最大、最实际的功用在于它长期以来一直扮演着信息交换中心的角色，无论茶馆规模如何，都是如此，哪怕是最小的老虎灶茶馆。

微型茶馆：百丈之内，必有老虎灶

二十世纪中旬苏州的老虎灶很多，1956年公私合营时达295户。“十步之内，必有芳草”，百丈之内，必有老虎灶。设在东北街石皮弄的水炉公所有行业规定，新开老虎灶与左右前后已开业的老虎灶必须相距60丈。老虎灶以卖热水、熟水为主，兼售生水。老虎灶因为其水灶状似蹲虎而得名，多为七星炉灶，一般都是夫妻老婆店，燃料采用廉价的砻糠。老虎灶多是因为苏州人习惯到老虎灶冲开水，省得开锅烧水。店家开门的第一件事，也是先到老虎灶打足开水。冬季老虎灶的生意更加好，到老虎灶“长牙齿了”，就是说老虎灶搁板旁挂下长长的冰柱了，生意就格外火爆，特别是晚上，搁板上挤满了各种盛开水的容器，其中以“汤婆子”居多，搁板上排满了，后来者只好拎着水瓶之类的东西在外面等。外地人立足苏州，做其他的行当说不定前途难卜，做老虎灶这一行总是可以解决生计问题的。老虎灶生意兴隆还有一个原因，它的水清冽甘甜，比普通人家的河水和井水要好。老虎灶水好是因为它用的水都来自胥江。当时的胥江水是绝对没有工业污染和生活污染的，水好便可以生财，有人专门做水生意，有专门的撑水船到胥江取水，然后沿河向各茶馆和老虎灶送水。讲究用水的茶馆也多标榜“本馆用胥江水”。老虎灶都有一名挑水工，专事到水船上挑水。吴苑深处的派头最大，它常年雇用十几名挑水夫，每天从胥门外汲水，一路接力传递直到店中，这些挑水夫都身着一件标有“吴苑”的马甲，每天挑水的同时，顺便做着效果显著的活广告，以此招徕茶客。老虎灶当然不肯只卖开水，能招来些茶客每天增加些额外进账岂不更好？于是在老虎灶旁边加几张方桌和凳子，备些茶具就可以开茶馆了，开水是现成的，茶价也就格外便宜，这一点特别对一些收入微薄的劳动者的胃口。乡下上街卖菜的农民收市后到这儿歇歇脚，听听城里的新闻；车夫小贩之类的汉子在这里解解乏，听老人说点老皇历，或者发发牢骚，没有比这儿更合适的地方。这么一来，开茶馆的有意见了，于是有的茶馆也兼售热水，水灶业与茶馆业相互指责，产生矛盾了，后来两业合并建立了茶馆水灶同业公会，这才化解矛盾，皆大欢喜。

许多老虎灶门口还挂着一块牌子，上书两个大字：“盆汤”——也就是说这里还提供沐浴服务。反正这里热水冷水都有，再隔出一小间来，放一只大木盆，就可以营业了。价格当然是极为低廉，劳累了一天的引车卖浆者在此泡泡疲乏的身子，也是很惬意的事情。有人说在苏州能够过上“早上皮包水，下午水包皮”的人都是有钱人，其实，只能在老虎灶茶馆吃茶、在老虎灶混堂“忽浴”的穷人，同样可以“皮包水”“水包皮”。

苏州小巷里还有个引人注目的现象值得顺便提一提：往往在老虎灶的对面，会有一家小酒馆，这也是囊中羞涩却又爱好杯中之物的人流连忘返的地方。在那种小酒馆里，酒菜都相当便宜，而且都挺不错。炒螺蛳、马兰头、炝毛豆、油余臭豆腐、熏烧猪头肉等都是价廉物美的下酒菜。猪头肉中有一部分叫“脑角”，特别便宜，只要一毛钱便可以吃一顿酒，再不济五分钱花生米也能对付一下。小酒馆里还常有手拎圆形竹编提篮的中青年妇女来卖小菜，抗战之后，从事这种小卖的不少是中小汉奸的家属、富商政客的弃妇，她们曾经养尊处优过，又能亲自掌勺，烧得一手苏式小菜，同样一只虾仁跑蛋，一经她们烹调，就不同凡响，洁白晶莹如珍珠般的虾仁镶嵌在金黄色的蛋糊面上，鲜红的番茄片加上生青的辣椒条，色香味俱臻上乘。另外如香醋拌黄瓜、笋片拌莴苣等，都是以色诱人，以香取手的佐酒佳品。即使是用葱姜加香料烧的酱油螺蛳也热气腾腾，加上胡椒粉，又是一味极好的风味酒肴。与她们交谈，都说是出身大户人家，显示有别于一般的寒门妇女，与她们熟了，她们中的有些人有时会推说家中有急事，问你借些小钱，并留下住址，欢迎你去坐坐。如果你真的去了，她们家倒也妆台纱帐，房闱整洁，可不见再有别人在家，于是往往便有艳闻传出。这种艳遇，苏州人叫作“私门头”。这种事弄不好也是小酒馆里的热门话题。在小酒馆里，三四老友把盏相聚，漫天“讲张”，天南海北乱扯一气，从中午一直吃到下午四五点钟也不会有人来催你走。这种小酒馆遍布苏州小巷，也是有着悠久历史的，至少在明代时就是这样，唐寅有诗为证：“小巷十家三酒店，豪门五日一尝新。市河到处堪摇橹，街巷通宵不绝人。”

吴苑深处：集苏州茶馆之大成

各种信息最为集中的地方还得数茶馆业的“大哥大”吴苑深处。如果说拙政园集苏州园林之大成，那么，吴苑深处便是集苏州茶馆之大成。说其是集大成者，一是规模大，人多；二是茶客来自各个阶层，名人雅士、三教九流，哪一种人都有，信息来源特别丰富。许多人干脆把这里当成洽谈事宜的首选场所。别人以为茶客们在休闲哩，其实他们在谈笑之中早已把正事谈完了，对这些茶客来说，与其说是来孵茶馆、皮包水的，不如说是来上班的，下午孵混堂、水包皮才是真正的休闲呢。

吴苑深处占地广，内分四面厅、方厅、前楼、话雨楼、爱竹居和书场六个部分，书场上午也卖茶。进入五开间的吴苑深处，西边是香烟店，东边是饼馒铺，从中间一条甬道进去，抬头即见朱底金字的匾额“吴苑深处”。从左旁的楼梯上去，就到了前楼，楼上也是五开间，推开北窗就是热闹的太监弄，这里的茶客都是一般的市民。从楼下正中进去是方厅，中间以精致的挂落分为前后两部分，前面的茶客大多是“白相人”，常常在这里“吃讲茶”，后面则是报社记者时常吃茶的地方。西侧门里别有一番天地，中间是一座很大的四面厅，四面厅四面都是玻璃，非常敞亮，且绕以围廊，廊上都有“吴王靠”式的栏杆，搁有小几，可以靠着吃茶。厅内有假山修竹，还设有大缸数只，内养翩翩游动的金鱼供茶客悦目怡神。厅内悬挂名人字画，座位全是藤椅，显得十分讲究。这个厅是吴苑深处最高贵的去处，常来的茶客都是苏州的地方士绅、工商界的大老板、知名律师、文人墨客。比如做过教育总长的张一麐就常来这里吃茶，画家颜文梁、胡粹中、朱士杰、陈迦庵、樊少云等，也常常在此聚首。每逢夏季，卸下四周的玻璃窗，更是清风送爽，厅旁的假山、石笋、花木、小亭等形成的幽雅环境，使人流连忘返、不忍离去。方厅东面是书场，场子很大，在此献艺的都是评弹界的响档。绕过书场再往东，里面也有一座楼，楼上是话雨楼，那是作家、画家、教师、学者们晤面叙谈的地方，周瘦鹃、范烟桥、程小青等文艺界名人是话雨楼的常客。前些年，有当年的茶客在民治路口的一家旧货店墙角里看到话雨楼的匾额，“话雨楼”三字是篆书，与行款相得益彰，浑然一体，布局稳妥，典雅大方，为光绪年间的陆恢题写。该匾额是整块银杏木制成的，经过近一个世纪的沧桑巨变，显得沉着而端庄。没人知道它是怎么躲过一次次劫难出现在今天的，也不知道它露面后现在何处？

话雨楼下是爱竹居。爱竹居轩外有一个很大的竹园，翠色玲珑，凤尾森森，也是个引人入胜的去处。经常在此吃茶的是年轻一些资历尚嫩的作家、律师、画家，他们有时干脆将茶桌搬到凉风习习的院子里，对着竹林谈文论艺，这倒是一桩十分快意的事。

在方厅、四面厅、话雨楼等几个比较高雅的堂口，总是有那么几位一脸精明的人挟着东西进进出出，他们都是古董掮客，手上不是拿着名人字画、红木小件，就是玉雕瓷器、印章折扇，那些茶客有内行的，但手头并不十分宽裕；有附庸风雅的，但有的是票子。内行的看到好东西，有时会不惜家底买回去，附庸风雅的买了滑头赝品，还死硬头不肯承认，打肿脸充胖子。最好是既有眼光又有钱，苏州小巷藏龙卧虎，这样的人不在少数。

如果说古董掮客算是雅掮客的话，那么在茶馆里窜来窜去的大多是较俗的掮客了。茶馆是掮客们的主要活动场所，他们都有一双尖利的眼睛，一进茶馆，他们的眼睛就闲不下来，不停地朝新来的茶客打量，揣摩新来的人是不是他们潜在的买主。每当他们眼睛一亮，就会毫不迟疑地凑上去，涎下笑脸来与他们相中的猎物搭话，推销他们手头的东西。这种人往往生活境遇不好，自己没有本钱做买卖，属于空米袋背米，空手套狼那一类的，做的是“空空道人”，玩的是“空手道”，只能帮别人推销产品。掮客的长处在于消息灵通，人头熟，脑子活络，嘴巴乖巧。还有一条最重要，不怕失败，屡败屡战，反正茶馆里的人多的是，机会也多的是。掮客们缺的不是机会，而是运气。

在各个堂口和茶桌之间穿梭往来的还有各种各样的小贩：穿着蓝布紧身罩衫拿小皮箱卖香烟的姑娘，卖木梳的老人，卖五香豆腐干的汉子，卖眼镜的男人，卖茶叶蛋的妇女，卖香瓜子的孩子，卖茉莉花的小姑娘……其他卖毛巾、袜子、粽子糖、粽子等各式各样的小贩川流不息，其中卖香烟的姑娘最会起腻，买这个一包，那个马上会过来缠住你买，索性一包也不要买，会省去不少麻烦。

在各个茶桌之间窜来窜去的除了掮客、小贩，还有报贩子。苏州茶馆里的报贩子是可以租报的，这也是苏州茶馆的一个小小的特色。二十世纪初，上海的小报多到三四十家，鲁迅和外国人称那些小报为“蚊报”，都是些言不及义的消闲读物，很适合茶馆里看客的口味。那些报纸每份要卖二三个铜板，要买齐它们倒也所费不赀，但到了吴苑深处等茶馆，你只需花角把“小洋”，便会有报贩轮流调换给你看尽当天上海的众多小报，因为上海每天头班火车到苏州不过七点钟，在吴苑深处这类大茶馆吃早巷的茶客总能一早看到当天的沪报，只要你有耐心，能让你从早上看到中午。

不是讲孵茶馆吗？孵的形式是多种多样的。

吴苑深处有靠卖报租报吃饭的小贩，也有靠写稿办报吃饭的记者。那里是各路新闻发布中心，只要每天到那儿孵一会儿，都能有所斩获，运气好的时候还有抢先发一条让市民们津津乐道的头条。二十世纪二三十年代时苏州也办有不少小报，报的寿命各有长短，内容风格上也各有千秋。影响大些的报纸有包天笑主编、宣传改革时弊和男女平等的《苏州白话报》，报馆设在砂皮巷口；有陈去病主编的、兼用黄帝纪年和公历的《大汉报》，馆址在沧浪亭可园；吴瑞书、毕公天主编、能揭露社会黑暗的《苏州日报》，社址在东中市；陈干明主编、以逐日解说《孽海花》来吸引读者的《吴县市乡公报》，社址设在宫巷41号，后迁至乔司空巷；吴树声主编、鼓吹地方自治的《苏报》，社址在皇废基附近；洪笑鸿主编、在淞沪会战期间销路大增的《苏州明报》，社址在观前九胜巷；胡觉民主编、能够反映民间疾苦的《吴县日报》；颜益生主编、注重迅速刊登文艺界消息的《大光明报》，社址在观前洙泗巷；冯英子任社长、沙仲虎任总编、以时评笔锋犀利见长的《大江南报》，社址在观前承德里。这些报纸并不都是同时存在的，同时期的报纸中间必然会产生竞争，有时竞争会很激烈。报纸办得不吸引人发行量就上不去，发行量小就拉不到广告，报纸的生存就会有问题，与现在办报办刊首先要抓发行量是同样的道理。在激烈竞争的报界做个记者是很不容易的，那时的报纸人员精干，养不起吃闲饭的人，跑不来惹人看的新闻，你就得拍屁股走人。于是记者们一个个都是腿快、手快、耳朵尖的好手，一发现可能会爆出新闻的一丝线索，马上顺藤摸瓜，穷追猛打，可以说哪里有新闻，哪里就会看到他们的身影，大大小小的茶馆是他们经常去的地方，特别是吴苑深处，几处常有名士高谈阔论的堂口，总是有记者发亮的眼睛在盯着。记者们喜欢待的地方是吴苑前楼，那里常有律师和搞教育、体育的人们吃茶，当别人不能提供新闻的时候，记者中饶舌的就开始神侃了，周围便会聚集起一圈正愁无法消磨时光的听众，如此一来，这些记者更有人缘，能主动提供新闻线索的朋友就愈发多了。《吴县日报》有位叫沈伯英的记者可以说是一位捕捉新闻的高手，有几条轰动苏州的新闻就是他采写的。一条说的是二十世纪三十年代上海富家女黄某与包车夫陆某主仆恋爱，为家族和社会伦理所不容，两人双双逃到苏州南桥乡石桥头陆家，可是陆某的结发妻子也容不下家里住进自己的情敌，黄某只好以待产为名住进肖家巷志华医院，结果产下一男婴。这则新闻由沈伯英采访并作为独家新闻在报上连续报道，引起市民们的广泛注意。可是，报纸发行量上去了，新闻的主角黄某却承受了巨大的压力，最后不得不买通护士，谎称因难产而身亡，自己改名换姓，远走他乡。还有一条新闻在苏州也是轰动一时：1936 年无锡判处土匪王南邦死刑，并于当年执行枪决。谁知死囚仅受重伤，没有毙命，家人把他秘密送到苏州留园马路肃雍医院治疗，被护士小姐看出破绽。沈伯英打听到这个情况后，立即赶赴医院细细察访，发现了更多疑点，于是通知警方，死囚再度落入法网。由于报上对此案进行了细节详尽、绘声绘色的连续报道，且茶客们从茶馆里“批发”了新闻再

“零售”到小巷深处的每副耳朵里，第二次枪毙王南邦的时候，阊门外望树墩刑场挤满了来看热闹的人群，人潮挤来涌去，最后竟挤死一人，挤伤多人，王南邦个人的悲剧竟带来看客们的悲剧，作为茶客们的重要话题，无疑需要茶馆和深巷消化好些日子。不知道这些新闻发现的起因是不是始于茶馆里的捕风捉影，不过可以肯定的是，茶馆与新闻无疑有着千丝万缕的密切联系，一些新闻始于茶馆而又终于茶馆，其中记者们左右逢源、如鱼得水，茶馆是他们的衣食父母，也是他们施展身手的福地。

吃讲茶：那儿有温馨的民间法庭呢！

茶馆是社会新闻任意驰骋的草原，也是社会舆论监督的领地。

过去有一种调解民事纠纷的方式，即矛盾双方一起到茶馆里去喝茶评理，茶馆里人多，有知书达理的，有德高望重的，不管什么是非曲直，到了茶馆里都自有公断。这种方式叫作“吃讲茶”。苏州老作家吴凤珍曾经回忆自己小时候耳闻目睹吃讲茶的情景，她忘不了那次吃讲茶，是因为吃讲茶的双方都是她的亲人，一方是她的母亲，一方是她的外婆。那天小凤珍跟着父母去玄妙观，父母阴沉着脸，说是去吃讲茶，小孩子不懂，只是觉得气氛不对头。到了三万昌，只见外婆带着舅父已经等在那儿，小凤珍她们刚坐定，“外婆那满腹牢骚像发连珠炮似的倾泻出来，又哭又嚷，手指头直戳到母亲的鼻尖上，母亲只是沉头不语，我听来听去左不过是母亲说错了一句话，内容是‘要是我能读上书就好了’，我想这句话也算不上是大逆不道，仅仅为了这么一句话，就闹出了这样的场面来吃讲茶，这又何苦呢？”这里突如其来地开始吃讲茶了，茶馆里的茶客们倒也见怪不怪，这种场面他们看得多了，但既然有人来吃讲茶，茶客们总是要听听的，这大约也是茶馆里的一种公德吧？把人们的注意力吸引过来，这“就达到了外婆的目的——羞羞我母亲，殊不知我母亲倒也坦然，因为看客都是陌生人，无所谓坍台。后来外婆严厉的责问我父亲道：‘姑爷，你是怎样管教她的？’闻言，我正欲站出来讲几句，想索性让外婆同我这个小孩子吃讲茶吧。被我父亲使劲地拉住了，这种场合里哪容得小孩子说话呢？无可奈何，父亲与母亲一起向外婆鞠躬赔礼，说一切都是做小辈的错，旁边坐着的舅父姨母等都一起陪着鞠躬道：‘妈养大我们不容易，我们一定孝顺你！’大家帮助说了不少好话，外婆才不作声了。当然，按规矩，这天的茶钱由我父亲会钞。我们三人走出茶馆时，背后闹哄哄地跟了不少人，切切喳喳地谈论着，‘这女儿女婿多么好！’甚至有人高声劝慰道：‘别难受，当心身体！’父母和我都感到了一阵温暖。听说，我们离开后，外婆趴在桌上痛哭了场，她胜利了，哭什么呢？可母亲谅解外婆，说她很痛苦，外婆的娘因吃了婆母的苦头就在女儿身发泄了，故意将她嫁个又穷又生肺痨的男人，一个女人凭一双手，要医治丈夫的病和拉扯大这些孩子，是何等的倔强和能干！哪能再供女儿念书呢？母亲说，自己原不该讲这句话的。”一件普通的家庭风波就这样结束了，当事人希望表述的、应该表述的，都在吃讲茶中有声或者无声地表述出来了，茶馆不仅仅提供了场所和气氛，还在不经意中透露了社会人情的美好之处。现在看来，要判明谁是谁非真的很难，我们只能遥对数十年前的事情叹惜生活、叹惜人生。

家庭矛盾可以通过吃讲茶解决问题，一些社会纠纷也可以用吃讲茶的形式来平息风波，找到化干戈为玉帛的途径，苏州张小泉剪刀的风波就是如此。

“张小泉”是杭州大井巷一家剪刀店的牌子，早在清代康熙年间就以产品精良而成为名牌店，后来杭州城里的剪刀店纷纷假冒“张小泉”，这些假“张小泉”背后都有这样那样的关系，真“张小泉”拿他们没办法。没想到有人说苏州竟也出现了“张小泉”，便气愤地赶到苏州来“打假”。苏州“张小泉”的店主张心斋与张小泉第三代传人张树庭是同宗同族，在“张小泉”剪刀店学艺满师后独自来苏州闯荡，开始是掮着一条架有磨刀砖的木作凳过街走巷做磨剪刀生意，后来积了一点钱在关帝庙隔壁一小间门面开起剪刀店来。张树庭赶到苏州能采取的办法就是吃讲茶，一连吃了好几天，好像现在的法庭，开庭又休庭，休庭又开庭。张心斋自知理亏，便想方设法说尽好话，还把自己的几位师兄弟请出来为他打圆场。张树庭在苏州好像陷进了一大块棉花糖里，有气力用不出，一个人火气再足，也架不住别人成群结伙地给他消气，气消得差不多了，张树庭也想通了：在杭州，假“张小泉”早就泛滥成灾了，又何必对苏州这一家穷追猛打呢？更何况张心斋还是自己的同族。于是，最终的解决方案在吃讲茶中诞生：同意张心斋在苏州挂“张小全剪刀店”的招牌，以“全”字和杭州的“泉”相区别。从此江南便有了“杭州剪刀白水泉，苏州剪刀人王全”的说法。

过去一些帮会组织、流氓地痞为了各自的利益而生的争端也常用吃讲茶的方式来解决，虎视眈眈的两帮人马集中在茶馆里“讲斤头”，谈条件，一言不合就大打出手，茶馆里的一切损失由输家赔偿，胜者自然是得意洋洋，趾高气扬。最后由龙头老大提出解决方案。有时他们的解决方案提得迹近荒谬，比如油锅里拎铁板，谁能拎出来谁赢，公理没有了，变成了谁胆大谁理大，亡命之徒成了最后的胜者，吃讲茶吃到这份儿上，令人毛骨悚然。

更有甚者，茶馆有时还可以成为杀人谋命的所在：仇家的出入规律被人家摸清了，刺客就可以见机行事，乘隙下手。评弹《马永贞》说的就是这类故事。1922 年，弹词名家谢品泉在养育巷胥园茶馆中枪身亡；抗战前，杨啸南在四海楼茶馆枪击戆阿二杜骏，可惜没有打中，不过中华人民共和国成立后杜骏也被镇压了……茶馆，与所有公共场所一样，不可能成为世外桃源。

茶会，是茶馆的另一大社会功能，借茶馆做生意是苏州商界的一大特色。据《吴门表隐》记载："米业晨集茶肆，通交易，名茶会。"就是说茶馆兼领了市场功能，卖的和买的都聚集在固定的茶馆里，讨价还价，商量成交。茶会既是交易场所，又是交际联谊、议定行情、同业聚议的特殊社交场。茶会虽不是固定组织，但哪一行业的茶会在哪一家茶馆，早茶还是午茶，都靠约定俗成，都有明确的分工：米业、油业、酱业茶会在玄妙观三万昌茶馆，石灰砖瓦、营造业茶会在品芳茶馆，绸缎业和锡箔香烛业茶会在汤家巷梅园茶馆，棉布、棉纱业茶会在东中布春和楼茶馆，南北货业茶会在阊门外乐荣坊彩云楼茶馆，鸭行孵坊业茶会在石路福安居茶馆，豆腐业茶会在临顿路仝羽春茶馆，火柴、肥皂、卷烟、食糖、煤油为"五洋"业，其茶会在北局的红星茶馆，蚕茧业茶会在枣市街明园茶馆，船帮茶会在小日晖桥易安茶馆……茶会交易以趸批为主，卖方随带样品，展示于茶桌上，注明商号及库存量，一俟价格谈妥，买方带走样品，以样验货。茶会多以现款现货交易为主，少数商品如食油等类亦订期货，因此，各行各业的大小老板及其代理人，无不天天到茶会碰头。

三万昌茶馆的米业茶会是茶会中规模较大的，三万昌有四个堂口，米业茶会在茶馆南面的堂口。每天上午，米行、米店的老板、经

百年老店三万昌

理或代理人都会像上班一样准时去那儿吃茶谈生意。在那儿，进货的人被称为“成货朝奉”，出货的人被称为“卖头先生”，他们是交易中的关键人物，也都是行内高手。过去苏州乡下出产的稻谷品种很多，有红粳、红稻、马料青、阳澄白稻、大夫稻、八哥稻、凤凰稻、一时兴、露花白、红芒稻、小白稻等，加上产地不一，栽种季节不同，复杂得很，这些要想从成品米上看得出来，进货者必须具有丰富的经验、非常锐利的眼光和细腻的手感。据说有一位成货朝奉叫吕赓美，行内尊称其为“米业祖师小仓王”。有一位同行不服，想难倒他，便用无锡稻秧种在自家的荷花缸里，等成熟后砻成米，请吕赓美鉴别它的品种和产地。吕赓美把米样捧在手里，稍一端详便说：“你拿七石缸里种的稻来冒充，你看，米粒干枯，显然未得地气，小朋友种了白相相的。”那位同行这才不得不服。

苏州米业到光绪初年才在三万昌形成茶会。在米业茶会上，很少看到有人抢着会钞的局面，难得请客，丁是丁，卯是卯，不像现在，生意成不成，先吃一顿再说，吃到酒上了脸才开始谈价钱。那时的人们做生意冷静得很。卖货的一方把精心拣出来的米样用旧报纸一包，放在桌上。价格是不标的，要谈。卖头先生这时候就成了一位评论家，评论米质如何如何，而成货朝奉则一副胸有成竹的样子，吃一会茶站起来走动走动，东边看看，西面瞧瞧。等到看准了货色，讨价还价也就开始了，价格就在双方嘴边不停地涨落，其幅度越来越小，最后到了一个双方都能接受的价位，大家就成交了。有时有的店家又要卖出多余的品种，补进看好的货色，于是那个店家就一会儿当卖头先生，一会儿又变成了成货朝奉。

除了商业行业性茶会，社会各界人士亦有固定的茶会，如宫巷的桂芳阁茶馆为业主、房产经纪人、收租人和账房师爷四种人的茶会之地，光裕社既是说书先生的会馆，同时也是茶馆，当然是评弹界人士的聚会场所，西中市的大观楼是玉器、眼镜帮的接洽叙谈之处，胥门外的漱芳茶馆为马车帮的集中地，桃花坞的胜阳楼与最宜楼因为邻近法院，所以成为打官司的人聚集休息的地方，也是专门为人代写状纸的场所……

你想不到吧：茶馆还兼着文艺沙龙

二十世纪三十年代，三万昌茶馆还有一个“榴社”，是爱好养鸟者的俱乐部。榴社由一些文人雅士、有闲人物组成，设在三万昌最后一进的楼上，在这个堂口，除了会员和会员的亲友，对外是不卖茶的。“榴社”因它成立于农历五月，取“五月榴花照眼明”之意，故名，楼头的匾额出自姑苏名士金松岑的儿子、文人金季鹤的手笔。榴社有数十名会员，每天早晨，会员们携带自己得意的鸟儿来到榴社，在那儿品茗谈天，品评各自豢养的佳羽，其风雅倜傥令人艳羡。这些爱鸟者养的大都是绣眼、画眉、百灵、芙蓉等一些观赏鸟，还有骁勇善斗的“黄头”，你只要把“黄头”鸟笼背对背放在一起，“黄头”就会隔着鸟笼斗起来，啄头咬腿，互不相让，直斗得羽毛乱飞、鲜血淋漓，待分出胜负来，胜者便可以得到锦标奖品，会员们称之为“花”。榴社成员星散于二十世纪四十年代，半个世纪之后，当年榴社旧址的附近却建成了大成坊花鸟市场，兴废之中令人顿生沧桑之感。

临顿路悬桥巷口的九如茶馆则是棋友们的乐土。在九如，有专门的雅间作为棋室，棋室里窗明几净，中间的长条桌上放着一排围棋盘，四周靠墙的小方桌则供象棋爱好者横车跃马。这里经常看到那些棋艺高强的茶客静静地对弈，纹枰上清晰的打子声给棋室里平添了一团清幽宁静的氛围。欢喜长考的人用不着担心茶博士催你，习惯下快棋的人等对方下子的时候还可以抽空关心一下周围棋友们的战况。茶博士轻手轻脚地为对弈者续水，观棋的人也慑于这种气氛不能放肆地多嘴多舌。心静如水的高手下出一着妙手，便会缓缓摇动折扇，于对手搔首挠耳之际把目光幽幽投向窗外。一边落地长窗外是个大天井，另一边窗外则是个小小的夹弄天井，天井里摇曳着几丛青篁。

茶馆里开辟茶室的这个传统倒是保留下来了，不过现在既可以吃茶又可以下棋的地方已经不再叫茶馆，而叫棋室。到棋室里只要买杯茶就可以盘桓半天，可以观棋，也可以找对手下棋。听说有的棋室里下棋可以有“彩头”，输多输少论子儿算，观棋的人也可以在一旁为棋的输赢下赌注，叫作“乘船”。甚至有的人是以此为生的，作为棋迷的我曾经到几个棋室里看过，原来我以为苏州没有职业棋手，其实还是有的，只不过没有在中国围棋协会注册而已。

茶馆里还经常看到卖艺人的身影。卖唱的最常见，一位老者，拉着惨兮兮的胡琴，后面跟着一位扎着长辫子的小姑娘，来到一家茶馆，也不管茶馆里是怎么乱哄哄的，咿咿呀呀拉开胡琴就唱起来，什么曲子令人伤感，那父女俩就拣什么曲子唱。什么“月儿弯弯照九州，几人欢喜几人愁……”什么“长城边的蚊子多多少，宁叮奴奴千万口，休叮我夫万杞良……”那些谈生意的，海阔天空胡侃的，对这种玩意儿是司空见惯，要想打动他们的心纯粹是妄想。但偌大的茶馆总有几位心肠软的、怜香惜玉的，便叹息一声，摸出点小钱来丢给那小姑娘，小姑娘千谢万谢，人们摇摇头，便继续说自己刚被打断的话题。那父女俩便踽踽远去，寻另一家茶馆的好心人去了。

卖艺人不乏好手。有的飘然一身，拉一把旧而铮亮的二胡，丝弦一动，左手指多情的一抹，那音响便觉不凡。有品位的茶客便静下来，闭上眼睛，进入那飘然而至的境界里。或者是深沉凄凉的《江河水》，或者是开阔平静的《二泉映月》，听着听着，老茶客便会想起一些往事，一些老是忘不掉、令人才下眉头却上心头的往事，想着想着，还没想出个头绪来，琴音戛然而止。那衣衫褴褛但眉宇间分明溢出灵慧之气的艺人不动声色，把胡琴往就近的茶桌上一放，琴筒朝上，刚从那境界里游回来的茶客便掏出钱放在琴筒里。一会儿，艺人把二胡放到另一张茶桌上，依然是琴筒朝上，依然是不动声色。琴艺不俗，人格亦不俗。

值得一提的是，对于这些卖艺为生的人，大部分茶馆都不会冷酷地拒之门外。苏州茶馆既不掩饰来自小巷的艳曲，也不拒绝来自小巷的呻吟。

叫卖：从春雨杏花到削刀箍桶

——小巷声音之一

苏州小巷里令人留恋的声音主要有三种：叫卖声、评弹弦索声、昆曲拍曲声。

最通俗、也最务实的是叫卖声。

“小楼一夜听春雨，深巷明朝卖杏花。”卖花声是姑苏小巷里最糯最甜、也最负盛名的叫卖声了，“珠珠花——白兰——花”，“阿要梔子花——白兰花、茉莉花”。循着声音望去，翩翩走来的是一位年轻的水乡姑娘，头顶蓝白两色的包头巾，两边尖尖长长的包头角从鬓边垂下来，婀娜多姿，身穿颜色鲜艳的大襟衣，腰束下摆宽大的小围裙。随同卖花姑娘走来的还有一阵阵幽郁沁人的花香。这些卖花姑娘大多是城外虎丘花农的女儿，拎着花篮沿着七里山塘赶进城里的一条条长巷，一朵朵含苞待放的茉莉花用铅丝精心串成花球，白兰花则是一对一对的，静静地躺在花篮里的湿布下面。随着她们那怯生生的叫卖声，那花香漫进小巷、漫进深宅，在苏州女人们的鬓边、胸前、枕旁开出它们小巧雅洁的姿态。温柔悠长的小巷卖花声从来不用惊叹号，却能够给人留下最为深刻的印象。

“烫手糯来热白果，亦是香来亦是糯，要吃白果就来数，一分洋钿买三颗!”配合着叫卖声的，还有那烤白果铁丝笼上悬着的铜铃声，“叮铃铃，叮铃铃……”

“甜酒酿——阿要甜酒酿!”一声甜酒酿，喜爱此物的人便舌下生津了。甜酒酿装在上下叠着的面盆里，过去是挑着担子，现在却是挂在自行车后面，从小巷那头慢慢地骑过来，虽然有点现代化，但仍然不失古典意味。

“阿要酱油热螺丝——”走过来的是一位中年妇女，手拎竹篮，篮子里捂着旧棉衣的罐子里就是酱油热螺丝，这是手头不甚宽裕的人所喜爱的下酒菜。小巷子里的人们三三两两地拿出碗呀盆呀来卖一点，接着，那“丝——丝——”的吮吸声就在巷头巷尾此起彼伏起来。

“河浜唧，阿要卖西瓜啊——”这是从水巷深处传来的，声音略显苍老，打开临水的窗户望下去，一条瓜船摇过来，下面的河埠头上就响起了清脆的足音，老瓜农把船靠住，生意做完，瓜船和老人的心情一样，又轻了一点。打过招呼，瓜船埃乃而去，那卖瓜声也一路飘去。有人把长长的水巷比作一支洞箫，那大大小小的水墙门如同一个个音孔，叫卖的吴侬软语在水巷里回响缭绕，余音不绝，可以收到消夏解闷的功效哩。

“削刀——磨剪刀!削刀——磨剪刀!”磨剪刀的师傅挑着担子来了，放下板凳，骑坐在上面，往磨刀石上撩点水，便闷头“嚯嚯嚯”地磨起来，磨一会儿，偏过头对刀刃看看，再磨——嚯嚯嚯，嚯嚯嚯……

“箍——桶!”箍桶匠许久不来了，大约已经走向世纪的深处，不再回头。现在的人们不需要他们了，在这塑料制品大行其道的时代。

但他们那瓮声瓮气的吆喝，如同箍桶时敲打声在木桶里的回音，“老苏州”是忘不了的，忘不了那世纪绝响。

掰着手指数一数，成为世纪绝响的远不止“箍——桶!”比如许多叫卖小吃的声音。甜糯婉转的苏腔叫卖声是这一方水土培育出来的，像一朵朵招摇生姿的茉莉花，绽放出令人称羡的姑苏风情。

许多声音渐渐向世纪深处隐去，是因为另外有许多声音正从21世纪向我们涌来。

听说苏州民俗博物馆请“老苏州”录下了一盘磁带，录的都是过去的叫卖声，这颇有价值，也很有趣。

在音韵学方面颇有研究的朋友告诉我，几十年来，吴侬软语的发音好多都变了，以至于现在年轻人说的话都不能说是正宗的苏州话。

还有朋友说，随着时代和社会生活节奏的变化，现在小巷叫卖声的韵味也有了相当大的变化，我深以为然。

我所住的院子里，几乎每天清晨都有一个卖菜的妇女进来大声叫卖：“青菜韭菜茼蒿菜!”夏天还要加上一句：“西瓜阿曾吃脱啦!”那声音必须用两个词来描述——尖厉、凄厉。我住在三楼，那声音仍然像是她趴在我家的窗口朝里喊，那真是最后的呐喊，每一声都是的。我每天早上的回笼觉都是被她打断的，也许她就靠那直闯人心的呼喊来维持生计，就像我必须靠夜晚敲击键盘来补贴家用。这是一个必须呼喊的时代，人人都好像在自由市场拼命呐喊，用各自的方式。我之所以不喜欢她的方式，只是因为她把原本应该扔在自由市场的吆喝“炸弹”，蛮不讲理地扔到我家窗外而已。

现在小巷还有一种叫卖声也很可怕，像软刀子割人。那声音是收旧货的外地人的杰作：“啊油舅——格瓦——格弟——视机卖特!”是收买旧电视机的，其懒洋洋的腔调经过电喇叭放大，更是令人毛骨悚然。其实他们用普通话喊效果挺好的，可是他们不，他们固执地要入乡随俗，要说苏州话。殊不知苏州话不是想说就能说像的，他们硬是要说苏州话似乎是自加压力、难为自己，实际上是对苏州小巷的语音侵犯，难为了全城人的耳朵。

看来，苏州小巷的叫卖声已经告一段落，必须另起一行了。

小巷痴情：最痴在评弹
——小巷声音之二

时代在变，吴侬软语也在变，与其他一些方言一样，越变越向普通话靠拢，这大约是大势所趋，挡不住的。现在年轻的苏州人说话已经与父辈大不一样，不仅是词汇大不一样，而且在发音方式上有重大变化，主要是尖、团音不分。不少“老苏州”对此颇感惋惜。不过也有一点令他们感到十分温暖：有一群人正在努力捍卫正宗的苏州话。这群人一开口，别人就听得出来，判断他们是“说书”的。苏州人称苏州评弹为说书，评话是“说大书”，弹词是“说小书”，表演评弹和说书的场所被称为“书场”。的确是这样，现在苏州话说得比较准足的只有两种人，一种是“老苏州”，一种就是“说书”的，后者不仅仅有专业评弹演员，还包括许多评弹爱好者。

也许多年以后我们会发现，在许多方言消亡之时，吴侬软语还完好地保存着，苏州评弹是正宗苏州话的活化石。

说起来，苏州评弹真的是源远流长了。它的历史可以一直追溯到唐宋时期，明代戏曲家李玉所写的传奇《清忠谱》里就提到了书场，说是有个叫周文元的在李王庙前开了一家书场，请了一个叫李海泉的艺人说《岳传》，每天除去支付给艺人的费用外，还能余下一两千钱。

不过，那李王庙现在何处，当年的书场又是什么样子，我们已经无法知道了。当然，对于生活在现代的苏州人来说，这些并不重要，重要的是苏州城内还有不少书场，电视台和广播电台每天都定期播送评弹节目，江南许多评弹团的演出十分活跃，更有全国唯一的评弹学校每年源源不断地向书场输送青年演员。反正苏州人不愁没有评弹欣赏，这就够了。

就像古巴人听到舞曲就会双肩耸动，非洲人听到明快的节奏脚跟就发痒，大多数“老苏州”听到评弹的弦索之音就会眉飞色舞，就会情不自禁地告诉朋友这是唱的什么调，就会跟着“嗯嗯啊啊”哼起来。确实，苏州评弹那种曲调、那种味道特别对苏州人胃口，与苏州小巷中的生活色彩特别协调。这当然是顺理成章的事，土生土长的艺术嘛，不受苏州人喜爱也不会发展到今天。不过，苏州人都明白，爱好评弹的人们都明白，苏州评弹的黄金时代已经过去了。

苏州评弹的鼎盛时期是在二十世纪的二三十年代，1930 年，苏州的专业书场竟有 49 家之多，仅一条临顿路便有金谷、顺兴园、九如、中央楼、同羽春、群贤居、方园、壶中天、望月楼 9 家，受上海影响，苏州阊门外的久大电台也播放评弹节目以招徕听众，被称为空中书场。一些中小茶馆也纷纷辟出书场，希望引来更多茶客。到三十年代末，一些大旅馆的老板见评弹的市场日益发展，也插足进来想分一杯羹，将旅馆大厅改建成可以兼营书场的格局，这种书场可容三四百人，采用对号入座的方式，日夜两场，每场两至四档艺人合演，被称为旅馆书场。再加上一些私人家里开的经济书场，苏州评弹的听众众多，稍微夸张一点说，在二十世纪二三十年代，有多少苏州人，就有多少评弹的忠实听众。

我们又要说到茶馆了，那时的苏州，只要稍微上点档次的茶馆，都有自己的书场，或者说茶馆就是书场。所谓“老苏州”孵茶馆的“孵”字，实际上是孵的三只“蛋”：吃茶、听书、品小吃。茶味、书味、小吃味三味一体，识得其中滋味，才知“孵”之真趣。

旧时的书场，规模一般都不大，能容纳一百多名听众的就算大书场了。书场里有个书台，高约尺余，台上是一张半桌，两把高椅，桌子和椅子都被桌帏、椅帔及锦墩等装饰着，显得十分典雅。书台两侧的墙上挂着两块水牌，上面书写着演员的姓名和所演的书目。评话称为开讲，弹词称为弹唱。书场里整齐地放着八仙桌，桌边是藤椅，条件差的是方凳，苏州人称为骨牌凳。听众围桌而坐，宽舒而随意。只有一张桌子不能随便坐，那就是状元台。

状元台是紧靠着书台正面的一排长桌，早先叫老人台，为年老耳背者所设，后来因为有些年轻人也杂坐其中，场主为了迎合听众，便改名为状元台，以图吉利。早期老书场的状元台两侧安放着一条条长凳，排列像蜈蚣，因吴语称蜈蚣为百脚，所以长凳又叫百脚凳，状元台和百脚凳就是老书场的主要特征。过去一些经常听书或有名望的老听众便在状元台上就座，由于他们所听的名家和书目多了，有相当高的鉴赏水平，常常为评弹艺人“扳错头”“找漏洞”，指出其不足之处，所以评弹艺人对坐在状元台上的听众也很尊重，如果得意忘形时忘了这一点，弄得不好会被方家挂在台上下不来。

有个故事就是说一位评弹艺人被听众将军的事：这位先生擅学马叫，几可乱真，在行内颇有名气。有一次他在台上表演马叫，不仅声似，而且神似，把马的雄壮气概也叫起来了，一声马嘶，状元台上的茶壶盖都震出了声音，马叫刚停，掌声四起。说书的一时高兴，不由得滑出一句大话来："不是我夸口，这一声马叫可以乱真。"等到他告一段落，"落回"下台，一位穿短衣的老听众走过来一拍他的肩膀，问他："你的马叫真的可以乱真?"说书的看其人貌不惊人，便随口答道："是的。"那人接着问："那么请问，你那一声马叫是雄马叫，还是雌马叫？是老马叫，还是小马叫？是发情的时候叫，还是肚饥的时候叫?"说书的傻眼了，只好恭恭敬敬地请教。于是那老人为他一一道来，说书的大开眼界，最后请问老人怎么如此精通，老人淡淡地说："我不过是做了几十年的马倌而已。"

这位说书先生应该庆幸自己遇到的是一位客气的纠错者，遇上不客气的，会当场责问喝倒彩，赶你下台，这叫作"倒面汤"——让你提前"下课"，洗脸去吧——这真是令人十二万分的尴尬。

书场一般每天演出两场，下午一场，晚上一场。茶楼书场的进口处放着一张木柜，柜上放好一排排竹筹，这便是书场的入场票，竹筹长约四至六寸，半寸多阔，上面烫烙着书场的名称和编号，称为书签，可以长期循环使用，不易损坏。书签上端有一小孔，可以串在铁签上，所以书签又称为签子。开场之时，听众们陆续购签入场，在八仙桌旁坐定，便有伙计送上一壶香茶、一只茶盅，同时收签，将书签放在一只托盘里，或者套在铁签上，叫作"起签"，以示场方当众核算，没有作弊。待演出结束后，将出售书签总数与艺人拆账，叫作"拆签"。有的书场老板以多报少，名曰"吃签"。也有的书场老板在人气不旺的时候自掏腰包，让艺人维持演出，叫作"贴签"。如果书场听众满了二百，就叫"双龙"了，那说书先生就算是大响档了。

二十世纪三十年代到抗战之前的一段时间，是值得评弹艺人怀念的好时光。那时他们的行情看涨，各个茶馆里、书场里人气旺盛，一流名家上电台，赶大场子，二流的说书先生也都有比较体面的书场，都有一批热心的听众，连一些三流的评弹艺人都不愁没有场子，甚至要赶场子。一到夜灯初上的时候，街头巷尾便传来叮叮咚咚的弦索声，你在小巷里闲走，后面有评弹声追着你，前面有说书声等着你。就像一根根电线杆的影子，你只要在巷子里走，就得踩着它。那时候的一些苏州人简直是把白天当黑夜过，而把黑夜当白天过。吃早茶的时候，老茶客们啜着香茗，慢慢回味、反刍、消化昨晚的听书内容，说够了，再相互提醒：今天晚上说到陈翠娥回闺房里取珍珠塔了，开始“走楼梯”了，要听仔细这位说书先生这楼梯“走”得如何。于是大家又议论起来，这可是《珍珠塔》最容易出彩的地方，也是显示说书人真本事的地方。那陈翠娥私赠珍珠塔给方卿，又不便明说，心思不定，那楼梯下了几级又回上去，上去了又跨下来，这样上上下下好几回，折腾了好半天才把珍珠塔交到方卿手上，还再三叮嘱要方卿当心这“干点心”。这一段情节在名家手里要说上好几天，一天只能走几级楼梯，传说弹词老前辈、“四大金刚”之一的马如飞说《珍珠塔》，说到陈翠娥下堂楼，一层楼梯说一回书，其说表之细腻可以想见。尽管老听众们都知道这情节，但还是能让大家听得如痴如醉，欲罢不能。

这就是苏州评弹的魅力，说书的和听书的对书目的大致情节都了如指掌，只不过对说书人刻画细节的表演能力怀有一种殷殷的期待。就像酒宴上的美食家早已超越了大块咀嚼、大口吞咽带来生理快感的阶段，在意的是舌尖上微妙感觉的品味，追求的是一种审美层次上的愉悦。对于说书人来说，他清楚地知道自己不是来兜售情节的，他面对着的是一大群鉴赏家，是一批识货的人，问题是你能不能拿出令人叫绝的真货来，用现有的话来说，这既是机遇，又是挑战。“要么楼上楼，要么楼下搬砖头。”要得到这帮老听众的首肯自是不易，能获得他们的热烈喝彩更是难上加难。他们耳朵是“雪亮”的，经过白天的酝酿、养神和期待，晚上那一只只竖起的耳朵比狗耳朵还要灵敏。说书先生一般不怕老听众的眼睛，真正“老鬼”的听众在书场眼睛是似闭非闭的。在评弹的弦索声中，在说书先生“起角色”、放噱头的时候，他们的耳朵就是眼睛，你口中吐出的每一个字是如何起音、如何收音的，徐疾如何，轻重怎样，全逃不过去。你说书说得越好，他们的眼睛闭得越舒坦。如果你说书说到一半，他们的眼睛睁开来了，而且对着你看，八成你已经落下话柄了，你的漏洞被人家捉住了。茶馆的气氛有时真的像捉迷藏，捉不住大家开心，捉住了你自认倒霉。

所以有时候说书先生上午回笼觉睡不好，偶尔也到茶馆转转，但总是坐不住，倒不是怕别人认出来，而是心里急。听到“看今天陈小姐下不下楼，怎么下来的”，“大概今天还得再叮嘱几句，昨日晚上那个噱头还没有放出来哩”，说书的怎么坐得住？还是回去把今晚要说的内容再仔细想一遍吧，就算是胸有成竹，也应该回去养养精神，准备晚上对付那帮“狗耳朵”！

评弹迷又叫书迷，书迷们对评弹的热情是从哪儿来的呢？不少人是从听“戳壁书”开始的，听“戳壁书”又叫听“专书”，也有人写成听“转书”，还有人写成听“站书”。苏州话就是这样，常有一些字，一讲大家都明白，没有歧义，但一写麻烦就来了，写这写那的都有，众说纷纭，听听还都蛮有道理。以上三种说法中还是听“站书”容易理解些，颇有写实风格。因为听“戳壁书”就是站在外面看里面演出。多数书场有一面是一排落地长窗，艺人演出时长窗是敞开的，外面有一条木栅栏，没买书签的人可以在木栅栏外往里看演出，这在书场是允许的。非但允许，而且是受评弹艺人和书场老板鼓励的，因为听“站书”的人越多，越说明说书先生书艺高超，把外面的人都吸引住了，通过他们的宣传能够扩大影响，招徕更多的听众。一些经济拮据的人或者小孩子，往往就是从站在外面不花钱听书开始，听得入迷了，不知不觉地成了书迷，成了老听众。如果听站书的没几个，书场业务就不很妙了。

有一位老书迷回忆他怎样从一个不知道说书是怎么回事的小孩子开始，慢慢成为一个评弹爱好者的。其中有两点印象尤深。其一，他从小学放学回家，路过一家书场，突然听到里面传来长长的一声“哇——呀——”的大吼，他吓了一跳，便从那竹条做的窗棂外往里看，只见满场的听众身靠椅子，都在聚精会神地欣赏台上的演出，再横看过去，只见一位评弹演员正在起角色，一会儿是尖嗓子，一会儿又成了粗嗓子。他非常奇怪，明明台上只有一个人，可是开腔说话的有好几个。他估计总有人躲在什么地方，很可能就藏在书台下面。这个念头憋在他心里好几天，每当下午放学路过书场，他就要情不自禁地探头研究一番。其二，有一段时间在那书场演出的是一位盲人说书先生，有一天，当那盲人说到一名侠客伸手从囊中拿出一支金镖时，有这样一段话：“这支金镖，虽说比不上诸位听客手上所戴的金表，但走时绝对准确，如若不信，请诸位不妨对对表，现在，我这块镖上正好是五点缺二分。”于是听众们都回头望书场墙上的挂钟，果然正指着四点五十八分！顿时全场气氛活跃，笑声四起，演员趁势“落回”，明晚再见！小家伙搞不明白了，明明双目失明，怎么能准确报时？于是他决心第二天再去弄个一清二楚。从此，听“站书”成了他

小巷里的苏州评弹

放学后必修的课外作业，而且他也终于搞清楚了金镖报时的秘密，原来是到了四点五十五分的时候，一名茶倌会上台倒茶，把壶盖动一动，发出钟点已到的信号。搞清了秘密，他也被那情节迷住了，久而久之，会欣赏那些噱头、起角色了，特别是那些高超的表演技巧。比如有位演员在书台上将一把折扇当作角色所使的长枪，往肩上一搭，那扇子居然顺着演员的肩、臂、经大腿直落到脚上，然后踢向空中再伸手接住，其动作之利落、紧凑、一气呵成令人叫绝，于是他也就不可避免地染上书瘾，成了书迷，听站书的范围也越来越广，不仅仅专门站一个书场了，最后，他终于成了每天掏钱买书签的老听客。

还有不少小朋友喜欢跟着大人进书场，起初并不是对那些“大书”“小书”感兴趣，而是对书场里的各式小吃情有独钟。小朋友一进书场，两只眼睛便骨碌碌地寻觅那头顶竹匾的小贩。他们知道，那高高在上的竹匾里有一只只露口的小荷包，荷包里是他们爱吃的五香豆、油余出白果肉、腌金花菜……如果大人迟迟没有“表示”，他们就会不安分起来，大人们为了听个安逸书，总要掏出钱让小朋友们安静下来。于是手轻轻一招，小贩就会一溜矮步过来，无声无息地将小吃放满桌子。就在小家伙们慢慢咀嚼那些可爱零食的同时，评弹的魅力也无声无息地进入他们心灵深处。

书场里小朋友嘴巴闲不住，闭着眼听书的老听众的嘴巴未必就闲着，他们手捧紫砂茶壶，嘴里也在细细地抿着一粒熏青豆或一块嘉兴萝卜。苏州人讲究“品味道”的秉性，在书场里表现得淋漓尽致。

书场里闲不住的还有那伶俐勤快的茶倌，一会儿提着水壶沏茶冲水，一会儿把热手巾把子从一个角落扔到另一个角落，似乎漫不经心，却从来不会失手。在这热烈气氛里，听客们吃茶的、吸烟的、聊天的、嗑瓜子的、剥花生的、吃零食的，应有尽有。一旦演员登台，书场里就会慢慢静下来，演员坐坐好，把眼光四下里这么一扫，舒手在琵琶上轻轻弹出几个音，全场便会顿时悄然无声。

有时苏州人会把书场开在家里，白天是客堂间，晚上就成书场了。在这种书场里演出的说书先生往往是处境不佳的老艺人，也许就住在这书场的隔壁。房主不收房钱，再凑一些桌椅，邻居听客也会早早放上一张凳子占个位子，书签价格只有正规书场的一半，大家花钱不多，便过了书瘾，岂不大妙？有些人家本来晚饭一吃便锁上门，全家到书场听书，现在巷子里开了个家庭书场，听到“开书哉”的叫声再笃悠悠出来也误不了事，也是一乐。“银亲眷、金乡邻”，请老艺人说书，一来方便了陋巷里的贫民书迷们，二来对老艺人也是一种生活接济。这样的书场无疑充满了浓郁的家庭气息。一到晚上，老邻居们在家庭书场里聚会了，等到悠扬动听的琵琶三弦叮叮咚咚响起来，夜晚的小巷便柔情万种，苏州人的性格便也柔情万种。

到了每年会书的时候，那便是书迷们的盛大的节日了。所谓会书，就是每逢农历十二月二十日左右，苏州各大书场就要举办一年一度的评弹大会书，少至几家书场，多则十余家，同时举行，等于现代的“会演”。每场要安排四档节目，直至大、小年夜有数十档连续通宵演出，轰动古城，成为街巷里最热门的话题。书迷们往往全家集体出动，联袂前往，前呼后应，热闹非凡。会书既是艺人们相互交流书艺，又如同进赛场比试高低，圈内人称之为“跳龙门”。说书先生轮流上台，个个使出看家本领，演出自己最有把握、最拿手的精彩片段，有一些技艺功夫火候已到的青年演员，就是通过会书而一鸣惊人，成为响档，身价倍增。比如名家夏荷生，就是因为在会书时说

《描金凤》里“陈雄代嫁”一段弄堂书，表演得有声有色，入筋入骨，几天下来便轰动苏州，很多家住城外的听客都赶进城听他的书，有位城外听客渴望听到他的书，从正月初一到十五，连续半个月都没能如愿，后来他干脆不吃中饭就赶到书场，才买到了书签，完成了一桩心愿。而夏荷生也在会书中一炮打响，一举名扬江南，被誉为“描王”。

也有人在会书中表现不佳，被书迷们当场喝倒彩，“倒面汤”，羞愧万分地拎着琵琶走下台。因此，有的书艺不佳的艺人视会书为畏途，心里像打小鼓似的战战兢兢，开讲前总要对书迷老前辈们尊称“太翁”，不停地打躬作揖，希望听众们放他一马，有人还求饶似的打招呼：“请各位太翁譬如买只乌龟放放生。”怕过会书这一关的说书先生，其心态真有点像违章司机怕眼睛里容不下沙子的警察，在他们眼里，台下的老书迷们个顶个都是警察，一个人面对这么多警察，不战战兢兢才怪呢。

当然，只要说书先生技艺出众，便会名声大振，书迷们也是趋之若鹜，无比敬重。有一位书迷因来得稍迟，上午八点钟开场，七点半不到书场里就已经站满了人，挤得水泄不通。经与场方百般通融，那书迷争得了站在老虎灶旁水缸边沿上听书的权利。谁知乐极生悲，听到精彩处，说书先生放了个噱头，惹得大家乐不可支，那位站在水缸边沿上的书迷也乐得手舞足蹈，忘了自己的处境，一不留神，“扑通”一声掉进那只水缸！第二天，苏州城里几乎每一条小巷都知道了这一则会书花絮。

要说书迷的极致，掉在水缸里的那位阿哥还不算“鼎”级的。有一位书迷下雨天赶到书场听书，可是书场满了，那位书迷赖着不走，说随便站在什么地方都可以。书场老板说只有一个空位子，但是那个位子上正好屋顶漏雨，不好坐人，只能用一只面盆接水。那书迷一听大喜，说问题解决了。他挤过去把接水的面盆举在头顶上，接水听书两不误。一会儿水接多了，溅起叮咚之声，与三弦的乐音相映成趣，但毕竟那弦外之音不太协调，于是书迷又向老板要来一条毛巾放在面盆里，水声就没有了。落回后书场老板执意不收那人的钱，那书迷也执意要交，还说这场书听得特别有味道。不知道是因为他听得特别入神才觉得特别有味道，还是因为他的举动感动了说书先生，人家说得格外卖力，他才听得特别有味道。

用这则轶闻来说明苏州小巷里的书迷对评弹的痴情，同样很有味道。

甜糯典雅的苏州文化似一泓灵泉，浇灌出清丽的评弹之花。评弹之花的馥郁香气与茉莉花、栀子花的香气一起，细心地呵护、熏陶着苏州小巷里的人们。苏州人在伦理、审美等方面的喜好、向往是评弹发展的动力所在，活力所在；苏州评弹也成功地在苏州人的性格中打上了清晰的烙印。最明显的例证是苏州人的语言特点：一是崇尚不动声色的幽默，即书迷们津津乐道的阴噱、冷噱、肉里噱；二是从容、细腻而略显啰唆冗长。

昆曲：使非苏州，焉讨识者？
——小巷声音之三

说到苏州人拍曲，那可是雅中之大雅。

苏州是昆曲的发源地，苏州人喜爱昆曲由来已久。早在元明之际，北音衰歇，南戏代兴，流行于苏南民间的昆山腔崭露头角，到明代中叶，嘉靖、隆庆间的魏良辅改革昆山腔，以昆山土腔为基础，吸收了北曲中的唱法，和海盐、余姚诸腔以及江南小曲的优点，改变了南曲过分平直、缺乏意趣的不足之处，“转喉押调，度为新声”，创造出一种细腻柔和的腔调，形成集南北曲大成的“时曲”，这就是昆曲。吴中文人张凤翼、梁辰鱼按其格律创作了几部传奇杰作，首先在苏州舞台上演唱，并传播开去，流行各地，加上当时文坛盟主王世贞的鼎力推助，文辞华丽、音韵铿锵的昆曲终于在诸腔并起的竞争中脱颖而出，成为一种全新的剧种，开始流传到各地，万历年间传到北京，备受京城士大夫阶层的欢迎。

昆曲曾经有“苏州戏”的别称。为什么呢？

昆曲又被称为“水磨调”“冷板曲”，这是因为它特别讲究演唱技巧，讲究“取字唇齿间”“气无烟火”“转音若丝”“启口轻圆，收音纯细”“调用水磨，拍捱冷板，声则平上去入之婉协，字则头腹尾音之毕匀”，咬字吐音都考究入微，“决非戏场声口”，因而取得了当时无可争辩的“正声”雅乐的地位，成为十分精致、完美的曲乐艺术。在昆曲的发展过程中，苏州人有一种与生俱来的优势——吴侬软语。昆曲是以吴语来唱“水磨调”的，它的韵白用“中州白”，道白则是用“苏白”，净丑角色更是如此，李渔在《闲情偶寄》中曾说：“无论剧中之人生于何地，长于何方，凡系花面脚色，即作吴音。”婉转柔美的昆曲与甜糯儒雅的吴语融洽无间、相得益彰，金风玉露一相逢，便胜却人间无数。直至今天，昆曲的字调、腔格、口法等曲唱规范都是以苏州官话的四声阴阳为基准的。古代小说《歧路灯》中说河北有个官宦子弟自幼爱戏，在当地招了些女孩子，聘请了两位苏州教师来训练她们，可是认乎其真地教了两年多，“腔口还不稳”。而苏州人则非常方便，苏州话转昆腔自然而然。李渔也曾经说过：“乡音一转而即合昆调者，惟姑苏一郡。一郡之中，又止取长、吴二邑，余皆稍逊。”他还对此加以说明，除了长、吴二邑，其他地方与“他郡”接壤，即带“他郡之音”，比如当时称为梁溪的无锡，离苏州不过数十里，让无锡人学昆曲，“有终身不能改变之字”，对此他举了个例证，说梁溪人总是把“酒钟”说成“酒宗”，所以他深有体会地说：“选女乐者，必自吴门。”

由于苏州人唱昆曲有得天独厚的优势，便责无旁贷地担负起向全国各地输送昆曲人才的重任。一时间，各地爱好昆曲的贵族纷纷前来苏州高价购买苏州少年作为演员，“吴中色艺高者，远方罗致，岁必数百金”，市场广阔，身价倍涨，苏州城里鬻身学戏的人便越来越多，张瀚在《松窗梦语》中说嘉靖末至万历初，苏州城里的演员就“不知几千人矣”，到明朝末年，昆曲艺术盛行天下，四方歌者皆宗吴门。

入清后崇尚苏州戏的风气愈演愈烈，昆曲演员仍然是苏州的特产，连武将吴三桂也受陈圆圆的影响，特地派人到苏州购买了 40 名十四五岁的男女小演员组成戏班子演出，供他欣赏。《红楼梦》中贾府为了隆重迎接贾元春省亲，特地派贾蔷来苏州采买了 12 个女孩子组成一个女戏班子，还聘了教习为她们排戏。传奇《荷花荡》里那些串演昆曲《连环记》的演员也全是苏州人。苏州人以演唱昆曲为职业的人数之多是其他任何地方都无法比拟的，以至于清初文学家戴名世在《忧庵集》里抨击这种现象的负面效应："昆腔之于生旦，尤重其选。旦则择少年子弟之秀者为之，扮为妇女，态度纤秾，宛转娇媚，人多为所蛊惑，于是苏州声色之名甲天下。近日纳妾者必于是焉，买优人者必于是焉。幼男之美者，价数十金至数百金；女子之美者，价数百金至千余金。父母利其多金，且为媒妁所诱，遂不顾其远去。计之四十年以来，北行者何啻数万。妖冶之风盛，骨肉之恩薄，其中仳离失所者亦不少，其故始于昆腔。"戴名世把这种重金钱而薄亲情的风气归罪于昆曲自然有欠公允，却可以从中看出当时昆曲的高度繁荣和苏州在其中的独特地位。

苏州人写苏州戏，苏州人唱苏州戏，这些苏州戏有的就是讲苏州的故事，最著名的是李玉的《清忠谱》。苏州人李玉自号苏门啸侣，又号一笠庵主人。《清忠谱》取材于明天启六年（1626）的苏州五人义事，剧本通过以周顺昌为代表的东林党人和以五义士为首的苏州市民与魏忠贤阉党斗争的史实，深刻反映了明末黑暗的封建专制统治，鞭挞邪恶，伸张正义，是一部"事俱按实"的历史剧。全剧结构紧凑，脉络分明，只用 25 折就把东林党人与阉党的激烈斗争，以及由此引起的声势浩大的市民运动生动形象地再现于舞台。有意思的是，这部戏还有一个名字，叫《我们苏州人》，你想，苏州人唱苏州人写的关于苏州人的故事的戏，那是多么带劲！

有一句民谚形容当时昆曲在社会上的流行状况，“家家收拾起，户户不提防”，其中“收拾起”来自昆曲《千忠戮·惨睹》中《倾杯玉芙蓉》首句“收拾起大地山河一担装”，“不提防”来自《长生殿·弹词》中《一枝花》首句“不提防余年值乱离”。家家户户都在传唱，可见昆曲的普及程度，说昆曲是那时的流行歌曲一点不为过。想象一下，那时漫步在苏州小巷里，声声昆曲追着行人、迎着行人，大约就类似于二十世纪三十年代评弹在小巷里流来淌去吧？应该指出的是，人们张口就唱的两部戏中，《长生殿》是北方著名剧作家洪升的作品，而《千忠戮》则是李玉的作品。与李玉同时的苏州剧作家还有朱素臣、朱佐朝、叶时章、邱园、张大复等人，在剧坛上形成了以李玉为首的吴门派。清初，苏州以剧作家身份出现的文人比以往任何时候、任何地方都要多。他们或是不愿参加清廷的科举考试而作剧自遣，或是不甘为清廷奴役而借戏剧抒发心头愤懑。他们的作品代表了清初戏曲舞台的最高成就。

苏州人的唱曲盛事最数虎丘的中秋曲会。每逢中秋，不管有月无月，游虎丘是必不可少的节目。如今已经无法确切地说出虎丘曲会始于何时，从现有的文字记载看，十六世纪初就已经有虎丘曲会了。万历年间做过吴县令的袁宏道在《虎丘》里详细记录了虎丘曲会的盛况：

每至是日，倾城阖户，连臂而至。衣冠士女，下迨蔀屋，莫不靓妆丽服，重茵累席，置酒交衢间。从千人石上至山门，栉比如鳞，檀板丘积，撙罍云泻，远而望之，如雁落平沙，霞铺江上，雷辊电霍，无得而状。布席之初，唱者千百，声若聚蚊，不可辨识。分曹部署，竞以歌喉相斗，雅俗既陈，妍媸自别。未几而摇头顿足者，得数十人而已。已而明月浮空，石光如练，一切瓦釜，寂然停声，属而和者，才三四辈。一箫一寸管，一人缓板而歌，竹肉相发，清声亮彻，听者魂销。比至夜深，月影横斜，荇藻凌乱，则箫板亦不复用。一夫登场，四座屏息，音若细发，响彻云际，每度一字，几尽一刻，飞鸟为之徘徊，壮士听而下泪矣。

在袁宏道之后，张岱也写了一篇《虎丘中秋夜》来记叙曲会盛况，虽有《虎丘》在先，其文仍然有独到之处：

虎丘八月半，土著流寓，士夫眷属，女乐声伎，曲中名妓戏婆，民间少妇好女，崽子娈童，及游冶恶少，清客帮闲，傒僮走空之辈，无不鳞集。自生公台、千人石、鹤涧剑池、申文定祠下，至试剑石、一二山门，皆铺毡席地坐，登高望之，如雁落平沙，霞铺江上。

天暝月上，鼓吹百十处，大吹大擂，十番铙钹，渔阳掺挝，动地翻天，雷轰鼎沸，呼叫不闻。更定，鼓铙渐歇，丝管繁兴，杂以歌唱，皆“锦帆开，澄湖万顷”同场大曲，蹲踏和锣丝竹肉声，不辨拍煞。更深，人渐散去，士夫眷属皆下船水嬉，席席征歌，人人献技，南北杂之，管弦迭奏，听者方辨句字，藻鉴随之。二鼓人静，悉屏管弦，洞箫一缕，哀涩清绵，与肉相引，尚存三四，迭更为之。三鼓，月孤气萧，人皆寂阒，不杂蚊虻。一夫登场，高坐石上，不箫不拍，声出如丝，裂石穿云，串度抑扬，一字一刻。听者寻入针芥，心血为枯，不敢击节，惟有点头。然此时雁比而坐者，犹存百十人焉。使非苏州，焉讨识者。

写得真好，使我们这些千百年之后的读者如历其境、如闻其声。今天的昆曲爱好者读到这篇文章，更加会心往神驰、羡慕不已。“使非苏州，焉讨识者”，这是对擅长昆曲的苏州人的最好评价。

虎丘曲会的赛曲活动规模大、水平高，富有造诣的曲家都希望到虎丘千人石上大显身手，那是一种展示，也是一次考试；那是一次检阅，也是一种检验。董小宛、陈圆圆等唱曲名家都曾经在千人石上一展歌喉。

“苏州好，戏曲协宫商；院本爱看新乐谱，舞衣不数旧霓裳，昆调出吴阊。”清乾隆之后，昆曲开始衰落，苏州仍然作为昆曲的中心始终一脉相承，出现了不少著名的昆曲艺人。道光、光绪年间，苏州城里有著名的昆曲班子“集秀班”以及稍后的“高天小班”和“聚福班”，在景德路、观前街和镇府司前的黎园公所设立剧场，并外出演出。到了清末民初，苏州就只剩下“全福班”“四六班”和一部分业余爱好昆曲的人士组成的曲社了。为了挽救昆曲的颓势，清末时苏州曾有这样的禁令：城里只许唱昆曲，不允许唱京戏。京戏班子来苏州，只能在城外的普安桥戏馆里演唱，当时的京戏和徽戏一样，都被称为“野狐禅”，是不能登大雅之堂的“花部”“乱弹”，只有拒绝平民化的昆曲才是正宗的雅事，这就是戏剧史上有名的“花雅之争”。

苏州城深深小巷里的缙绅子弟和读书人中喜欢拍曲的有很多，就是在戊戌政变的时候，拍曲之风仍然劲吹不衰。世家子弟们都爱听昆曲，一般也都能唱几段，志趣相投的都拥有自己的曲社，定期举行沙龙式的拍曲活动。深闺中的一些知书识字的女性也有度曲莺啭的，有的全家皆唱，有的夫唱妇随，“小红低唱我吹箫”，幽雅的“水磨腔”在小巷深处缭绕飞扬，使人顿生“不知今夕何夕”之慨叹。

在昆曲界原有清工与戏工之区分，清工端坐冷板凳，不下戏场，而戏工除了唱曲，还得讲究舞台演出的诸般技巧。在读书人看来，“清曲为雅宴，剧为狎游”，其间横亘着深深的鸿沟，“至严不相犯”。清工艺术与戏工学戏一样，也是师生传承，曲家们坚持和维系着昆曲的传统法度，并且保持着对伶人的指导地位，许多伶人成名走红后也仍然虚心向清曲家讨教，以提高自己的艺术情趣和演唱技巧。在这方面，苏州人一直是清曲家群体里的中坚力量。李开先的《词谑》就曾经把魏良辅、余姚的董鸾、钱塘的毛士光、昆山的陶九官，以及苏州人周梦谷、邓全拙、朱南川等十四人相提并论。而且在这十四人中间，苏州人周梦谷在曲唱方面的名声更为卓著，影响力更大，仿效他的演唱风格的人非常多，所谓“远迩驰声，效之者洋洋盈耳”。另一位苏州人邓全拙也很有地位，有人认为“自魏良辅立昆之宗，而吴郡与之并起者为邓全拙”，因为邓全拙的演唱风格与技巧比之魏良辅稍有变化，“汰之润之，一禀于中和”，变得更适合于苏州人演唱，“故在郡为吴腔”。著名曲家王渭台曾把江南一带的昆曲分为三派：无锡曲派、昆山曲派（包括太仓和上海）、吴腔。“三支共派，不相雌黄”，而吴腔能“融通为一”，博采众长，因此有“锡头昆尾吴为腹，缓急抑扬断复续”之说。

吸收别人的长处，在一些细微的地方加以精妙的变化，以形成自己独特的风格，这是苏州人的能事。在昆曲上也是这样，邓全拙的传人黄向琴、张怀萱、高牧亭、冯三峰、王渭台、朱子坚、何近泉、顾小泉等人在昆曲演唱方面都有自己的独到之处，这很不容易，潘之恒曾在《鸾啸小品·曲派》中评论这些苏州曲家“皆能小变自立”，从而在曲坛上取得一席之地，称杰为雄，颇有点百花争艳的味道。

清代道光、咸丰之后，昆曲开始走向衰败，许多昆曲名伶失去了登台献艺的机会，转而成为业余曲社的技术中坚，充任笛师、拍先的角色，这为二十世纪初苏州清曲活动一度繁荣创造了重要条件。1921年秋季，当时的曲社眼看一些昆曲老艺人日益稀少，昆曲面临失传的危险，在词曲专家吴梅和前辈票友俞粟庐的影响下，由张紫东、徐镜清等人在苏州桃花坞五亩园开办了昆曲传习所，民族实业家穆藕初先生承担一切办学费用。聘请全福班老艺人沈月泉、小彩金、沈斌泉等人担任教授，招生传艺。昆曲传习所前后共招收十岁开外的学员五十人，这班学员都是苏州的贫困子弟，也有少数是全福班老艺人的子弟或亲戚。在传习所里，教授小生等行当的沈月泉被尊称为大先生，教授副、丑行当的沈斌泉被尊称为二先生，吴义生教授外、末、老旦、老生。小彩金教旦，高步云教昆曲音乐，傅子衡教文化课，拳师邢福海教武术，孙咏雩为所长。由于老艺人认真教授，学员们勤奋学习，短短两年，就学得有模有样，在当时北局的青年会登台演出，人称小班，博得苏州观众的好评。毕业后，他们正式组织了新乐府剧团，后来又改名为仙霓社。为了纪念昆曲传习所，学员们取名均以“传”字排行，在“传”字之下又有四种分别：凡是演小生的，都用玉字旁；凡是演旦角的，都用草字头；凡是演老生的，都用金字旁；凡是演丑角的，都用三点水。著名的昆曲表演艺术家周传瑛、王传淞、朱传茗

平江路中张家巷中国昆曲博物馆

等都是这个昆曲传习所培养出来的。

唱昆曲都是从清曲入手，然后再学剧曲。先从唱念入手，行话叫作“拍曲”，又称“拍桌台”，也叫“叹念课”。教拍曲的先生被称为“拍先”。教学员学会一支曲子需要花费很大工夫，得反反复复唱几十遍，甚至上百遍。拍曲的时候，拍先端坐在案头，手里拿一把长尺余、阔寸许、拇指般厚的戒尺，按节奏拍击。学员们整齐地围坐在桌边，跟着老师或念或唱。昆曲表演艺术家俞振飞在《一生爱好是昆曲》中回忆幼时父亲俞粟庐教唱情景时说：“我父亲教曲极为严格，一字不妥，就得重唱，每支曲子要给我拍一百遍以上，有的曲子拍三四百遍。其实，我唱几遍，最多十几遍就会了，但父亲非得让我唱一百遍以上不可。俗语说，‘熟能生巧’，昆曲的唱腔、唱法都较为复杂，没有几百遍的功夫，就唱不出细腻的感情来（京剧所谓没有味道）。这个道理，我是二十岁以后才懂得的。”

提到俞振飞的父亲俞粟庐，这是一位值得大书一笔的人物——他与吴梅、王季烈并称为昆曲三大曲家，晚年被人尊称为曲圣。

有意思的是这位曲圣年轻时曾是习武之人，十分精通弓马武艺，两江总督曾国藩阅兵时，他开弓放箭，三发皆中，曾国藩大加赞赏，后来曾任金山卫守备。他又爱好昆曲和书法，是清曲家苏州人叶堂唱派第四代传人韩华卿的学生。专攻小生的俞粟庐不仅勤学苦练，得到老师的真传，而且善于博采众长，以求进步。为了向一位乡下的艺人学曲，他不辞劳苦，背着行李，雇船下乡登门求教。后来，他奉调来苏州葑门外太湖水师营任文案人员，便携家人在城里范庄前义巷定居。但是军营离家有数十里，每日奔波于古城内外，十分辛苦，这也影响了他的唱曲和书法的业余爱好。正好苏州迎春坊的补园主人张月阶想物色一位既懂书画文物，又能拍曲授艺的人作为其子女的老师，经人介绍，俞粟庐辞退军职，来到张府。补园现在是拙政园的一部分，著名的十八曼陀罗花馆和卅六鸳鸯馆就在其中，当年俞粟庐就在这里向张月阶的儿子们精心教授昆曲，拍曲授艺。张月阶的四个儿子都跟俞粟庐学昆曲，老大张紫东学老生，老二张笛渔唱小生，老三张逸侪习旦行，老四张荷百则专攻丑角，一门四子，把昆曲的主要行当搞全了，这也是挺有意思的事。特别是老大张紫东，学得十分认真刻苦，冬练三九，夏练三伏。天气炎热的酷暑，张紫东的身边总是放着一盆清凉沁脾的井水，浑身大汗的时候绞一把毛巾擦一擦汗，又继续练唱。功夫不负有心人，张紫东后来成为一位著名的昆曲清唱家，被誉为“吴中老生第一人”。俞粟庐精通昆曲的各种行当，对张月阶的重托完全能够愉快胜任，他还精于曲笛的演奏，教学也十分认真，一丝不苟，深得张府上下敬重。

俞粟庐在结发妻子王氏病故后，又续娶苏州人顾氏为妻。顾氏不仅烧得一手好菜，唱昆曲也是行家里手，还吹得一口好笛，与丈夫志趣相投，十分合拍。俞粟庐非常想有一个儿子继续自己的昆曲事业，天遂其愿，顾氏在生了两个女儿后，又于1902年生下一个儿子，这就是后来名震遐迩的昆曲艺术大师俞振飞。老年得子的俞粟庐把自己的全部精力都花在培育儿子上，俞振飞3岁时母亲不幸患肺病逝世，俞粟庐对儿子更是关怀备至、事必躬亲。俞振飞自小天资聪颖，6岁习曲，先学旦角，后改巾生、冠生，到8岁居然能唱出《千钟戮·八阳》，唱得有板有眼，分毫不差，跟随父亲参加曲社活动时，当时的老曲家恽兰逊、赵子敬等人都愿意与他配戏。

俞粟庐在苏州生活四十多年，与苏州小巷结下了不解情缘。除了范庄前，他还住过西北街石塘桥、狮林寺巷、宜多宾巷、景德路城隍庙前、乔司空巷等地方。最后在乔司空巷的寓所辞世。无论他迁居到哪一条巷子，都有许多人登门求教，切磋技艺。家中总是高朋满座，曲笛悠扬。最善唱旦的俞粟庐年逾七十了，其声仍然如少女，功夫可谓深厚非凡，苏州的昆曲爱好者都以能欣赏到他的演唱为幸事。

俞粟庐与张紫东是一对有名昆曲师徒，我曾经为他俩的补园佳话写过一篇《梦入拙政园》，抄录如下：

总想在拙政园里做一个梦，一个冬天的梦。这个念头是怎么来的？我也搞不清楚。

也许与一张照片有关，在那张照片里，拙政园里一片白雪映照的夜，寥落，纯净，画面深处，好像是在拜文揖沈之斋吧，有一盏暖暖的灯，暖得拙政园成了童话世界。

也许与阅读有关，拙政园旧主张家后人写过一些回忆文章，特别是《补园旧事》，这些回忆就像稀薄的灯光从卅六鸳鸯馆的棉门帘里漏出来，带着幽幽的笛声和咿咿呀呀的昆曲……

这一切都因为拙政园有一部分曾经叫补园，因为补园里曾经有俞粟庐、张紫东、俞振飞。

说这些人要从张紫东的祖父说起。

祖父是补园的第一代主人张履谦，两淮大盐商，花十多年时间建成补园，他酷爱昆曲，不仅自己唱，还为孩子们请了一位家教俞粟庐，这位俞先生可称得上是天下第一家教，那是江南曲圣啊！有这样的先生，张紫东前世修来的福分可谓大矣。

张紫东自小就是读书种子，聪慧加上勤奋，传统文化根基深厚，更难得的是他辛亥革命前曾在北京做过小京官，交游广，见识广，思想活跃，接受当时的新潮流、新思想，欣赏梁启超的《饮冰室文集》，喜欢鲁迅的作品，还订阅邹韬奋的《生活》周刊。和他一起在优游于京城的还有比他小一岁的画家冯超然，他俩几乎每晚都去戏院或堂会观看名角演出的京剧、昆剧，如痴如醉，播下了日后使他成为昆剧票友名家的种子。辛亥革命后，紫东剪了辫子，换了西装，回到苏州，继续向俞粟庐先生深入学习和研究昆曲。他嗓音高朗圆润，念字清晰纯正，台风稳重大方，扮相儒雅飘逸。只唱不演的俞粟庐还授意他延请全福班名艺人沈锡卿、沈月泉、吴义生等来补园指点身段、台步，研究表演艺术，在俞门弟子中，张紫东是第一大弟子，素有吴中第一老生、苏州曲坛一正梁的美誉。

在补园陪张紫东拍曲的还有一位厉害角色——俞振飞。俞振飞当时还不厉害，因为还小，他是俞粟庐55岁老来得子得来的，俞振飞三岁丧母，俞粟庐就把他带在身边，住在补园。张家人至今难忘的是，俞粟庐常唱着昆曲《邯郸梦·三醉》中的《红绣鞋》为俞振飞催眠。俞振飞的回忆也很有趣："说也奇怪，只要一听父亲唱曲，我就不哭不闹了，一对小眼睛瞪得大大的，听父亲唱，唱着唱着，一曲未完，我就睡熟了。头一年天天如此，第二年、第三年总要听父亲唱完才睡。父亲唱的这支曲，就是《邯郸梦·三醉》中的《红绣鞋》。三年中，他一共给我唱了这支曲有一千多遍。我六岁那年，父亲有个学生到我家来学唱，唱的正是这支《红绣鞋》，但他老是唱不准确，惹得我父亲很生气，他别的事情很马虎，唯独教曲子特别认真。当时我正在院子里玩，听到这里，我就进屋去对父亲说，你吹笛，我来唱！父亲以为小孩子说大话，说你怎么会唱？我还未教你呢！我说让我试试嘛。父亲将信将疑地吹起笛来，我随着笛声唱，居然一字不错，腔、板完全正确。父亲大为高兴，认为我有唱曲的天赋。因此，从我六岁起，每天晚上就教我唱曲。”

我到网上找到这段《红绣鞋》唱词，真是美啊：趁江乡落霞孤鹜，弄潇湘云影苍梧。残暮雨，响菰蒲。晴岚山市语，烟水捕鱼图。把世人心闲看取。试想，自幼浸润在补园的清音雅韵中长大，俞振飞岂能不厉害？

遥想当年，补园里的俞粟庐老先生一定非常得意，有张紫东和俞振飞这两个弟子，他得意得有道理。

论年纪张紫东和俞振飞是叔侄辈，俞振飞比张紫东小 21 岁，与张紫东的儿子同岁。但是他们同在俞老先生门下学戏，就是铁定的师兄弟了。大师兄十分照顾小师弟，俞振飞 14 岁第一次登台，就是由大师兄带着在补园里合作演出《牧羊记·望乡》，张紫东饰苏武，俞振飞饰李陵，博得行家好评。1922 年春上海江浙名人大会串上，大师兄和小师弟合作了《狮吼记·跪池》，张紫东饰苏东坡，俞振飞饰陈季常，再加上名家陈镜清饰演的柳氏，得到一片喝彩：“出字则无不清也，举步无不工也。”“丝丝入扣，无愧鼎足。”“美矣至矣！”

这无疑是拙政园的华彩乐段。园林与昆曲珠联璧合，胜却人间无数。

补园的冬天当然属于卅六鸳鸯馆。这个奇妙建筑的铺地金砖之下，有着能够传递暖气的地龙，冬天厅外升火，厅里便温暖如春，其乐融融。周边四个暖亭便可以充当更换戏衣的后台，十分方便。这本来是北方满洲贵族的做法，移至补园却成就了一段梨园佳话。再加上鸳鸯馆采用了卷棚顶的建筑样式，声音的混响效果使整个大厅成了一个精致而硕大的音箱，鸳鸯馆里拍曲的师徒们更加兴致盎然了。

试想，当初雪开始在补园的夜空里飘飞的时候，还有什么比去鸳鸯馆拍曲听戏更激动人心的事情吗？

然而俞粟庐老先生更多的时候不在鸳鸯馆，为什么呢？老人家认真，对音韵之阴阳清浊、旋律之停顿起伏、声音之轻重虚实、节奏之松紧快慢都十分讲究，对谁都不讲情面。在鸳鸯馆里拍曲的后辈唱得好，他便心情愉悦，亲自弹起有名的三弦“清点子”伴奏。如没唱好，老人家先是打开折扇，看扇面上的字画，接着便立起身来在厅里来回踱步，后辈们就更紧张了。后来大家想出了请老人家去馆北留听阁隔池听曲的办法，以避免师徒间尴尬。

留听阁啊留听阁，原来还有留住老人家隔池听曲这一层含意，真是有趣得很。

我经常掩卷遐想张紫东在补园里的行状。他是怎样练出一口婉转动人的竹笛，他是怎样慨然出资在桃花坞创办了昆曲传习所、培育出名满天下的传字辈，他是怎样在日伪时期闭门读书、深居简出，他是怎样组织义演赈灾，在传承昆曲的同时也为灾荒尽一份绵薄之力……现在除了一张他老年时的照片，竟没有留下任何剧照，我们只能从文字记载中想象他的丰采了：穿一身衣料考究的长袍，戴一副墨晶眼镜，手执一根英国手杖，不喜言笑，堂堂正正，神情肃穆而蔼然。

让我感慨万分而又思量不已的是张紫东的离去。1951 年 1 月他撒手人寰，家人在他众多的优美戏装里挑选出一套蓝色绣金的苏东坡员外装为他穿上、伴他离去，这当然是符合他的意愿的；1951 年 1 月 11 日张家将补园捐赠政府，这也是张紫东作出的决定吗？他为什么要作出这样的决定？

生得其所，死得其时。张紫东完美无憾。

我相信张紫东是不会离开鸳鸯馆的，特别是在雪夜，鸳鸯馆的暖灯亮起，他一定会在附近踯躅徘徊，耳朵好的人一定会听到不绝如缕的呢喃——

不到园林，哪知春色如许？

于是与谁同坐轩“唰”一声打开了写满戏文的折扇，波形水廊抖出一条风情万种的水袖，留听阁侧着耳朵凝神倾听，浮翠阁也远远地踮起脚尖……

苏州曲家很多，与张紫东同时期的还有汪鼎丞、孙咏雩、贝俊松、彭介子、潘振霄、陆仲谟、吴梅、吴楠青、张元和、张允和、张充和、张兆和等人，其中吴梅是一位十分了得的戏曲专家，他出生于苏州一个已渐败落的书宦人家，自小全靠自己刻苦自学，打下了良好的基础。1901 年他 18 岁，便创作了第一部剧作《风洞山传奇》，但他只能够编剧作词，缺乏谱曲演唱的才能，在实践中，他觉得这样很不方便。为了弥补这方面的不足，他决定从学习唱曲入手，补上这一课。他说：“欲明曲理，须先唱曲；《隋书》所谓‘弹曲多，则能造曲’是也。”所幸吴梅生在苏州，长在苏州，苏州在这方面从来不乏高手。年长吴梅 47 岁、在昆曲方面造诣深厚的俞粟庐自然而然成了吴梅的良师益友，在与俞粟庐交游的过程中，吴梅收益良多，进步很快。戊戌变法失败，六君子被害，吴梅十分哀痛，并以自己的悲愤心情创作了一出传奇《血花飞》，他的父亲怕他因此得祸，将其稿件焚之一炬。遇为悼念女烈士秋瑾遇害而作的越调《小桃红》中《下山虎》反映了吴梅当时的艺术素养。这首曲子在格律方面难度很大，而他写得十分轻松自然，举重若轻，非常适合人们演唱："半林夕照，照上峰腰。小冢冬青少；有柳丝数条。记麦饭香醪，清明拜扫。怎三尺孤坟也守不牢！这冤怎样了？土中人，血泪抛！满地红心草。断魂可招，你敢也侠气英风在这遭！"音调铿锵，声情并茂，词采与音律都十分和谐出众，一时传遍江浙一带，脍炙人口。吴梅很重视读书，广泛吸取营养，他在苏州蒲林巷的住处有书斋"百嘉室"和"奢摩他室"，其中藏书数万册，成为当时有名的藏书家，他拥有六百余种戏曲方面的图书，其中不乏孤本、善本。有一所大学曾经想出价数万金收购吴梅的藏书，吴梅也没有答应。可在苏州沦陷时，日本人掠夺走他珍藏的许多图书。日本侵略者打到苏州来的时候，吴梅正卧病在床，为了表示自己抗敌的态度，他毅然举家内迁，于 1939 年病故他乡，直到 1986 年才迁葬回故土，坟茔在苏州藏书镇小王山，与生前友好李根源先生的墓茔相邻。

住在九如巷的张氏四才女也都是昆曲迷。几年前我到北京张兆和寓所拜访她，当时已是 85 岁高龄的老人回忆起苏州往事来，仍然非常高兴。她告诉我，她的姐姐张元和是姐妹中最迷昆曲的，以至于以身相许嫁给昆曲小生泰斗顾传玠，晚年移居美国后，张元和仍然献身昆曲事业，一直埋头整理、研究昆曲，热情宣传昆曲，尽心尽力，矢志不移。

在苏州，昆曲爱好者中以知识分子居多，但也不乏普通百姓。甚至在普通百姓的昆曲爱好者中不乏高手。包天笑在《钏影楼回忆录》中曾记载了一位“糕团大面”的事情。“大面”是昆曲中净角的别称。而“糕团大面”是怎么回事呢？“在女冠子桥一家糕团店的司务（我已忘其姓名），横竖都够，人家称之为‘糕团大面’，凡曲家都知之。如有高尚的曲局，邀之惠临，他便脱去油腻的作裙，穿上蓝布长衫，傲然而来。缙绅先生敬之如上宾，当筵一曲，响遏行云，群皆叹服。他常常唱《刀会》《训子》，都是关公戏。但他从未客串过。因他身材太短，颇有自知之明也。”掩卷遐思，刚刚“脱去油腻的作裙”，换上蓝布长衫，“傲然而来”，“当筵一曲，响遏行云，群皆叹服”，凭着一口好嗓子，以低微的身份傲然出入于衣冠缙绅之中，且令他们无不叹服，真潇洒得可以，令人神往。

还有一位“豆腐大面”也很有名，大约是做豆腐出身吧？苏州人说话都细声细气的，难得有几个喉咙宽大的，于是唱净角的便以稀为贵，也容易出名了。过去苏州还曾经出过一位女大面，叫姚磬儿。据说她从小因为父亲负债，被卖给秦淮梁四家戏班，要她学戏。起初她不愿学戏，多次逃跑，在众多姐妹们的劝说下才勉强答应学戏，但她提出一个条件，要学便学净角，绝不唱旦角，因为她“不幸为女儿身，有恨无所吐，若作净色，犹可借英雄面目，一泄胸中块垒耳”，无奈之下，班主答应了她的条件，以后的事实证明班主退让得正确，姚磬儿成了一位名角，她演《千金记》中的楚霸王形神兼备，唱念俱佳，“声飞瓦裂，人压场圆”，被时人誉为曲中女伶第一。后来，苏州人詹鳞飞到南京赶考时与她相遇，两人一见钟情，可是班主坚决不放这位如日中天的“摇钱树”离去，姚磬儿愤而投秦淮河，被救起后随父回家在船上遭劫，不久便因受寒、受惊而病逝。她的恋人詹鳞飞将她埋葬在苏州桐泾里。昆剧《千金笑》《桐瑾月》便是人们据此创作的。

根据苏州的事情创作的昆剧中最有名者当数《十五贯》，这出戏在1956年问世后便在社会上产生强烈反响，毛泽东在八天之内两次观看该剧，并赞扬《十五贯》是一部好戏。周恩来也十分推崇《十五贯》，说该剧是“改编古典剧本的成功典型”。人们都说是“一出戏挽救了一个剧种”。《十五贯》中的大部分情节都发生在苏州。熊友兰就住在观前街的客栈里；他与苏戌娟的偶然相遇在苏州的皋桥；剧中的况钟也曾在苏州做过11年知府，为苏州人做了不少好事，比如主持修建宝带桥、觅渡桥，助建虎丘塔，督造玄妙观弥罗宝阁，重建定慧寺中的苏公祠，等等。况钟任苏州知府的时候，也曾经审理过类似《十五贯》的案件，不到一年就亲自勘问过轻重罪囚1500多名，一时苏州城里“吏不敢为奸，民无冤抑，咸颂包龙图复生”。苏州人为了纪念他，在沧浪亭五百名贤祠里刻有况钟像和“法行民乐，任留殃迁，青天之誉，公无愧焉”的赞语，在西米巷里建有况公祠，民间还传说况钟的衣冠墓在阊门外的杨柳湾。更值得一提的是，《十五贯》的母本清代名剧《十五贯传奇》，其作者朱素臣也是苏州人。

吴人善讴，真是源远流长。不少人以为名扬四海的山歌“吴歌”都是在城外乡村间流行，其实，城里也有。老评弹艺术家蒋月泉曾回忆小时候在古城东北的机房里听机工们唱山歌，并由此促成了他独特的评弹风格。近代学者陈万里先生也曾回忆小时候在姑苏城里听山歌的情景。他家住在乌鹊桥旁，经常在夏天的晚上听到河两岸有两队青年男女“对山歌”。对山歌时的情景颇有点像我们所熟知的电影《刘三姐》，对歌之时，双方你来我往，唇枪舌剑，大家都是即兴创作。于月白风清之夜，聆听此清亮婉转的天籁之声，是何等有趣！

现在我也住在乌鹊桥边，晚上只能听到舞厅里的“蹦察察”了。

春节：从腊八粥飘香开始

——小巷节日之一

苏州人爱安静，苏州小巷正是十分安静的处所。但是，静极则思动，苏州人骨子里头也十分爱热闹，爱“轧闹猛”。苏州“轧闹猛”有固定的日子，那就是一串节日。

让我们从春节说起吧。

腊八粥的香味在小巷深处飘起来的时候，春节序曲就不知不觉地开始了。

不是李焕之的那首民乐合奏《春节序曲》，不是那种一开场就吹吹打打，鼓钹笙箫一起迫不及待地闹将起来，苏州城里的春节序曲不是这样玩的。她来得处处深谋远虑却人人心照不宣。苏州的春节序曲就像小鸡出壳前那第一阵细羽微颤，接着那小嘴儿就在那早就酥脆了的蛋壳上开始轻轻地、却是坚定不移地啄击。

其实苏州春节的第一个音符是掸檐尘，春节前的掸檐尘不单是一件谈清洁、讲卫生的俗事，春节前的掸檐尘带有一种庄重的仪式感，所以，究竟在哪一天掸檐尘，苏州人是要把老皇历找出来翻一翻的，得找个黄道吉日来做才心安。为什么呢？我想，除了表示对春节的高度重视，是不是还和“动土”有关？尘是土的“嫡亲本家”，请它们

腊八粥

动身不选个好日子会得罪人的。

掸过檐尘，喝了腊八粥，日子真的一天天庄重起来。

春节多幕剧的第一幕叫送灶神，这事儿一定要赶在农历腊月二十四之前做，迟了不行，灶王爷春节前上天言好事，也是例行公事，行程是早已定了的。“二十五送灶，七颠八倒”，人家早已到达天庭，你才假痴假呆地跑到机场送行，这是不把乡长当干部啊，还想人家为你说好话吗？再说，灶王爷还算神里的清官，人家要求不高，你只要用一盘用饴糖制成的元宝祭祀他一下就行了，好打发的。

接下来是谢年，一般在农历腊月二十五到除夕之前，这大约是苏州人家最庄严肃穆的一天了。客厅里高悬神轴，玉皇大帝、天神天将、各路神仙都要请到，香案两侧一边是“万年粮”大斗，上插松柏树枝，一边是黄白粮制成的大年糕与大元宝。中间香烟缭绕，红烛高烧，案上供着猪头一只，雄鸡一只，大青鱼一条，还有仙茶仙酒，干果鲜果，各式盆菜。厅堂正中还有一只烧着大炭团的铜盆，盆里炉火熊熊，热气融融，这也有个说道，叫作“欢喜团”。然后一家人由家长带头，依次向神像跪拜，此谓谢年。谢年与西方感恩节有神似之处，其实是苏州人的年终总结，总结的关键词是一个谢字，各路神仙都得谢一下，当然，神仙的认定得与时俱进，不同的时代也有不同的谢法。“谢谢喔，红包奉上，至此今岁咱告一段落，明年弟兄们另起一行。”

“过节”也就是祭奠祖先，自是春节必走的程序，不可略去。大户人家动不动要准备十桌八桌，一般人家也要有一两桌，还要烧化锡箔纸锭，当然也少不了要跪拜一番。反正春节的主旋律铁定是一个“吃”字。吃的高潮无疑是大年夜的团圆饭，那是一家人最开心的事，菜无疑是最丰盛的，上每一道菜的时候都要说好口彩，比如将荸荠称作“元宝”，鱼和饭总是要剩的，叫“年年有余”“吃剩有余”。饭后孩子们记着放鞭炮，大人则忙于封井、接灶、做圆子。守岁红烛照例高烧到天明，但天还似明未明的时候，人们就忙着出门往玄妙观赶，性子急的吃完年夜饭就急匆匆地走人，做啥？走喜神方去三清殿烧“星宿香”。

烧“星宿香”是富有苏州特色的过年习俗。三清殿两边排列着的神像都是些“星宿老爷”，这些平时不引人注目、也并不高大的老爷的面前有块木牌，牌上的红纸写着与人们对应的年龄，烧“星宿香”的人必须对号入座，就能得到星宿老爷的保佑。而得到神灵保佑是大家的共同愿望，大年夜的玄妙观就不可避免地热闹而繁忙。人们都朝着玄妙观涌，黄包车夫的生意也空前地火爆，但车子拉到东脚门或西脚门就再也拉不进去了，玄妙观里早已人满为患，水泄不通，里面的店铺大多不肯打烊，大家都要凑个热闹。三清殿的露台上人挨人，所有人不外乎两种身份：香客与乞丐。乞丐们对络绎不绝的香客群起而劝之：“娘娘太太，做做好事，一钱勿落虚空地，明中去了暗中来。”在这特殊时辰，香客们没有不慷慨解囊“散福”的。

正月初五接路头财神是苏州人过春节的重头戏。财神即为五路神。所谓五路，指东西南北中，意为出门五路，皆可得财。清代顾禄《清嘉录》云：“五日，为路头神诞辰。金锣爆竹，牲醴毕陈，以争先为利市，必早起迎之，谓之接路头。”又说：“今之路头，是五祀中之行神。所谓五路，当是东、西、南、北、中耳。”五祀即祭户神、灶神、土神、门神、行神。所谓“路头”，即五祀中之行神。财神的生日在正月初五，想发财的人对财神的生日不能无动于衷，谁都想把他老人家抢先接到家里来为其祝寿，好好孝敬一番，表一表心意。至少不能给财神老爷落下一个不恭敬的名声，苏州人有句俗话，“路头菩萨，得罪不起”。估计财神是个比较随和的神仙，谁接得早就跟谁回去，这就引进了竞争机制，一竞争，那事情就必然会增添几分热闹。有的人干脆把接财神的仪式提前到初四夜里进行，效果最好的当数半夜零时那千钧一发的时刻，所以人们对那一刻突如其来的一片爆竹声并不十分吃惊，人同此心，心同此理，那一刻的热闹只不过是人们的某种急迫心情的共同流露罢了。这种心情也是由来已久，清代有位名叫蔡云的诗人对此有生动传神的描绘：“五日财源五日求，一年心愿一时酬，提防别处迎神早，隔夜匆匆抢路头。”

抢路头菩萨无疑是民俗中最有活力的，至今是愈演愈烈，现代技术生产的鞭炮越来越厉害，岂止震耳欲聋？简直炸脑欲裂！有电视台好事记者采访一位大妈，问如此扰民，“您怎么看？”大妈无可奈何：“咋看？受着呗。”记者姑娘“一根筋”，不问出个“看法”不甘心，坚持“您怎么看？”大妈没辙了：“还能怎么看，趴在窗台上看呗。”

好吧，我们就趴在历史记忆的窗台上继续往下看。

鞭炮放过，家家都认为财神已经被自己请回来了，隆重的欢迎仪式早已拉开帷幕。客厅正中的神轴前加上了五路财神的纸马和赵玄坛的纸马，香案上供着“三牲”。中间一盘是一块带有三根或五根肋骨的肋条肉，烧得半生半熟，这样两头便会稍微翘起来，有点像元宝的模样。肋条肉上朝天放一只猪脚爪，用一条肚肠将它盘牢，再用一根削尖的毛竹筷将其插住。也有人家用猪头的，将一条猪尾巴放在猪嘴里，猪头上插两根筷子，肚肠盘在上面。右面是一盘鸡，一雌一雄，也是半熟，将鸡脚和翅膀弯好，夹住鸡头，也是要处心积虑弄成元宝的样子，好像不这样财神菩萨就不高兴。左面一盘是鱼，鲤鱼最好，同样烧得半熟，眼睛上还得贴上红纸，更有用活鱼上供的。怎么才能使鱼也能呈现元宝状呢？这难不倒虔诚的人们，用一根红头绳连起头尾，将其扳得翘起来，不就是元宝吗？如果是活鱼，供完之后赶紧将其放生，效果大约更好些。还有人家搞出新花样，在供品中多放一盘羊肉，据说赵公元帅爱吃羊肉，还爱喝上一盅白酒，而其他神仙都是喝黄酒的。

更有别出心裁的人家还要在供桌上放上一把刀，撒上一把盐，再加上供着的猪头，连起来不是盐、刀、首吗？把这三个字用苏州话一念，更能表现出人们渴望发财的心理：现到手。

仪式结束，又是一番鞭炮声大作，接下来人们便满怀希望地大喝路头酒、大吃路头面了。

接下来几天是所谓的“七人八谷九天十地”，这四天分别是人、谷、天、地的生日，苏州人喜欢以这四天的天气来占卜全年的灾祥。其中正月初七这一天是人的生日，苏州人这天晚上到船上去轧闹猛，集舟夜游，饮酒相庆。这时便有一位身怀特技的大汉表演节目，他站立船头，手持两只铁丝篓，篓内装着火力正旺的木炭，将其舞动如飞，只见夜色里两团火球上下翻滚，相互追逐，内行的人叫得出那特技的名堂，“猫捉鼠”“鸡斗斗”，变化莫测，煞是好看。

正月十五上元节，又称元宵节。这天的晚上，苏州城里大街小巷通宵击鼓鸣锣为乐，称为闹元宵。好事者三五成群，各执锣鼓铙钹之类，且行且奏，称为走马锣鼓，总是有一群儿童围绕着他们，欢呼雀跃。闹元宵最吸引人的是上元灯市，街头巷尾，桥畔广场，都张灯成塔，列挂彩灯。不时有彩帛扎就的旱舡随着乐声的节奏缓缓通过，戏耍旱舡的人站在旱舡里表演各种动作，或而扶持而行，或而圆场打圈，以吸引观众。旱舡通过时，两旁人家不断放焰火相迎，光焰直窜半空，散落时在天空幻成各种形状的图案，围观的人们便发出一阵阵喝彩。

苏州的彩灯历来有名，世称苏灯。自宋朝以来便有苏灯甲天下的说法。元宵节实际上是从正月十三开始，那天夜里即将彩灯悬于厨下，称为试灯，一直到正月十八落灯。上元灯市期间，苏州城里一派节日景象，特别是阊门一带，彩灯遍街，火树辉煌。元宵夜，妇女们相携出门了，她们穿街过巷，专门往有桥的地方走，起码要走过三座桥，此为“走三桥”，这样可以祛病，因而又称“走百病”。我曾经试图策划一次苏州最厉害的“走三桥”活动：枫桥、江村桥，加上我们小区边上的江枫桥，但少人响应。民俗的事，强求不得的。

花朝节：百花生日是良辰

——小巷节日之二

江南的春天其实是从农历二月二开始的。二月二，龙抬头，天上主管雨水的龙王从沉沉的睡梦中抬起头来，开始务正业了。雨水多了，惊蛰到了，万事万物春心烘烘、蠢蠢欲动了。

农人们也抬起头来，他们的目光开始投向土地，“二月二，龙抬头，大仓满，小仓流”，不下地干活，农家的仓库既不会满更不会流，这是农民的硬道理。龙抬头了，他们也准备雄心勃勃地大干一场了，这是一个人喊马嘶的关键词——春耕。

男人剃头，是春耕前的一个仪式，“二月二，龙抬头，家家男子剃龙头”，剃了头就可以耳目一新地下地劳作。也该剃个头了，“有钱没钱，剃头过年”，许多人还是春节前夕剃的头。如果春节前剃头是前一年干干净净的总结，那么二月二剃头就是新一年清清爽爽的开场，今年的好收成从二月二起步。于是连家里小孩子都被赶到剃头店里去剃个“龙头”，大家都讨个吉利吧。

自古皇帝不差饿兵，干活总得先填饱肚子，于是二月二还要做一件事——吃撑腰糕。这撑腰糕一吃，腰板就硬了，干活就猛了。农民与粮食的关系有点像权力与百姓的关系，权力来自百姓，又为百姓撑腰。农家做撑腰糕会一次做很多，太阳下晒晒，想吃了拿出来蒸一下，既方便又实惠，在田畴里耕作的人们定定心心抡开臂膀大干。这撑腰糕自古以来也是有诗为证的，诗云：二月二日春正饶，撑腰相劝啖花糕。支持柴米凭身健，莫惜终年筋骨劳。还有诗云：片切年糕作短条，碧油煎出嫩黄娇。年年撑得风难摆，怪道吴娘少细腰。

二月二过后，春天里最富有诗意的事情来了，吴娘们眼巴巴盼着的是农历二月十二，这一天，吴娘们怀揣早已剪好的红绸彩带，结伴出门，一边嬉笑打闹着，一边小心翼翼地把红绸彩带系在一株株绿树枝上。远远望去，绿树丛中一下子万紫千红、热闹非凡，煞是好看。清代诗人蔡云有诗记录这一饶有趣味的民俗：百花生日是良辰，未到花朝一半春；红紫万千披锦绣，尚劳点缀贺花神——对了，这一天便是俗称百花生日的花朝节。吴娘们所做的事名叫赏红。顾禄的《清嘉录》中说，“十二日，为百花生日。闺中女郎剪五色彩缯，黏花枝上，谓之赏红”。袁景澜的《吴郡岁华纪丽》也有记载，“洛阳风俗，则以二月二日。今吴俗以二月十二日为百花生日”，“是日，闺中女郎为扑蝶会，并效崔元徽护百花避风姨故事，剪五色彩缯，击花枝上为彩旛，谓之赏红”。赏红这习俗从哪儿来的呢？唐人《博异志》里有说明，说唐代有个崔玄微，在自家花园里遇到了一群忐忑不安的花仙美女，向他诉说她们得罪了风神十八姨，担心难逃风神的无情报复。花仙们请求崔玄微出手相救，希望他二月初二那天在园中竖起一面红旗，旗上要画日、月及五星图案，这样她们就能免受灾难。怜香惜玉的崔玄微一一照办，那一天果然狂风骤起，一城花树尽遭摧毁，唯独崔家园中花木安然无恙。后来崔玄微每年这一天都在园子里竖起红旗，崔家四邻纷纷效仿，久而久之，就演变为二月十二花朝节赏红的民俗了。

我有一位邻居就总是忘不了赏红这件事，每年早春都看到她在园子里的桂树、桃树、紫玉兰挂上许多橘子大小的红灯笼，鲜艳夺目，十分精神。让人觉得那些小灯笼就好像一群嘻嘻哈哈、花枝招展的小吴娘，在把一株株绿树当孔雀逗呢，逗着逗着，那些树就像孔雀开屏一样绽开出无数各种颜色的花儿来。

苏州人很看重花朝节这一天，这天的天气情况十分要紧。《清嘉录》："土俗，以十二日天气清朗，则百物成熟。谚云：'有利无利，但看二月十二。'……《吴县志》谓：'花生日晴，则百果熟。'"至今吴地仍流传着"二月十二看熟天"的农谚。

花果业自古是姑苏的一大产业，茶花与花茶都是大宗产品，"山塘日日花成市，园客家家雪满田"。最重视花朝节的一群是虎丘花农，民以食为天，花农以花为天，他们以此为生，马虎不得。花朝节这一天他们是要去花神庙祭祀的，"虎丘花农争于花神庙陈牲献乐……是时春色二分，花苞孕艳，芳菲酝酿，红紫胚胎，天工化育，肇始于兹。故以是日晴和，占百果之成熟云"。吴娘们也倾巢出动，她们肯定要轧一脚的，她们盼望花朝节一个冬天了。"花朝节，城中妇女剪彩为花，插之鬓髻，以为应节。"闺中姑娘自发组织扑蝶会，纷纷结伴而行，虎丘花神庙会、山塘花市人山人海。清袁景澜《百花生日赋》称："颂罔陵于芳圃，峰涌螺青；设帨佩于璇闺，怀投燕紫。于是祝花长寿，庆日如年……亭台则暖集笙簧，林樾则灿成罗绮。采得梅调汤饼，依然饼赠兰房……客有闲游花市，喜值芳辰……衍蓬壶之甲子，嘏祝花神。"入夜，众人手提花灯，抬着花神，在虎丘、山塘一带游行，往往热闹到天亮，方尽兴而归。这就是让苏州人口舌生香

虎丘花神庙

的虎丘花朝，那盛况真是令人心驰神往啊。

苏州有好几处花神庙，其中以虎丘花神庙最为有名。敬花神而建花神庙、举行花神庙会的习俗始于明初。明洪武年间，虎丘花农、山塘花商在山塘桐桥内建造了虎丘花神庙，“虎丘花农争于花神庙陈牲献乐，以祝神厘”。虎丘山梅花楼旁也有座花神庙，这庙有来历，乾隆皇帝南巡期间，苏州花匠陈维秀仿燕京窨窖熏花法，让花木提前一个月开花，知府才得以如期向皇帝进奉“唐花”，于是“郡人神之，乃度地立庙，连楹曲廊，有庭有堂，并莳杂花，荫以秀石。今为都人士游观之胜”。虎丘西山庙桥、管山等地也建有花神庙，除了花农祭祀的花神庙，姑苏与花沾边的行业也有立庙祀花神的。据《吴门表隐》记载，清真观侧花神庙由“花果同业奉香火”，原建在齐门新桥巷、清道光十六年（1836）移建到定慧寺西的花神庙，是从事“绒花、象生花业”祭祀议事的场所——花神的管辖范围延伸到相关行业，由自然神一专多能兼做行业神了。

苏州花神庙内供奉的花神是什么模样呢？清代老才子尤侗在《瑶宫花史小传》中描绘过：头上百花髻，戴芙蓉冠，插瑟瑟钿朵，着金镂单丝锦縠，银泥五晕罗裙，鸳鸯袜，五色云霞履，妆束雅澹，神姿艳发，顾盼妩媚，不可描画。花神还配享“十二月花神”，每月一位：一月梅花，二月杏花，三月桃花，四月牡丹，五月石榴，六月荷花，七月玉簪花，八月桂花，九月菊花，十月兰花，十一月水仙，十二月蜡梅。估计这群神仙是苏州文人雅士们酒后吟咏出来的，日日有花开，月月有花神，多有趣的事情啊。

夜读苏州方志，虎丘花神庙有一对联写得甚好：一百八记钟声，唤起万家春梦；二十四番风信，吹香七里山塘。印象更深的是《吴郡岁华纪丽》“百花生日”条后有“玉兰房看花”，说至虎丘山玉兰房看花也为时俗。虎丘的后山有一棵古玉兰树，“宋朱勔自闽所构，未及进御，移植于此……今孙枝已高数丈，花时素艳照空，望之如云屋琼台”。看花赏景之际，吴娘们还将玉兰花瓣拾回去做饼，“闺人拾取花瓣，和粉面蔗霜，下油熬熟，名玉兰饼，以佐小食，亦隽品也”。

这种吃法我在拙政园张家后代的著述里也看到过，寻常百姓均可为之，就看你有没有那份心情。

撑腰糕加上玉兰饼，那才是苏州人啊！

轧呀，以神仙的名义

——小巷节日之三

都说苏州人安静，其实苏州人也爱轧闹猛，隔三岔五就或大或小地闹出一些动静，然后才会安安稳稳地过静好日子。苏州人轧闹猛会踩在皇历里世人共有的节日上闹，在节日资源稍缺的时段里，苏州人还会凭空造出一个来，农历四月十四轧神仙就是一大杰作。

农历四月十四是神仙吕洞宾的生日，这个大家都知道。但是吕洞宾为什么一定要在过生日的这一天到苏州阊门神仙庙来微服私访、到人堆里轧一轧？而且谁轧到神仙谁就能免病消灾？没有什么比这更能蛊惑人心的了。不晓得这个风声是谁在苏州传开的，一个万众认同的盛大节日就这么诞生了，真是一个极完美的成功策划。

在八仙里，吕洞宾排名第二，他修行得道，精通医术，凭他的菩萨心肠，下凡化作游方郎中，巡游人间，专门为众生百姓治病解难，除害去灾，在知恩图报的苏州人心目中，是最可敬可爱的神仙。故而苏州人为他在阊门皋桥下修建了一座福济观，俗称神仙庙，规模宏大，那神像塑造得眉清目秀，长须飘拂，吕洞宾身背戎芦，三绺清须，一副仙风道骨的模样。在平时，到神仙庙上香祈福还愿的人本来就不少，仙诞之日，神仙庙里肯定要打醮，前来烧香求仙的人更多。

人人都说只要轧到了神仙，有病治病，无病则添福、添寿、添好运。所以这一天不只是信男善女们到庙里烧香磕头，不只是那城外四乡八镇的香客排着队来上香，更有前来做生意的小商小贩在庙前密密麻麻地一字儿摆开，想在这大好节日里猛赚一把。四月十四的前几天，便有外乡人把下塘街房子的门面、墙门间，甚至门口都租赁一空，最多的是卖泥人的小贩。他们早早摆下阵势，迎接那“决战”的一天到来。

四月十四终于来了，人们向阊门聚集，向山塘街聚集，向神仙庙聚集，所有的人都只有一个念头——轧呀轧呀，轧神仙！要么我轧到神仙，要么被人们当成神仙轧，最后大家都开开心心地轧成了神仙——多好的日子。

神仙庙周边的街巷一下子变窄了，男男女女轧在一起，他们或肩负果蔬，或手拎香烛，挤在一起缓缓地向前移动，人潮中还间杂有许多小贩，有的挑着一筐一筐娇艳的鲜花，有的挑着整担整担的无锡泥老爷，嘴里轻声哼唷着，额头沁出汗来，看来已经赶了不少路，筋疲力尽了。

一队队身穿蓝色衣衫，腰系粉红色丝带，肩膀上挎着黄色进香袋的妇女们所组成的进香团拼着性命往神仙庙里轧，神仙庙里早已是水泄不通，整座大殿被香火熏得一片乌黑，人们已经难以瞻仰吕祖的仙颜了。尽管挤成一团，仍然有人从人丛中伸出双手，挣扎着双手合十，有人高举香火，甚至还有人试图伏地叩头，更多的人是在心里面五体投地吧？

他们在人堆里遥遥对着神仙庙合掌作揖，远远地听庙里的道士打醮作法事，一阵阵高唱宣卷，弦管铙钹声飘扬出来，香雾弥漫，仙乐缥缈。

神仙庙旁市河里的航船也不甘寂寞，也在河里一股劲儿往船多的地方挤，挤起来比岸上还要喧闹，被挤得东倒西歪的船上，大人小孩子一齐大呼小叫，手忙脚乱。岸上人轧人，河里船轧船。轧，是这一天的主旋律。

突然神仙庙前一阵喝彩，众人抬眼望去，只见有铜钹一路鸣响着飞上去，滴溜溜在天上乱转，然后飘下来，有道士手托另一只铜钹接住，飞下来的那钹还在转，还转出悦耳的铜声，簇拥围观着的人群里便齐齐地叫出一声好来。身手矫健的道士更起劲了，纵跳腾挪，左旋右接，使出各种飞钹手段来，只见铜钹一只只往天上飘，飞出各种花样，会看门道的人高声报出名堂来，“甩流星”“滚绣球”“叠宝塔”“单双辟煞”……

从神仙庙里轧出来，小商小贩们早在候着人们：泥人摊上有傻乎乎的大阿福、系红肚兜的胖娃娃、送子观音菩萨、八仙过海、取经的唐僧、打虎的武松、钓鱼的姜太公、老寿星、嬉乐童子，各式各样人物，个个生动好看。还有存钱的扑满、黄泥小灶小炉，做糖人人和捏面人的摊子都在当场操作，一个用稠稠的饴糖吹吹拉拉，做出七彩透明的凤凰、公鸡、嫦娥、孙悟空，一个用五颜六色的面粉捏捏粘粘，做成红孩子哪吒、托搭李天王、猪八戒，全部用竹签插在稻草所上，还有黄杨木雕刻的佛像、龙船、小花篮，竹编的蚱蜢、叫鸡、养纺织娘的笼子，各种果核穿缀的项链、镯子。最有趣的是神仙小老虎，胖墩墩的身体，中间空一截用桑皮纸连接成弹簧一般，一拉一压会呜呜地叫。两撇胡须又黑又长，瞪眼抿嘴，应该是雄赳赳的老虎威严，却又有点像猫，一只只愣愣地蹲着，等小朋友来领养回去做玩伴。

全苏州的花花草草也统统来赶集了。宽敞的上塘街两旁，青青绿绿，万紫千红，层层叠叠一路展延下去，鲜花的光彩遮掩了熙攘的人群：石榴、蔷薇、十姐妹、牡丹、海棠、茉莉、珠兰、山茶、紫藤、杜鹃、玉兰、罗汉松、梅桩、文竹、黄杨、万年青、龙爪葱、吉祥草……有的种在红土盆里，搁在地上；有的就用稻草捆了放在箩筐里。最考究的是各色盆景，古色古香的陶瓷盆里，全是矮矮粗粗、像模像样的树干，有的浑圆像巨蕈，有的弯曲像盘龙，有的低垂像绿色瀑布，苍老的枝干上叶子长得很茂盛，仿佛枯枝又开满花。还有山石盆景，配上小桥、小房子、小人。专卖各色古盆的摊子上，也卖小摆设：小巧玲珑的小房子、古桥、宝塔，还有小小的人物，有拄着手杖的老人，挑着柴枝的樵夫，坐着弹古琴的、两人对弈的、扇炭炉的童子，一个个全像从古画中走出来的，那种细微精巧，更不是泥人可以比的。买一盆“神仙花草”带回家是轧神仙的传统节目，太阳花一把一把的便宜得很，香喷喷的白兰花更让人心动，拎着“神仙花草”的人们喜气洋洋，“神仙乌龟”也很抢手，还有神仙鸟、神仙鱼、神仙帽、神仙糕、神仙扇、神仙糖……

这一天许多东西都与神仙沾上了边：明明是一块普通的糯米粉糕，这一天就成了神仙糕；小圆子也成了神仙圆子，轧神仙的人累了、饿了，想吃点东西，都会买这些以神仙的名义叫卖的小吃。就连上塘街的春和楼和大观楼两家茶馆，也都打出神仙茶的旗号，让酷爱神仙的人们喝一壶神仙茶。神仙成了这一天无处不在的号召与鼓动，成了一张小商小贩们无往而不胜的王牌，所有的闹猛、所有的兴高采烈，都在以神仙的名义大张旗鼓地铺排开来。

让我们把历史的摄像机镜头向上拉起来、拉起来，然后高高俯瞰着轧神仙的人流向前推、再向前推，我们竟然可以一直推到八百多年

农历四月十四“轧神仙”民俗文化活动

前的宋朝。宋朝的淳熙年间苏州就开始轧神仙了，那是源于对道教神灵吕洞宾的崇拜与祭祀，我们永远也搞不清当年的一条信息是用什么方式传遍了苏州民间：吕洞宾将在他生日那天化身下凡，点化世人，衣衫褴褛的乞丐、挑夫走卒、香客游人……那一天遇到的每一个人都可能是他的化身，轧到神仙，沾上仙气，消灾祛病，交上好运。一个传统的节日就这样形成了，一年又一年；一个老百姓的朴素愿望就这样传下来了，一个世纪又一个世纪。

没有记忆的城市是轻浮的。没有记忆的城市就没有故事没有回味没有魅力，就没有市民们在文化上的集体认同，就没有与时间、与历史对话的资格。轧神仙，无疑是吴文化中色彩极为浓艳的一笔。

轧神仙以后的节日是端午节，苏州人称之为白相节，照例要吃粽子、赛龙舟。《清嘉录》中记载了苏州赛龙舟的盛况：“龙船，阊、胥两门，南北两濠及枫桥西路水滨皆有之，各占一色，四角枋柱，扬旌拽旗。”龙舟竞赛的沿岸常扎起许多牌楼，搭起凉棚，商贾阔佬们设了酒席，款款地坐着边吃边看，龙舟过牌楼时，便嘱手下人燃放鞭炮，这时龙舟上的人会起劲地表演一番。比赛时“男女耆稚，倾城出游”，“山塘七里，几无驻足之地。河中画楫，栉比如鱼鳞，亦无行舟之路”，“入夜燃灯万盏，烛星吐丹，波目摇白，尤为奇观，俗称‘灯划龙船’”。清诗人蔡云有诗为记：“胜会山塘看水嬉，大船几处插红旗，挈瓶人向波心跳，苦忆汨罗怀石时。”蔡云的《吴歈》百首是专门写吴地民风民俗的，说起苏州的时令节日，他的《吴歈》引用率极高，可是关于轧神仙的那首因写得一般而受冷落：“洞庭飞尽到姑苏，笑逐游人倚酒垆，今日玉皇高阁下，犹闻醉后朗吟无。”我还是辗转从《清嘉录》里看到的。

观莲节：荷风鼓荡的日子
——小巷节日之四

苏州人是不是特别敬畏雷公？这一点要打个问号。乍一看，雷公生日在农历六月二十四，苏州人从农历六月一日就开始恭恭敬敬地吃斋，名曰吃雷斋素。一直吃到雷公生日这一天，人们才如释重负似的开荤，哄到松鹤楼菜馆吃一碗肥肥的卤鸭面，还由此产生一条吴地专属的歇后语：雷斋素开荤——卤鸭面，真的虔诚得可以，好像如此这般就可以消灾避疫保平安了。但我总是怀疑这是出于苏州人度夏的养生策略，清淡为佳，所谓雷公生日之说只是打鬼借助钟馗而已。

吃了卤鸭面，苏州人从松鹤楼一哄而散，如果有人从空中俯视，就会发现人们都不会安安生生回家将息，他们各自呼朋唤友，红男绿女们急匆匆从不同的路线涌出葑门，直奔荷花荡而去。这一天对苏州人来说是雷公生日，更是荷花生日，还是苏州人的观莲节。真是开心的一天，表里都讲究实惠的一天，纵情放荡的一天。

观莲节又称采莲节，荷花是六月花神，也不知道怎么回事，雷公的生日同时也是荷花的生日，这一阳一阴、一天一地，好像同一胎生出来似的，一位恶煞声响，一位面容妩媚；一位霹雳手段，一位菩萨心肠，倒是相映成趣的一对龙凤胎。

真有人为苏州观莲节探究过荷花生日的出处，唐代有个叫晁采的吴郡才女，和她的情郎以莲子相赠以表心迹，不知怎的想弄清荷花生日从何而来，于是借助神神道道的扶乩的方法：在架子上吊一根棍子，两个人扶着架子，棍子就在沙盘上画出字句来作为神的指示。结果神仙下凡在乩坛上写字了，还是一首诗："酒坛花气满吟笺，瓜果纷罗翰墨筵。闻说芙蕖初度日，不知降种自何年？"十有八九是晁才女自己的作品吧？

江南水乡六月天，处处莲荷都恨不得从水面上铺排到地面上来，摇翠摇红，清香远溢，藕丝一样的渔歌遥遥地从绿云那边飘过来，吃了近一个月素斋的苏州人再也按捺不住了，一个个飞也似的扑向荷花仙子的怀抱。

苏州观莲节历史久远，明代张岱的《陶庵梦忆》中有记载苏州人过荷花生日的热闹景象："六月二十四日，偶至苏州，见士女倾城而出，毕集于葑门外之荷花宕……"《清嘉录》中也有"荷花荡"条："是日，又为荷花生日。旧俗，画船箫鼓，竟于葑门外荷花荡，观荷纳凉。"清袁景澜的记述颇为详尽："二十四日为荷花生日。旧俗，竞于葑门外荷花荡观荷纳凉……值荷诞日，画船箫鼓，群集于此……或有观龙舟于荷花荡者，小艇野航，依然毕集。每多晚雨，游人赤脚而归，故俗有赤脚荷花荡之谣。"

赤脚荷花荡，有意思，红男绿女一个个拎着鞋子在雨中嘻嘻哈哈地仓皇奔跑，有点狼狈，有点恶作剧，有点癫狂，但一点也不扫兴，也许看荷花的人们正暗自盼着来一场急雨呢，扫去一些暑气，也扫去一些斯文，谁都不必再端着架子了，那才是真正的尽兴，才是雷公和荷花仙子共同导演的一出好戏。要说扫兴，看不到荷花才是真正的扫兴，民俗诗人蔡云有记录：“荷花荡里龙船来，船多不见荷花开。杀风景是大雷雨，博得游人赤脚回。”

另一位清代诗人舒铁云似有同感，他在《荷花荡泛舟作》里说：“吴门桥外荡轻舻，流管清丝泛玉凫；应是花神避生日，万人如海一花无。”荷花荡里万人如海，寿星荷花仙子只好避寿而去，弄得一花全无，高高兴兴地趁热闹去看荷花，而偏偏不见一花，真是大煞风景。看来葑门外荷花荡的那一天搞不好就人满为患、船满为患，古今同理啊，好风景的地方总是会有人群蜂拥而来煞风景的。

当然，苏州人还是有办法对付“煞风景”的，就是笨鸟先飞，别人没来的时候我早就来了，“每于先日预备一切，拂晓登舟，于旭日未升零露未收时抵其处，为尤妙”，这“尤妙”首先妙在无人，风景是给人准备的，而人恰恰最容易成为风景的天敌。这是当年“老苏州”撰写的《苏州指南》中为观莲节开出的“方子”。

苏州人喜欢去玩的荷花荡共有三处：一是石湖湖湾——走狗荡，二是天荡西北湖湾——葑门荷荡，三是黄天荡。这些荷花荡如今几乎是荡然无存了。大约是二十世纪四五十年代吧，周瘦鹃曾经与程小青、陶冷月雇船前往黄天荡观莲，“虽没有深入荡中，却也看到了不少亭亭玉立的白莲花”。生活在荡边的农民对荷花节不甚清楚，但都知道从荷花初放开始，一直到早藕上市的时候，便有船从苏州开来赏荷纳凉。在他们眼里，坐着船来的都是苏州城里的有钱人，船较大，一般有三支橹，船尾一支，船前左右两侧各一支，都是些画舫，船上搭有凉棚，棚下放置方桌。游船一般驶至黄天荡的河浜，停泊在凉快处，船上的游客便开始边饮酒喝茶，边欣赏荷荡风光。这时便有三五顽童下水采摘荷花莲蓬，或者挖出整枝嫩藕，掮在肩上泅水而来，兜卖给游客。当时来黄天荡的游船已然不多了，有时只有四五条游船，张岱、蔡云看到的景象早已不复存在了。

民俗也是盛极必衰的，后人说起前朝旧事，不免充满向往与惆怅。苏州观莲节旧事中最令人神往的故事被写在传奇《荷花荡》里，《荷花荡》是明代剧作家马信人的作品，记载了一段才子佳人的风流韵事：有位寄寓在虎丘僧舍的穷公子李梦白和家住阊门的富家小姐傅莲贞原本素不相识，在六月二十四这天巧遇在葑门外的荷花荡，两人一见钟情，李公子情意款款地采来一枝并蒂莲送给傅莲贞，傅小姐则含情脉脉地回赠以莲子，于是演绎出一则缠绵悱恻的佳话来。剧中李梦白还说过一句流传至今的名言——世上无难事，只怕有心人，也是一种痴情人的信念吧？有关荷花荡盛况的唱词写得很热闹，“画船一望集如云，到闹丛中去夺尊……觅扁舟，探荷香，览胜湖滨，好一派接天碧出水红，新又听得歌声和香风阵阵迎”，有了这段佳话作为此类情事的典范，苏州的观莲节可以说功德圆满了。

观莲节之后，没多久便是乞巧节了，苏州女孩有农历七月初七夜向织女乞求智慧和技艺的“乞巧”习俗。她们预先用茶杯盛井水与河水混合的“鸳鸯水”，然后放在庭院里承接露水，让三种水混合均匀，再等日照让水面生膜，乞巧夜女孩们便将小针小心翼翼地放置于水面上，认真审视水底针影，若针影呈云龙花草状即为“得巧”，而似椎杵状则为“拙巧”，于是小姑娘们心里便各有喜忧。

接下来是农历七月三十地藏王生日，这一天要做点地藏香和放水灯两件事。苏州人每逢农历七月三十便要在家门口的小巷里遍插棒香来纪念张士诚，俗称烧“九四香”。这天晚上不仅苏州城里大街小巷四处香火明灭，河里也热闹得很。里巷间集资请和尚泛舟河中，诵经祭奠孤魂，沿河人家纷纷用五色纸扎成莲花，在花中放置小蜡烛，夜幕降临便把这些莲花灯浮放水面，任其漂远，且行且亮。在一片诵经声、铙钹声、鼓乐声中，遥望水面莲灯闪烁，延绵水巷，蔚为壮观，与之前的观莲节景象连缀成夏天的首尾呼应之势。

从中秋到重阳：苏州人的秋日
——小巷节日之五

一场秋雨一场寒，十场秋雨穿上棉。初访姑苏城的秋雨是一点儿也说不上寒的，那是一种十分惬意的凉。古城上空厚重的云层化成一场场秋雨飘飘洒洒下来，就像为姑苏城褪去了一层层闷热的衣裳，燠热而漫长的夏天终于过去了，所有的人都深深吐出一口气来，好凉爽啊！在夏末秋初的江南，凉就是爽。

苏州人从蟹眼天井里望上去，只觉得高——天高云淡，秋高气爽，于是再也不愿宅在小巷深处深深庭院里了，他们得到新秋里走一走，爽一把，莫要辜负这大好秋光啊。在苏州，还有什么时节比初秋更深得人心呢？

往哪儿走呢？秋天嘛，无疑得往高处走。

最近的是北寺塔，但那不会是最好的选择，你想，大家都去，塔里陡峭而狭窄的梯子上人流汹涌，摩肩接踵、挤挤轧轧、上上下下，天气再爽那感觉也不会爽。那时的北寺塔真的不是塔了，倒像秋天盛宴最壮观的一道菜——蚂蚁上树。

那就上虎丘吧，虎丘是苏州人的绝佳秋游地。

苏州好，海涌玩中秋。歌板千群来石上，酒旗一片出楼头。夜半最清幽。这是清代诗人沈朝初《忆江南》词中的一首，说明苏州人喜欢在中秋夜聚集在虎丘千人石上演唱昆曲的习俗从明代一直延续到清代的康熙年间仍方兴未艾。歌板千群来石上，便使人油然想起明代文人袁中郎的记载。

我一直参加近几年每年一度的虎丘曲会，想大致领略中郎当年见闻：依然是中秋良宵，依然是千人石上，依然是从四面八方赶来的老少曲友，也有来自专业院团的拍曲高手，但当年意境实在难觅。灯光月影之下，人群倒是栉比如鳞，闹猛得很，歌喉相斗、竹肉相发也是有的，若要说“听者销魂”，甚至“飞鸟为之徘徊，壮士听而泪下”则全然没有。有一年曲会开始还没多长时间，离“月影横斜，荇藻凌乱”的夜深还早着呢，突然黑云四合，没能忍多长时间就潇潇洒洒地飘下雨来，于是草草收场作鸟兽散，心里竟没有一点遗憾，也是怪事。都是袁中郎惹的。看来一件物事的极盛，须得生产者与消费者两下里都较劲得旗鼓相当才行。

还是虎丘的中秋夜月下漫步感觉好，怪不得苏州人历来有中秋夜走月亮的习俗。

中秋木樨插鬓香，姊妹结伴走月亮。夜凉未嫌罗衫薄，路远只恨绣裙长——中秋团圆饭后那一轮满月刚从淡云中露面，一支走月亮的吴歌就在夜空里飘散开来，于是苏州人三三两两走出庭院，走出小巷，在皎洁的月光下四处游走。小孩子们随着大人往城头上走，这时只有在城头的空旷处才能欣赏到中秋月挂在天心的绝佳景色。妇女们则“不拘大家小户，皆出，结队而游”。她们喜欢往河边走，往桥上走，走过一座桥，再走过一座桥，她们起码要走过三座桥，名曰走三桥。据说有的人要走上大半夜。顾禄《清嘉录·走月亮》记载：“妇

农历八月十八行春桥“游石湖”

女盛妆出游，互相往还，或随喜尼庵，鸡声喔喔，犹婆娑月下，谓之‘走月亮’。”

走月亮是苏州妇女一年社交活动中少有的盛事，一夜走下来，往往意犹未尽，便思再接再厉，于是便有了农历八月十八的石湖串月。

农历八月十八入夜后，就有姑苏城里的仕女们坐了画舫，满船笙歌，满船巧笑，一路驶往石湖行春桥边看串月。所谓串月，据说是八月十八夜月光初现时，在行春桥桥洞中其影如串；又说十八夜从上方塔的铁链中，可以瞧到这一夜月的分度，恰恰当着铁链的中段，倒影于地，连为一串，因曰串月。我总觉得石湖串月只是一个美丽的借口，不知是清代哪一位苏州姑娘灵光乍现说出这个惊艳百代的创意来。

有好事者又弄出宝带桥看串月的故事，说葑门外的五十三孔的宝带桥桥洞里看月亮，光影相接，那水里的中秋月可以数出七十二轮来，虽说串月的数量是有所增长，但毕竟不是GDP，就算是成倍翻番也没让人觉得有什么了不起，反而从中透出一点无趣来。不过民俗诗人似乎有了更多的用武之地，沈朝初的《忆江南》又凑了一首：“苏州好，串月看长桥。桥影重重湖面阔，月光片片桂轮高。此夜爱吹箫。”同为清代诗人的顾侠君也有《串月歌》咏之：“烟中明灭宝带桥，金波万迭风骚骚。年年八月十八夜，飞廉驱云落村舍。金盆山水耀光芒，琉璃迸破银瓶泻。散作明珠千万颗，老兔寒蟾景相吓。鱼婢蟹奴争献奇，手搴桂旗吹参差。水花云叶桥心布，移来海市秋风时。吴侬好事邀亲客，舳舻衔尾排南陌……”一直闹到现在，苏州人改编的《大九连环》中也得应上一景——桥洞里面看月亮。

接下来我们终于说到重阳了。

苏州人重阳登高最传统的地点是贺九岭。贺九岭位于天池山和鹿山之间的谷口处，是旧时光福通往苏州的要道，高不及百米，幽静而灵巧。当年吴王伐齐途经此地，恰逢九九重阳，故得此名。吴国建都苏州后，每年农历九月初九，吴王都会携领众大臣及辖区内的百岁老人来到这里登高祈福。

后来不知从什么时候开始，苏州人重阳登高更愿意到吴山之巅，据说这也和吴王有关。《清嘉录》记载：登高旧俗在吴山治平寺中，牵羊赌彩，为摊钱之戏。今吴山顶机王殿，犹有鼓乐酬神喧阗日夕者。明代宰相申时行在《吴山行》里记录了当年吴山重阳登高的情景："九月九日风色嘉，吴山胜事俗相夸。阖闾城中十万户，争门出郭纷如麻。拍手齐歌太平曲，满头争插茱萸花。"煞是热闹。

重阳登高，文人们视赏菊赋诗为要紧事，老百姓则不然，他们吃字当头，郊外宴饮，"佩茱萸食饵，饮菊花酒"，以冀长寿。要带到山上吃的还少不得花糕，所谓花糕，即五色米粉以糖、面粉杂和，加枣栗星点其上，亦称重阳糕。吴地还有一样风俗，重阳时父母必迎已出嫁的女儿回家吃花糕，故重阳又有糕节、女儿节之称。

等到人们纷纷涌上天平山的时候，已经是深秋十月，"天平十月看枫约，只合诗人坐竹兜"。看天平红枫，太早则叶犹未红，太晚则叶已凋落。天平山妙处不少，最妙的就是深秋赏枫了。天平山的枫树都很高大，在万笏朝天一带的三太师坟前，有大枫九株，俗呼九枝红，因为那枫叶经霜之后，一片殷红，夺人眼球，十分壮观。清人李果有《天平山看枫叶记》云："天平山，予旧所游也，泛舟从木渎下沙河，可四里，小溪萦纡，至水尽处，登岸，穿田塍行，茅舍鸡犬，遥带村落。纵目鸡笼诸山，枫林远近，红叶杂松际。四山皆松栝杉榆，此独多枫树，冒霜则叶尽赤。今天气微暖，霜未着树，红叶参差，颜色明丽可爱也。历咒钵庵，过高平范氏墓，岩壑溢秀，楼阁涨彩。折而北，经白云寺，憩泉上，升阁以望，则天平山色崚嶒，疏松出檐楯，凉风过之，如奏琴筑，或如海涛响。客有吹笛度曲者，其声流于林籁，境之所涉，情与俱适，不自知其乐之何以生地。”沈朝初则说得简洁：一片枫林围翠嶂，几家楼阁迭丹丘，仿佛到瀛洲。读来十分爽利，我蛮喜欢的。

静静的冬至夜：有铜钿吃一夜

——小巷节日之六

冬至夜，是姑苏城一年中最安静的时刻。

观前街上大大小小的店铺都打烊歇业了，老板要在今夜设宴款待忙活了一年的伙计们，一年的生意做下来不容易，没有功劳也有苦劳，无论是老板还是伙计，都该放松下来喝几杯了。不过，端起酒盅恭恭敬敬站起来和老板碰杯的伙计们心里多少有点忐忑，老板是不是继续雇佣自己？明年要不要另觅东家？今晚酒席上都会见分晓的。

暮色里的大街小巷，行人越见稀少了，即使有那么几位，都是行色匆匆、归心似箭、一闪即过，家里的人都在等着他们呢。

为了今晚的冬至夜宴，家家户户都筹备好长时间了。

最费工夫的是做粉团。冬至节前，苏州城里家家户户磨粉制团，以糖肉、菜果、豆沙、萝卜丝等为馅，名为冬至团。冬至团有大小之分，大者俗称稻窠团，是用于冬至夜祭奠祖先的；小而无馅者称粉团，是用于冬至朝供奉上天诸神的。蔡云的《吴歈》诗里有记载：“大小团圆两番供，殷雷初听磨声旋。”做粉团用的米粉需要趁早磨出来，于是冬至到来之前，里巷间磨声嗡嗡隆隆，此起彼伏，连绵不绝。

“冬至盘”也都已经送出了。“冬至盘”说的是冬至前馈赠亲友的食物，冬至前姑苏城大街小巷来来往往、提盒携篮的行人，都是送“冬至盘”的。“冬至盘”都送到了，就可以定下心来过自己的冬至夜了。

各种香喷喷的卤菜也从陆稿荐买回来了，冬至夜的家宴马虎不得。

自然少不了元大昌的冬酿酒。冬酿酒是冬至夜指定专用酒，冬酿酒缺席，冬至夜就会大打折扣。冬酿酒说不上什么度数，“小儿女亦乐饮之”，男女老幼齐刷刷举杯，那才真的是其乐融融。冬酿酒名目蛮多：“有秋露白、杜茅柴、靠壁清、竹叶清诸名。十月造者，名十月白，以白面造曲，用泉水浸白米酿成者，名三白酒。其酿而未煮，旋即可饮者，名生泔酒。”冬酿酒又称冬阳酒，金孟元在《吴门新竹枝》中说得好：“冬阳酒味色香甜，团坐围炉炙小鲜。今夜泥郎须一醉，笑言冬至大如年。”冬酿酒也能醉人？我有点疑惑。

冬至夜家宴前大户人家先要把“喜神”高高挂起来，“喜神”即祖先的画像，冬至夜要将其请出来接受供斋祭祀。冬至夜的每一个细节都具有仪式感，人们不分老幼都穿新衣、戴新帽，“必更鲜衣以相揖”，“拜贺尊长，又交相出谒”，此乃“拜冬”。有《吴中竹枝词》为证：“相传冬至大如年，贺节纷纷衣帽鲜，毕竟勾吴风俗美，家家幼小拜尊前。”

冬至夜宴是苏州人冬至夜的高潮，因为这象征着全家团聚。夜饭前先祭祖，祭祖的菜必须回锅烧，否则吃了会记忆力差。家宴菜肴特别丰盛，大户人家起码八盆一暖锅，外加全鸡、整鸭、大青鱼，还有红焖蹄髈。若有家人外出缺席，也照样为其放一副碗筷。冬至夜宴的各种菜都有吉祥名称，蛋饺称“元宝”，肉圆称“团圆”，线粉称“金链条”，鸡称“扑扑腾”，鱼称“吃有余”，黄豆芽称“如意菜”，青菜称“安乐菜”，饭内放黄豆，称“元宝饭”，饭碗内预先放两只热荸荠，吃饭时夹出来，称“掘元宝”。

冬至夜真的是“有铜钿吃一夜”，穷人家缴租还账之后所剩无几，就只好“没铜钿冻一夜”了。

冬至夜还有些讲究，比如凡出嫁妇女必须回转夫家，倘留在娘家，不利亲人，会穷得“十只饭箩九只空”。比如南瓜不可放在家里过夜，必须放在露天屋面上，否则将遭灾殃。

冬至夜最倒霉的是《十五贯》里的那两名夜巡军，所有的人都在家里吃得热乎乎的，只有他俩在夜深霜重的露天里嘟囔一曲小工调：“星斗无光月勿明，夜寒霜重了暗冷如冰，人人说道困末困个冬至夜，偏我二人手不停，敲到五更。”

更令人动容的是白居易的诗句：“邯郸驿里逢冬至，抱膝灯前影伴身。想得家中夜深坐，还应说着远行人。”冬至夜的团圆家宴上说起远行人，真是令人牵挂，与“何当共剪西窗烛”和“遍插茱萸少一人”的况味异曲同工。写这首诗时的白居易是苏州刺史吗？

苏州人谁都知道“冬至大如年”，这和泰伯、仲雍有关。古代周朝历法的新年第一天，正好与冬至相重。泰伯、仲雍南下建勾吴始，即以十一月为正月，又称“建子之月”。秦代沿其制，也以冬至为岁首，故把冬至视为过年。汉代称冬至为冬节，南北朝时仍称冬至为亚岁或岁首。吴地沿用周历，后来才改成通用的夏历，但苏州人仍重旧俗，把冬至看得比新年还重，周遵道的《豹隐纪谈》里就有“肥冬瘦年”之说，至今不衰。

冬至是全年中白天最短、黑夜最长的一天，过了冬至，白天就会一天天变长。古人对冬至的说法是，阴极之至，阳气始生，日南至，日短之至，日影长之至，故曰“冬至”。冬至未来莫道寒，对于太湖流域来说，冬至意味着寒冬真正到来。从冬至日数起，至九九八十一日而寒尽，叫作连冬起九，亦称九里天。民间有各式各样的九九歌，例如“一九二九，相呼不出手，三九二十七，篱头吹筚篥；四九三十六，夜眠如露宿；五九四十五，穷汉街头舞，不要舞、不要舞，还看春寒四十五；六九五十四，苍蝇躲屋次；七九六十三，布袖两肩摊；八九七十二，猫狗躺凉地；九九八十一，犁耙一齐出”，把冬至以后八十多天里的气候变化形象地描述了出来。

苏州人还会根据“九”里的气候来预测天气的发展和变化。头九冷，九九百花香；头九暖，九九寒；雨雪迷漫四九天；冬至弗结冰，冬后冻煞人；连冬起九验天寒，只有寒消九九难；第一莫贪头九暖，连绵雨雪到冬残。当然，最有名的还是那句“干净冬至邋遢年，邋遢冬至干净年”。

姑苏城里漫长的冬夜是难熬的，“大寒须守火，无事不出门”，大街小巷，酒帘尽偃。大户人家以花户油窗避寒，以新装纸阁通明，以深护绣帏聚暖。团坐围炉，浅斟低唱，大蟹肥鱼，分曹促席，诗牌酒笺，排日为欢，称为暖冬。

苏州人喜欢雅事，冬至夜家宴之后，雅士们就着手“画九”了。“画九”又称“九九消寒图”，即在白纸上绘制九枝寒梅，每枝九朵。一枝对应一九，一朵对应一天，冬至夜贴在窗纸上，每天用彩笔填充一朵梅花，女眷们则喜欢在晓妆后用胭脂在消寒图上画一圈，八十一圈画完，梅花就变成杏花，春天就降临了。有这样一首诗记录如此雅事：试数窗间九九图，余寒消尽暖回初。梅花点遍无余白，看到今朝是杏株。

“画九”之外还有“写九”：画纵横九栏格子，每格中间再画一个圆，称作画铜钱，共有八十一钱，每枚铜钱上有五处空白，每天都用笔涂一枚铜钱，涂在哪处空白里呢？有“上阴下晴、左风右雨雪当中”的规矩，一直涂到“清九”。有民谣云：“上阴下晴雪当中，左风右雨要分清。九九八十一全点尽，春回大地草青青。”

“写九”还有一种更简单的写法，在一张纸上用双钩空心字体写上“庭前垂柳珍重待春風”，这九个字都是九画，每天用色笔填实一划，九字填完，九九回春，同样可以表现寒冬里盼望春天的急切心情。

更有注重实惠、喜欢热闹的文人士绅组织起一个个九九消寒会，从冬至起每隔九天轮流做东举行酒会，酒会上论诗作画，斗酒消寒，等到大家都轮上一次了，寒冬的萧瑟和寂寞也就都被消磨光了。

为冬至后的寒夜增添一丝暖意的还有一样吃食——赤豆粥。冬至后赤豆粥上市了，苏州的赤豆粥十分讲究，赤豆沙和粥分别做成，粥盛进碗后才把赤豆沙浇上去，如同红云盖白雪。苏州人称其为“糖粥”。卖糖粥的小贩挑着骆驼担，灶具、碗盘、食物全在担子上，一路敲着梆子走向小巷深处，“笃笃笃，卖糖粥”，孩子们就雀跃起来——“卖糖粥”的来了。

◎ 水巷风情 ◎

苏 州 小 巷 > > >

东方威尼斯：精巧俏丽的运河之城

苏州自古就是一座著名的水城，有“东方威尼斯”之称。这还要感谢伍子胥，他在受命建造苏州城的时候，就把水作为城市规划宏大构思里的一个重要主题。他相土尝水，象天法地，呕心沥血七年有余，建成的阖闾大城便含有陆门和水门各八座，分别为阊门、胥门、盘门、蛇门、娄门、匠门、齐门、平门，鉴于地势低洼为众水所归，伍子胥决定利用自然河道，将其开挖成纵横交错的河道，伸向全城。同时将余土筑成街坊，从而奠定了苏州古城“坊市棋立，桥梁栉比”的基本格局。从此，“洪川交流于城下”，多姿多彩的文化古城也在这块土地上得以浇灌、孕育、生长。

对于苏州，伍子胥功莫大焉，值得在这里多写一笔的是，作为一位遗泽后世千百年的战略家伍子胥，他非常重视水环境的形成和治理，不仅将苏州古城里的水环境搞得纵横得法、脉络清晰，还将城外的水利治理得十分合理。在他的规划下，从长泖接界向东开掘了一条河，连接惠高、彭巷、处士、沥渎等主要河流，人称胥浦。还在苏州西北部向西开掘运河，经过望亭，入无锡境内，再向西到达奔牛，然后进入丹阳境内，全长 170 里，这条运河在奔牛境内和孟河相接，通向长江。在太湖以西，由于安徽宣歙一带到太湖之间缺少一条宽广的河道以接纳山洪入湖，伍子胥又在高淳向东至太湖的百余里之间开掘了一条既宽又深的运河，后来又在河上建筑了五条堤坝以节制山水，这条河在军事上也有重要意义，它为吴国向楚国用兵提供了便捷的运输线路，它的水位比较高，即使是在枯水期，也可以供负重两百担的大船航行。人们为了纪念伍子胥，这条河便叫作胥溪，也叫胥河。由于伍子胥的功劳，江南水系基本连接，使吴国的农业生产有了较大的发展，大大繁荣了国家的经济。

到了战国时期，春申君黄歇治理苏州，这也是一位重视水利的君主，他在苏州又增设了葑门的水陆城门，封闭了胥门水门，使胥江水绕道入城，同时在城内开凿了许多纵横的小河，形成内城河。

苏州是一座运河之城，城里的河道几乎全部是人工开凿的通航河道。

说“几乎全部是”，是不想把话说死，你看苏州古城的河道图，河道走向除了官太尉河和南园河，百分百横平竖直，明明白白、清清楚楚，无疑是先有严整的规划设计，再人力开掘而成。

官太尉河是苏州城河道体系里最富有个性的一条河，大家都横平竖直、规规矩矩地流淌着，只有官太尉河整体呈一道悠悠的弧形，显得十分自由潇洒。她北接平江河，然后缓缓向南偏东方向捺出去，对，就像汉字中的一捺，一直捺到十全河的最东头，与十全河相接，一起流入葑门内城河，向觅渡桥而去。但就是这道弧形，其实也必定是人工规划的，否则绝不会如此平滑规整。仔细端详苏州城的水系图，想象当年那位河道设计者在就要完成整个设计的时候，也像我们一样端详着，忽然心里有细微的颤动一闪，在一种愉快的心情引导下，设计者手中的笔风姿绰约地一捺，全城水系就相互应答着生动活泼起来，也许，这条河是他允诺给这座城池的诗意之源？也许把古城看成一方中规中矩的篆章更能突出官太尉河的美学地位，正是由于这一笔的出现，这座运河之城才格外神采飞扬。

南园河则是苏州最有沧桑感的河流。特别是这条河的西段，这一段还有一个名字叫羊王庙河，有人干脆把她看成两条河。南园河最让人浮想联翩的就是她的西段：她的源头是突兀的，这突兀暗示她的源头不在这里，只是不知何因消失了，然后她向东、向南、再向东，而后突然折向北，持续向北，似乎有一段辛酸的往事经过曲折、奔突，经过陡峭的攀爬，最终才向东流去，流进葑门内城河，流成一段绵长的叹息。

我们不知道那位最早规划苏州河道的设计师是谁，也不知道与此相关的诸多往事，这多少让人感到惋惜、惆怅。我们揣测这可能是与伍子胥有关？因为我们知道除了胥江，包括上塘河、护城河在内的大运河也都是伍子胥设计的，这位运河之父不可能只搞定了城外的大河，就放下城里的河道设计不管，这不符合他忧国忧民、做事周全的性格。再说，城里最尊贵的居民——阖闾也不答应啊。按照常理推断，苏州城里的河道系统是运河之父胸中宏大图景里不可分割的一部分。

但是我们没有证据。

要弄清苏州河道的前世今生，最早的证据是大名鼎鼎的《平江图》，这张图刻在一块石碑上，是南宋郡守李寿朋主持刻制的。那年距金兵毁城已过去百年，苏州的美丽又一次从废墟里脱颖而出，李寿朋在历史废兴的感慨中刻下此碑，意思是苏州如果再遭兵火，这便是凤凰涅槃再造苏城的蓝图了。可以告慰李寿朋的是，七百余年之后的1945年，一位美国人驾机在苏城上空航拍，人们发现城里水道与《平江图》相比，几乎没有什么变化。

熟知苏州水道的都知道“三横四直”，这个说法最初来自宋人重辑补记的《吴地记》。在《平江图》之后，还有明代《吴中水利全书》中绘制于明崇祯九年（1636）的《苏州府水道总图》、清乾隆年间由画家徐扬绘制的《姑苏繁华图》，到了清嘉庆二年（1797）绘制的苏州水道图干脆就叫《苏郡城河三横四直图》……总之，这些图的主旋律都是“三横四直”，直至如今。有趣的是，这些图中最引人注目的，还是那条形态飘逸的官太尉河。

熟知苏州水道的都还知道“双棋盘格局”，就是说城里的河流与道路两个系统像两个棋盘重叠在一起，形成路河相间的有趣局面。你想，把画着陆路与河道的两个棋盘重叠，在路河交叉的点上安放桥梁，然后再安放宫殿、房屋、庙宇、塔刹种种建筑于其间，城市便诞生了，这是多么有趣的游戏啊！

这个游戏由谁而起？在伍子胥与李寿朋之间，我们还能看到谁？

春申君黄歇大约是参与过这个游戏的，他是水利专家，主持过太湖流域许多水利治理大计，也留下不少印记，比如黄浦江之“黄”、申城之“申”，但苏州城里有属于他的痕迹吗？这是个谜。

接下来我们就看到唐代的于頔，这位“官七代”也是水利专家。农耕社会里青史留名的地方官大都是水利专家。于頔做苏州太守之前曾经在邻近的湖州做过三年太守，主持整修的頔塘河至今仍然闪烁着光彩。他在苏州也是有功劳的，《旧唐书》说他在苏州“浚沟渎，整街衢，至今赖之”，虽然只有十个字，却给了我们巨大的想象空间，

苏州碑刻博物馆内的宋碑《平江图》

疏浚河道，整理街衢，那不就是在做双棋盘的城建游戏吗？不知道现在我们看到的一街一河、前街后河、两路夹一河之中，有哪些是他做出来的？但“至今赖之”说明他做得很好、很合理。

王仲舒来苏州做刺史是在于頔之后，也是有功于苏州的。在水利上他“堤松江为路”，宝带桥就是这个工程的大名鼎鼎的地标。在城建上他“变屋瓦，绝火灾”，把北方的覆瓦技术引入苏州，也是一大贡献。至于“三横四直”与“双棋盘”，估计他属于“赖之”派。

再后来的刺史白居易也是“赖之”派无疑，他不仅“赖”，还赖而宣之，他是那么热情洋溢毫无保留地宣传苏州，“水道脉分棹鳞次，里闾棋布城册方”，“黄鹂巷口莺欲语，乌鹊河水水欲销”，“阖闾城碧铺秋草，乌鹊桥红带夕阳。处处楼前飘管吹，家家门外泊舟航”。赖而宣之的同时，白居易也没闲着，他另辟蹊径开了一道虎丘山塘白公堤，把虎丘名胜与阊门完美地连在一起。苏州何其幸运，总是有大诗人来做太守，连白居易自己都为之欣喜，他在写给刘禹锡的诗中扳着手指开心地说，“何似姑苏诗太守，吟诗相继有三人”。三位刺史诗人中的韦应物，干脆被人称为“韦苏州”。

双棋盘：水城格局的春秋演进

我们应该来仔细欣赏一下这三横四直的双棋盘游戏了。

她首先是这座拥有数十万人口城市的供水系统，最大限度地显示了大自然对苏州人的慷慨；她同时是功能强大的城市排水系统，让苏州在汛期到来、大水滔滔的时候把涝水迅速排出城外，让城内生活平安无虞，还大度地带走了城市生活污水；在汽车、火车到来之前，她是方便、舒适、成本低廉的大众化交通系统，对苏州人来说，出门无船无河是不可想象的事情；她还是规模宏大的消防系统，水火无情，富庶之邦尤须当心；她更是奠定了这个城市小气候的生态系统，让苏州人过得舒适；她让小桥流水、晓风残月成为普通市民都能拥有的日常诗意，让苏州人活得心安；她让园林遍布全城成为可能；她甚至是妙不可言、无处不在的市民广场……

有位“00后”小青年茫然地提问：“这些河对苏州来说究竟意味着什么?”我只能反过来回答：“没有这些河，苏州什么都不是。”是啊，对于被包围于自来水、空调、高铁、轻轨之中的年轻人，要理解这些真的不易。

虽由人工，宛若天开，这是评论苏州古典私家园林最经典的说法。其实这八个字拿来评说苏州这座运河之城更为贴切。几乎所有的河道都来自人工，但真的是宛若天开。因为只有合乎自然、合乎天道的，才能长久地在这个星球上留存下来。这几近神迹的构思，蕴含着对水、城、人三者之间关系的洞见与想象，其洞见之深刻与想象之浪漫，再多的褒奖与赞美都不为过。

唐朝是苏州城的黄金时代，经济和文化两方面都是鼎盛时期。“人稠过杨府，坊闹半长安”，便是当时的写照。唐朝诗人给苏州人留下了两件享用不尽的礼物，它们是两首诗。一首是张继的《枫桥夜泊》，它使苏州名扬世界；一首是杜荀鹤的《送人游吴》：“君到姑苏见，人家尽枕河。古宫闲地少，水巷小桥多。夜市卖菱藕，春船载绮罗。遥知未眠月，乡思在渔歌。”它使苏州的水巷风情成为一支精致而温情的歌谣，在时光的长河中声声相递，口口相传。

有关苏州水巷的唐诗当然还有很多很多。

比如张籍的《送从弟戴玄往苏州》：“杨柳阊门路，悠悠水岸斜。乘舟向山寺，著履到渔家。”

比如白居易的《登阊门闲望》：“处处楼前飘管吹，家家门外泊舟航。云埋虎丘山藏色，月耀娃宫水放光。”

比如李绅的《过吴门二十四韵》：“烟水吴都郭，阊门驾碧流。绿杨深浅巷，青翰往来舟。朱户千门室，丹楹百处楼。”

…………

到了宋代，苏州水城的规模和内容又有了发展和完善，其以大河“三横四直”为经纬，“六纵十四横”分流交贯的格局令文人骚客欢喜莫明，咏叹不已。至今留存在苏州碑刻博物馆的刻于南宋绍定二年（1229）的《平江图》直接而精确地再现了当时古城的风貌，除了内城河，较大的河道东西向的有12条，南北向的有5条，支流多达69条之众，总长度约82千米。我们还可以从《平江图》中看出当时独特严谨的水城格局。“水道脉分棹鳞次，里闾棋布成册方”，苏州城街坊和水道是并行的，人称“双棋盘”格局，即以水路和陆路并行为骨架，此格局在城的北部尤为明显。主街背河，次街面河，几乎一街一河。连接城内外的长濠，构成纵横贯通的网络，街、巷、桥、店、庙、塔、宅、埠、衙等临街、临水布局；水巷与街巷、桥、房屋在体态、造型、尺度、色彩上完美结合，相映成趣；从而形成“门前石街人履步，屋后河中舟楫行”的独特意境。

南宋的“十二横五直”82千米的河道，以及这些河道上的352座桥梁，可谓壮观至极，其规模之大，工程之巨，不亚于气宇轩昂的阖闾大城。历经元、明、清、民国迄今，饱经沧桑，河道多有淤塞湮废。到了清代嘉庆年间尚存“三横四直”52千米，即东西向的三条长河和南北向的四条长河。这在苏州的另一块地理图碑《苏郡城河三横四直图》上可以看得非常清楚：

一横，在最北面，自阊门纳枫桥运河之水，从水关桥东行到张香花桥而出娄门。

二横，从吴县学前经渡子桥东行到长、元县学东的顾廷桥，出狮子口，汇合葑门以北内濠之水，俱归娄门。

三横，由石岩桥东行经府治前到望住桥，折向南经望门桥而出葑门。

一直，由盘门纳太湖之水，经百花洲北行，过来远桥于皋桥。

二直，从盘门与胥门之间的禾丰仓西的新桥东行到查家桥转北至北寺塔西的单家桥。

三直，在饮马桥东北侧的夏侯桥下，河道相交成“十”字状，三横西来之水经此折向北行，直奔跨塘桥出齐门。

四直，自望住桥北行，经由华阳桥南水口出齐门。

无始无终的时光对于人类历史来说，有时像绿洲，有时又像沙漠。苏州的内城河流呀流呀，不知不觉地越来越稀，越来越短，好像就要被时光的沙漠吸干了。清代的 52 千米河道随着岁月的流逝，还在不断地萎缩。1910 年和 1928 年曾有过两次规模较大的填河，共填去河道 15 千米左右，到中华人民共和国成立初期，城内河道仅存约 40 千米。

苏州古城里的河流还在被一只无形的庞然大物无声地蚕食。

接下来是“喝令三山五岳开道”的“大跃进”。

接下来又是“横扫一切”的“文化大革命”。

两次大运动都伴随着轰轰烈烈的大填河。

1965 年，当时占主导地位的观点认为，随着城市工业化的迅速发展，苏州内城河道的作用已经发生变化，保存这么多的河道不仅花费巨大，没有必要，而且会影响全民爱国卫生运动。在改造自然、改造社会的英雄气概日益高涨的年代，在向往赶美超英、崛起大工业的年代，人们对那些小模小样的城河实在是看不上眼了。人们想方法来处置它们了。这么多河道的存在既然成为多余，那么，填掉它！在波涛汹涌的人民战争汪洋大海中，几条小河算得了什么！

于是填，一填就是几年，并于二十世纪五十年代末达到高潮。王天井的河道不见了、范庄前的河道消失了。劳苦功高的人们屈指一算，行，已经填平了十几千米的河道。于是庆功的红花戴起来，报捷的锣鼓敲起来。

可是还没等到庆功的红花褪色，报捷锣鼓的余音还在人们的心头缭绕，大自然的报复来了。1962 年 9 月，一场特大暴雨降临苏州城，三天暴雨浇得苏州人叫苦不迭，观前街一带成了一片汪洋。于是人们想起了河，想起了能够排水泄洪的内城河，那些被填掉的可厌的小河忽然变得十分可爱，但，悔之晚矣。

不能再填河了。1965年，苏州成立了河道办公室，准备在恢复河道等方面认认真真地做些实事，可是又一场运动来了，人们又热血沸腾起来，刚刚为了运动而欢呼，又忙着为欢呼而运动。头脑发热的人最容易记忆的就是教训，古城的河道又该倒霉了。

“文化大革命”刚开始的时候人们是顾不上填河的。直到“备战”，直到“深挖洞”，人们这才定下心来重新打量这座古城，该把“洞”往哪儿挖呢？

主事者的眼光又一次集中到内城河上，变河道为防空洞是最为方便、最为省事的方案。于是一条条防空洞在古城下穿行，防空洞在哪儿诞生，内城河就在哪儿消亡。防空洞穿行到哪儿，内城河就死亡到哪儿。干将河的900米河道从地图上消失了，北寺塔附近的400米河道和北园水系大片地区上的河道也先后被填建成防空洞。那时，来自空中的威胁似乎远比来自水患的威胁要大得多。在“权威话语”的笼罩下，填河，没有任何商量的余地，这一填，又填掉了五六千米。

“三横四直”被腰折！

苏州古城内河系统发生了“肠梗阻”。畅通无阻的水脉被切断，这就意味着苏州城里的水几乎成为一汪死水。水不流动就会变质，就会变味发臭，加上工业污染和生活污染加给内河道的重负，杜荀鹤为之倾心赞叹的碧水不见了。对着曾经让诗人大发诗兴的苏州古河，人们不仅要皱起眉头，还得捏紧鼻子。

1982年的资料显示，苏州城河道总长为25千米。

1991 年的资料显示，苏州城河道总长为 30 千米多一点，水域面积仅为古城总面积的 1.5%。

二十世纪八十年代的头三年，苏州市发动了三次大规模的群众疏河活动，挖河 21 千米，挖去污泥 7 万多立方米。1986 年又采用机械挖河 10 千米，挖土方 5 万立方米。

我对苏州历届政府长期以来治理古城河道的思路做过一次厘清、归纳与探讨：

最初的治理思路体现在 1956 年的《河道整理规划》当中，那时河道水质还没有成为问题，注意力集中在部分河道的拓宽与开深，以及改建下水道上。

1959 年推出的《苏州市城市初步规划方案》已经开始关注河道水质，提出“苏州城区河道纵横，反映了城市面貌特点，为城市绿化美化的有利条件，但因狭窄淤浅，水质龌龊，需加以彻底改造，填塞部分很脏的死河断浜，加以绿化”，我注意到其中“填塞”的表述。

1960 年的《苏州城市三年规划》注意到“雨水污水合流后，污染情况比较严重”，要全面整理水道系统，达到雨水、污水分流，污水汇集排到城外加以处理利用，城内河道重点拓宽 2~3 条，而水质问题的处理方式则是“以抽水换水方式加以净化”。

1965—1967 年的《苏州市河道治理工作近期规划》的注意力集中到改善水质上，“在改进环境卫生的总要求下，以改善河道水质为中心，将河道理清、治活，适当搞美”，这个规划把主要措施概括成 7 个字：处（处理污水）、源（改善水源）、疏（疏浚河道）、引（自然引水）、换（机械换水）、美（沿河美化）、管（河道管理）。

1978 年的《关于河道规划的补充意见》和 1980—1985 年的《苏

州市内城河道治理规划》在大的治理思路上没有变化，前者列出可以填没的几段支流，后者主要列出临顿河等 7 条河的拓宽改造。

1986—2000 年的《苏州市城市总体规划》编制完成后报国务院批准实施，其城区河道整治原则是完整河道水系，贯通“三纵三横”，理活、治清、搞美，发展水上游览。具体措施归纳为 5 个字：疏（疏通河道，贯通水流）、换（机械换水）、处（对废水、污水的处理）、引（引进水源，加强稀释净化作用）、管（加强河道管理）。

1996 年政府对《苏州市城市总体规划》进行了修编，其中《苏州市河道整治规划》提出“苏州市区河道是苏州水网的一个部分。其源水来自太湖、大运河及长江，下泄长江和黄浦江，水网河道的流向和流量完全受水利工程所控制”，在此水利大背景上，指出存在的主要问题是“源水补给水量不足，水流缓慢，水不活”，“水环境治理未能与社会经济和城市建设同步发展，水环境污染从整体上还没有得到有效控制……河道狭窄，河床淤积……河道体系严重受损”，据此，该规划提出“整理河网，完整河道水系”的整治原则，并且将整治措施的五字方针进行调整：引（引进清水）、截（截断污水）、疏（疏理河道）、管（管理河道）、用（景观绿化，水上旅游，排除雨水，改善城市小气候）……

我们可以比较清晰地看到历届政府治理古城河道的发展脉络：治理思路一直保持稳定，视野越来越宽，目光渐渐越过古城，投向流域大环境，力求在水利大背景下求得治理正解；越来越尊重自然规律了，特别是着力于更有效率的“疏”和更大范围的“引”，同时不再把机械换水作为治理的主要手段；越来越强调治理的系统性了，步步紧逼，环环相扣，以求得最佳效果。

水巷如画：说不尽的风情万种

水巷是水城的精华所在。

没有人不喜欢水巷。水是生命的源头，人家就“枕”在河流上，生活就“枕”在河流上，人与大自然相依相靠，息息相通，心便觉得踏实而宁静。都说“大隐隐于市”，为什么大隐就一定要隐居在都市里呢？我想，除了大隐必须具备相当深厚的修养和心理定力，还有别的原因。隐士再大也是人，也需要享受人类的物质文明，而城市则是物质文明的结晶，那些能够给人们带来许多生活便利的城市文明，即使对“大隐”那样深沉地思索着的哲人来说，也具有非同小可的诱惑力。于是他们选择了城市。但是他们骨子里面又是那么向往自然，向往没有污染、保持着一派纯真的自然，于是苏州城里的众多园林便遵循着同一个主旋律——模山范水。一座座假山堆起来了，一条条弯弯曲曲的小河挖出来了。说白了，既然我不能投身到真正的大自然中去，那么，就劳驾大自然到我家里来吧。结果大自然来是来了，主人那样大兴土木盛情相邀，不来不够礼貌，但来得毕竟有些勉强——园林中的大自然终究有点扭扭捏捏，不够自然。

都市里最大方自然的地方还得数水巷，房子就一幢幢清水出芙蓉般在河边亭亭玉立着，河水想流就直截了当地流来了。想出门访友了，走出家门，踏上河埠，再跳上小船就凌波而去；想增添一些生活用品，就留心一下窗下河道上来来往往的船只，它们有不少就是为城里的人们送生活必需品的。闲下来，安安静静对着窗外的水和天读读书，读唐诗“君到姑苏见，人家尽枕河”，读宋词“过尽千帆皆不是”，苏州水巷里的河上没有帆，只有橹，那就改成“过尽千橹皆不是”吧。等谁呢？你想起了许多发生在苏州城里的缠绵悱恻的故事，对着静静流逝着的河水发呆。有“叮叮咚咚”的评弹索弦声隐隐传来，不知唱的是哪一对才子佳人的命运。

苏州画家多。苏州画家们最爱画的不是园林，而是苏州水巷。画苏州水巷也最容易成为画家，所以我们总是看到年轻的美院学生三三两两在苏州水巷里支起画板，邀请水巷陪伴他们一起走一条名扬画坛的梦之路。苏州画家们的作品中最受人们欢迎的、在各种画展中展出得奖的也大多是以苏州水巷为题材的。苏州城是一张古琴，其中最容易拨动人心的一根弦便是水巷。

要画出苏州水巷并不困难，只要掌握好几大要素就行，最重要的要素古人已经总结了：小桥、流水、人家，另外再点缀一些东西，无非粉墙黛瓦、临水窗户、河埠头、岸上花树、河中小船，以及“杨柳岸，晓风残月”之类，稍加渲染就可以了。要紧的是千万不要妄想毕其功于一画，想在一张画纸上将苏州水巷景色一网打尽，最后往往弄巧成拙。要知道，千百年来的文人墨客不遗余力地对着苏州水巷写着、画着，都没有将苏州水巷写尽画尽，你有何能？

是的，苏州水巷万千变化，神奇莫测，春秋晨昏，各有不同。上帝清楚，苏州水巷是写不尽、画不完的。

“河街相邻、水陆并行”的平江河

当然，苏州水巷不是专为诗人画家的艺术创作而设的布景，而是世世代代勤劳而聪慧的苏州人以世纪为时间单位创作的一件庞大而精致的艺术品。岁月荏苒，这件艺术品日见破旧残损，但唯其破旧残损，更惹人怜爱万分，教人追思不已。

苏州水巷千姿百态，但其基本上不出于三种形式。一是河街并行的水巷，河道的一侧是平行的小街，另一侧为临水的民居，比如平江河沿线。这样的水巷因河街对比明显而显得富于变化，高低错落，层次丰富。二是有河无街的水巷，河道两岸都是临水建筑，一河人家背靠背，窗靠窗，说话声音大一点对河人家都可以听到。这种水巷由于空间逼仄紧凑，令人觉得格外深邃幽静，学士河、吴趋坊河一带的水巷都是这样的。三是两街夹河的水巷，河道两边都是小街，视野特别开阔，其两边建筑的空间节奏也就显得舒缓、疏朗，例如盛家带、寿星桥附近的水巷。

我常常在上下班路过饮马桥等红灯时驻足片刻，扭头看一看十梓街与石家湾之间有河无街的水巷上那横跨市河的廊房，看那些对巷写生的青年男女如何落笔，有时也浮想联翩，想一户人家有了这跨河的廊房，生活会有哪些与众不同的地方；想千百年间这间房子里的人们是如何更替变化的；想那些画画的学生在打量水巷廊房挥动画笔的同时，心里会掠过多少美丽的遐想……带着这些莫名其妙的想法上班或回家，心情会特别轻松。

有时骑车在城里闲逛，在某一座石桥上停下来，向远处望去，一幅水巷图景便会闯入眼帘。河两岸临水人家鳞次栉比，高大的风火墙在民居群落背后半隐半现。向下看，麻条石的石阶层层往下直通河边，贴水的石埠头那端又层层地通达上去，就像鹰隼展开了双翼，临水欲飞不飞。这些临河人家木结构的门窗有的还雕着花，有时还可以看到陈旧的砖雕门楣，坚实不朽的柱础、柱石、界石在静默中挺立着。过去那准是大户人家或者官宦世家的旧宅吧？现在早已成了寻常百姓人家的住房。还有一些临水的门窗特别考究，那些精致的花格子现在已失去往日繁华的光泽，但人们还是可以据此想象它的过去，也许几百年前那里是一座临水的酒楼或者茶馆，门前一定曾有一面招旗软软地悬挂下来，在几百年前的风中飘扬。几百年前的人们羽扇纶巾，踏舟而来，船靠石埠，拾级便入厅堂，小憩小饮，宴客歌舞，方便至极。现在风吹雨打剥蚀了楼台的朱颜，但框架依旧，于古老中透出昔日的华彩底蕴，只是衰败得令人扼腕蹙额。只是在我们吟咏起“水调行歌断续听，到门沽酒客船停”的诗句来时，那些画窗、那些石础才会焕发出几分妩媚来。

苏州水巷里的日常生活十分富有诗情画意，苏州老作家俞明对此曾有精彩细致的描写：

推开临河的窗户，水涨时分，来往舟楫上的船主人可以够得到窗槛边。四五月间，紫酱红的杨梅、白沙沙的枇杷，六七月间，碧绿的西瓜香瓜、粉粉红的水蜜桃，八九月间嫩朵朵的莲蓬，洁白的鲜藕，翘角的红菱，十月霜降，新米登场，老来青、飞来凤、肚子鲜、香粳稻、鸭血糯，更有各色细粮，诸如芡实、薏仁，有哪一样不在河道经过？持家主妇探首窗外，立时可以成交，伸手出去，一手付钱，一手接货，货物新鲜自不必说，既有挑拣余地，又免去了中间盘剥。小囡们最欢迎换破烂的换糖船经过，那白色的糖甜得心全都发痒。河流里还有专售海棠糕和梅花糕的船只，卖各式点心的船只，都是去赶庙会的，两岸人家的瘪嘴老太常常喊住他们，挂一只篮子下去买几样配胃口的糕点上来，又以城里人烧的稻草而论，量多体积大，临河人家就免了去柴行挑担之苦。闲来无事，透过窗子"望野眼"，河里的景致也着实有趣，船影橹声中，那摇橹点篙的人们，不时引起窗内人的话题，你看，那敞着胸膛的壮汉赛过水泊梁山的好汉，那搭配着摇橹扭绷的小娘姆，赛过小青青、白娘娘，朝后又来了个白胡子老公公，戴着毡帽，齐腰的青布束裙，呼腰弓背，但船在他手里赛过长着眼睛，穿树拂柳，得心应手。窗内和船上的老人彼此在几十年间见过无数次，敷衍攀谈过，俱各面熟陌生，也很乐意交结对方，上了年纪互称为"老阿爹""老好婆"，年轻的"阿姊""妹子"叫得应天响，萍水相逢，虽常常是擦身而过，但客气话要说一整箩，直到船身过去，窗内人还叮嘱道："晏歇过来坐坐！"船上人模模糊糊应道："勿来叨扰哉………"真是文明礼貌得很。可若来船携带着菜蔬瓜果的自产物，卖者便格外克己，以表达多年的情谊。水和船便是这种旧时不寻常的人际关系的导体，充满着普通人之间醇厚的人情味。还有受欢迎的是捉鱼船，它们小巧玲珑，发散着桐油的香气，船上狭小的甲板上爬着一群小把戏，露着通红的光溜溜的小屁股，在破棉絮里钻进钻出。据说这是在荒山野村孤寂的水上生活的产物，他们的父兄为了养活他们，呷几口烧酒，赤露双臂伸到冰冷的河水中，在驳岸石条的隙缝里捉虾摸螺蛳。最好看的莫过水老鸦捉鱼，当捉鱼人用手抠出它们颈项间活蹦乱跳的鲜鱼时，两岸的喝彩声，常常使长颈墨羽的水老鸦惊得双翅乱扑。

有几种不受城里人欢迎的船只，它们总是在两岸人家进入梦境时活动。粪船在夜晚停泊在粪行前，装足了粪，翌日清晨便开船走了。垃圾船在白天捉了满船垃圾，在夜幕下赶回乡里去了，还有一种叫偷丧船，大户人家死了人，和尚道士、堂名鼓手，掮旗打伞，纸人纸马，开路神开道，极尽死后哀荣；小户人家死了人，没钱置办“出棺材”场面，寻只船，天蒙蒙亮把棺材抬下船，一众披麻戴孝的下了船开到乡下去“落葬”。因为避免人见了“触霉头”，起早摸黑做这件事，叫作“偷丧”。

原有一种受到两岸人家欢迎却故意绕开人家眼睛的船只叫作“撑水船”，只有水载船，哪有船载水？但这种船船舱里满载的就是水。旧时代苏州城用得上自来水的极少，城里的水又嫌太混浊，老虎灶用的水就是撑水船撑来的。撑水船到胥江，船老大用脚左右摆动，直至船舱灌满水，进阊门，穿过北塔寺直抵娄门，这一路的老虎灶的七石缸里就装满了还算洁净的胥江水。老虎灶的伙计更用矾水打搅，用竹管吸出缸底的沉淀物，也就成了土自来水了。这撑水船一路行来，两岸人家常常拦截着讨水烹茶，撑水船于是改变进城的时辰，也在天色微明时进城，避免乡邻们的干扰。

河流最富生命力的时刻要算逢年过节，不论是人间的欢乐还是哀愁都沉甸甸的满载在船上，操办年货的，采买嫁妆的，探亲访友的，寻欢作乐的。当然，也有载着血汗灌浇出来的谷子进城交租的、卖儿鬻女的、借贷还债的，桥堍下歇满了船群，它们把船主人送进熙熙攘攘的店铺，年节前生意最忙的要算南北货和杂货铺、华洋百货店和铜锣锡器店、山地货行和酒坊、腌腊行和咸鱼行，再就是生意兴隆的杀猪作，盖过诸般喧闹响遏行云的要数猪作里的绝望的叫声。祀灶的灶神、烟花爆竹、红纸香烛、神像纸马、桃花坞年画、南枣北栗、红白蔗糖、笋干海鲜、各色洋布、香云纱、华丝葛、直贡呢，祭祖用的鲜果，花雕善酿状元红，自然走俏。菜馆酒楼使劲敲打锅勺，这些辛勤一年的船主人平日上城都自备行灶，在这种日子里，自是豪兴勃发去接受一次太白遗风的熏陶。但在芸芸食客中不乏“打落牙齿朝肚里咽”的人们，他们到酒楼来，只是为了酬谢“中人”，卖儿鬻女或典卖田地的文契就是在这类场合捺下指印的。待等日影偏西，人们从酒楼中出来，一个个好似年画上的关老爷，红的太阳，酡红的脸，红的炭炉，炒货店腾起的红的火焰，年货上的大红纸，东西山产的早红橘，红的纸烛，河流仿佛也被映红了。从老虎灶的炉灶里，从雾气腾腾的茶馆里，从酒肆菜馆里，从被太阳烘得暖暖的水流里，弥漫出迷迷蒙蒙的水汽，摩肩接踵的人们挤来搡去，是河流和舟楫，使古城的大动脉百脉偾张，生机勃发。

水巷是静的，航船是动的，动静相济，苏州水巷便风情万种。

靠近城边的水巷里还有一种船也颇有特色，那便是人称为航快班的交通船。这种往来于城乡之间的船通常是乌篷船，船艄插一块水牌，上书某家班或某家船，写明船主姓名、起讫点及开船时间。开船前总是要敲小锣三次，所以又叫“镗镗船”。坐这种船出城旅行很有意思，从水巷里出城，一路房舍、寺庙、古桥、塘岸、乡野，水光潋滟，云天倒映，一路美景如长卷般徐徐展开，如果是雨天，拉上乌篷，只听见那淅淅沥沥的雨声和着后梢传来的节奏缓和犹如喁喁私语的橹声，令人心境一派宁静祥和。看着一座座古桥从头顶上徐徐掠过，心里默诵着“曲终过尽松陵路，回首烟波十四桥”的诗句，别有一番情趣。进城时进入水巷了，河道便顿时狭窄起来，镗镗船谨慎地穿行在水巷里，看岸上房屋高低相接，驳岸上的条石水埠犬牙交错，行船比过桥洞还难，船老大手持竹篙站在船头上，前顶后抵，加上扳梢的密切配合，左躲右闪，好似表演杂技，激起水巷里一波波水浪，把临水人家的石阶冲刷得干干净净。没多久，船轻轻一晃，停下了，一看，正停在一家茶馆的河埠边——船到码头车到站了。

城内市河上也停靠了不少供市民交通用的快船，这种船可坐十人左右，船小而典雅，船舱里设有小巧玲珑的桌椅，船艄还有厨房，可供应酒菜。用双橹摇船，船头有青石一块以维系平衡，防止船只倾斜。行船时平稳快捷，苏州人游览、访友、迎亲等使用快船十分方便。这种快船一般散泊在阊门广济桥、杨安浜、方基上、通贵桥、胥门接官厅、日晖桥一带内河的埠头桥畔，静静地等候客人。

专供达官贵人游览宴客的便是画舫了。画舫比快船大，装饰豪华，船身金碧辉煌，船头有将军柱，还挂一排五彩琉璃灯，灯上有珠缨络索，甚为美观。舱内可容三四十人，有窗帘、挂落，房舱周围配有精细雕刻，中舱两边还有夹弄，从船头到船艄，不必通过中舱。这种船前有撑篙，后有双橹，需要6人以上合力操作才行。画舫为了招揽顾客，想出许多招数，其中最受欢迎的就是船菜和船点。苏州船菜注重蒸、炖、焖、煨、焐等烹调方法，很少用爆、炒，十分讲究清香腴美、食后不腻，别具风味。船点则讲究小巧美观，以糯米粉、上白面粉为原料，包裹甜、咸两种馅心，甜有豆沙、玫瑰、枣泥、桃肉、芝麻、松仁等，咸有虾仁、鲜肉、鸡丁、火腿等，做成各种花卉虫鸟的形状，十分可爱，既可供观赏，又很美味可口。

不论坐什么船在市河上航行，河岸的风光总是让乘客心旷神怡。比如说水巷里各献其巧的河埠吧，这是苏州水巷里一道饶有趣味的风景线哩。

河埠又称水埠、水码头，它是让水巷居民在水边洗衣洗菜的石阶，上下船的时候它就是水码头了，可以说它是水巷里水与人最亲近的地方。河埠的形态各异，多种多样，有的粗糙简单，有的精致繁富，有的因地制宜，有的别出心裁，如果有雅兴来一次苏州水巷巡礼，把苏州的河埠浏览一遍，你会发现你是在阅读一篇文章，一篇关于苏州文化的文章，一篇展示苏州人聪明才智的文章，一篇揭示苏州人性格特点的文章。

站在河埠上远眺，水巷深深，曲曲幽幽，两岸房舍壁立，粉墙黛瓦，马头墙飘然欲仙，翘向天际，高耸挺秀。临水的窗户或开或闭，窗下则是伸向水中的河埠。

有的河埠造型十分简洁，仅在临水处用粗石条筑成踏步而已，实用，不拘形迹，有一种粗犷简朴的美，反映了苏州人性格中朴实、讲求实效的一面。

有的河埠非常精致考究，它们突出在石驳岸之外，用花岗石精细地凿成平台，再从平台上向下一面或两面向下铺出踏步直到水中，有的甚至在平台上砌了石栏杆，把平台搞得像欢迎外宾的检阅台。这种河埠使人觉得在这儿干活也是一种惬意的享受。看着水巷里的人在河埠上浣衣，会体会到苏州人食不厌精、脍不厌细的生活作风。

有的河埠则显得十分机灵，与它所处的地形唇齿相依，揖让有度，或缩进，或突出，有的与桥相邻的河埠为利用地势，还会耍出诸如拐个弯儿之类的花样，使得河埠与桥浑然一体，比如平江河上的胜利桥、众安桥、朱马交桥等桥下的河埠就是如此，水巷就因此而显出一种少女的活泼来。这种河埠将苏州人的灵活机巧的聪明劲儿袒露无遗。

有的河埠与临水住房衔接得天衣无缝，简直就是房屋密不可分的一部分。这样的河埠往往是临河人家独户使用的，他们把河水引入自家屋内，河埠就砌在家里，在河埠上洗衣淘米，夏天晒不到太阳，阴天遭不到雨淋，酷暑之时，还可以降低室温，如同一台天然空调。因为是独家使用，有的还装上了一扇木栅栏，晨启暮闭，成为名副其实的水墙门。

有的河埠介于室内与室外之间，埠头缩进，侧面临水，踏步一级级伸向户外河面，靠河的一面有时还会有扶手，便于老人上下。还有的河埠有石阶向上直接通往沿河院子里的菜园，担水浇地只费举手之劳，使人感叹生活的艺术。这些河埠都可以显示出苏州人性格中含蓄、内秀的特点。

有的河埠本身就是一幢民居的底层，主人把它让出来，作为公用的水码头，使那条水巷内没有自家河埠的邻居“俱欢颜”，实在是一大善事，在新民桥附近就有这样的河埠。

有的河埠有通道通往相邻的街巷，不熟悉的人会以为那是另一条小巷，等一直走到尽头，只见一扇石库门，出门一望，才明白这是一座公用的河埠。还有的河埠隐藏在人家夹弄里，过道非常狭窄，因此，这样的河埠就产生了一个使用原则：按先来后到的次序顺序使用。

有的河埠不仅精巧，简单可以说气派非凡。仓桥浜有户人家墙门前院子东侧有一道山墙，墙上开了一道门，门楣上是一方砖刻，上书“河埠”二字，出得门来，才见有踏步临水。虽然只是一座河埠，但其构思完整，层次分明，且造型典雅，整个儿就是一件园林小品，令人叹为观止。还有一户人家在大门前是很狭窄的弄堂，出入很不方便，然而他家临河的后门却是正儿八经，门上有一堵高耸的马头墙，门外是一座四四方方的平台，有踏步级级临水，气度端庄而稳重。立在河埠南望，河面十分开阔，过去舟船往来，便是在这里上下水的。原来，这河埠早先便是这户人家的正门。门外的河道，对他家来讲其实是一条街道。水巷曾经是水街，当年水巷的繁荣程度可以想见。

小孩子是河埠上的常客，他们在河埠上嬉戏玩耍，打架争地盘。最常见的游戏是用捡来的瓦片削“水宝塔”，比试谁造的“宝塔”层数多，弯腰俯身一掷，瓦片在河面上“扑刺刺”向前轻快地跳跃，一圈圈涟漪荡澜开来，激起小孩子们一片欢呼声。小孩子还爱在河埠边摸鱼捉虾，用一只小竹篮放在水里，等小鱼小虾进来再猛然一提。年长些的大孩子便稳笃笃地拿一把小竹椅坐在河埠上垂钓了。有了点心事的少年便常常坐在河埠上“望野眼”沉思，特别是在夏天，凉风习习，实在是消夏佳处，看燕子低掠，蜻蜓群飞，鱼跃水面，雨打浮萍。米船、柴船、绸船、菜船一只只摇过，橹声与远处杨柳树上的知了叫声，高低相应，透出夏日午后的静谧。最令人难忘的是农历七月，十五那天是“鬼节”，家家户户都要祝飨祭祖，寺庙里大做水陆道场，晚上还要放河灯，用来娱鬼。放河灯的时候，船在水上缓缓而行，一路上把纸做的花灯放在水面上，任其轻轻随波漂流，直至熄灭。夜幕之下，还有管弦丝竹之声伴河灯做浪漫之旅，给人以一种超凡脱俗飘然欲仙之感。三十晚上，苏州人又烧“狗屎香”了，从河埠上望去，岸上、岸壁、河埠，密密麻麻地闪烁着香火，如繁星落地，还有人把香烛插在草结上的“水灯”中，荧荧而来，顺水漂流，煞是好看。

五花十色的河埠使苏州水巷丰富多彩，而在河埠上浣衣洗菜的女人则使苏州水巷婀娜多姿。游人站在古老斑驳的石桥上，看三三两两的女人在河埠上一边浣衣一边嬉笑，看挟一盆衣裳的姑娘在斜斜地插入水面的石阶上凌空来去，拾级上下，水悠悠，人亦悠悠，丰姿绰约，韵味无穷。游客们看呆了，说苏州真的是水做的，苏州的女人也是水做的，说着，便从行囊里掏出相机来，“咔嚓”“咔嚓”拍个不停。河埠上的女人们对此莞尔一笑，司空见惯。对她们来说，桥上指指点点的人也是苏州水巷里的一处景点哩！

画桥三百：怪不得水城如此文采飞扬

我们终于说到苏州水巷中的桥了，苏州的桥值得大书一笔。这一章的标题我原来写的是“画桥三千”，诘难者问：“苏州城里有三千画桥吗？”

当然没有这么多，说“三千”不过是一种夸张而已，说起来带劲些。不过我改成“三百”并不是怕被诘难。历史上还有更多的文字记载哩，说苏州有桥六千，说这话的人是鼎鼎大名的意大利旅游行家马可·波罗，当时是我国的元代。如今想来，这数字无论如何有点夸张。

还是说画桥三百吧，洋洋洒洒的三百座桥梁无论放在哪一座城市里都是非常可观的，更何况姑苏城不过是座不足二十平方千米的小城。试想，一篇散文里如果竟有三百条妙喻此起彼伏，无论如何不能小觑。水巷里的桥每一座都像一条巧妙的比喻，使人浮想联翩，觉得苏州古城真是文采飞扬。或者说每一条巧妙的比喻都像苏州水巷里的小桥，在水陆频繁割据的地方，飞起一道道彩虹，使人们的想象力畅行无阻，酣畅淋漓。

说苏州画桥三百是留有充分余地的，唐代的陆广微曾在《吴地记》里有“城中有大河，三横四直……七县八门，皆通水路，郡郭三百余巷，吴、长二县古坊十六，虹桥三百有余”的记载。白居易在《正月三日闲行》中也说：“黄鹂巷口莺欲语，乌鹊河头冰欲消，绿浪东西南北水，红栏三百九十桥。”同时代的诗人刘禹锡也有“春城三百七十桥，夹岸朱楼隔柳条”的说法，看来，唐代苏州的桥确实有三百座之多。

到十三世纪的南宋时，苏州的桥梁经过战火的摧残有所减少，后经过当时官民的努力修建，在《平江图》刻石上仍有325座。

到明代中叶，苏州城内还有301座桥，这在王鳌的《姑苏志》里有记载。到清末民初编纂的《吴县志》，仍然记载着城内有桥308座，平均每平方千米有桥15座，远远超过世界著名的意大利威尼斯每平方千米两座桥的密度。

看来，只要有那么多河流在，桥是万万少不了的。

问题是河道在不断减少，有的河道淤塞湮废了，有的河道填成通衢了，河道上原先的桥也有的倾覆，有的败落，有的被拆。清代填掉了几十段河道，这些河道上的桥便同时失去了生命，比如卧龙桥、景德寺桥、朱明寺桥、百口桥、胭脂桥、琵琶桥等；民国时期又填掉几条河，又一批桥也从这个世界上消失了，只剩下桥的尸体——桥名在地方志的某段字里行间草草掩埋着，如雍熙寺桥、剪金桥、金姆桥、柳毅桥、女冠子桥、凤凰桥等；中华人民共和国成立后两次大填河运动也等于是大拆桥运动，井亭桥、梵门桥、仙境桥、鹤舞桥、芝草营桥、师古桥、都亭桥、百狮子桥等都被拆除，只留给人们一些古藤般缠绕着桥的枝枝蔓蔓的记忆。

但与此同时，重修的桥、新建的桥也不断出现在苏州城的内河

诗词里的姑苏古桥枫桥

上，比如船舫桥、朱进士桥、吴衙桥、银杏桥、姑胥桥、星造桥、普济桥等，还有诸如人民桥、平门桥、泰让桥等大桥自不必说了。

河流与街巷交叉的地方，河水让市民止步的地方，桥应运而生。有多少河流与街巷的交叉点，就有多少给人带来方便的桥。河流与街巷之间的纵横交错越多，桥就越多。因此，桥成为水城最富有特色的代表性建筑。

苏州城里的桥形式多样，造型美观，极尽灵巧变化之能事。多边形拱桥、三孔拱桥、单孔拱桥、尖拱桥、半圆拱桥、亭桥、平桥、踏步桥、过街桥、旱桥、廊桥，每座桥有每座桥的姿态，每座桥有每座桥的风貌。有的是平直小桥，桥几乎与水齐平，自然质朴而富有野趣。有带屋顶的廊桥，两旁红栏碧牖，掩映生姿，倒映水中，有如彩虹，水波荡漾，桥影欲飞。有的高大如驼峰高耸，气势雄伟。有的玲珑典雅，古意盎然。有的是巨石覆盖砌叠，宛如混沌中凿琢的千古磐石，散发出原始的浑厚朴拙。有的勾栏石刻浮雕，望柱头古兽宝瓶，华板錾云镂花，全是不朽的精致艺术。有的桥为青石板铺就，桥与路平，素朴小巧，散步桥上，步履安详而舒坦。

在苏州水城里，随便到哪几条小巷走一圈，都像走进了一座桥的博览会，五步一登，十步一跨，谁也记不清一路上经过了多少座桥。有心看桥的游客更是难以挪动步子，那大大小小的桥成了厚厚薄薄的书，其书名的文化气息都很浓郁，有些桥不仅桥名起得好，那桥联也写得好，令人玩味不已。远远地望过去，一座座桥都如枕如凳，浑身透着亲切，让人生出骑上去睡一会儿的怪念头。走上一座桥兴致盎然地欣赏水巷景色，只见近处有桥，远处也有桥，望断水也望不断桥。本来上桥就是为了下桥，可是一些多情的客人上了桥就不肯下来，总希望在桥上多盘桓一会儿，就像是赴一个迟到的约会，主人已去，所留下的怅然悄悄地被周遭的景物消融。桥上还是外地人了解姑苏风土人情的好处所，伫立桥上，看傍水人家，绿树掩映，水巷女子在河埠上上下下，衣杵起落，声音远远传来，慢了半个节拍，如空谷回音，竟使人恍如隔世。看苏州姑娘上桥来了，对襟小衫儿尽是丝绸，潇潇洒洒，琵琶扣盘得雅致古朴，一级级石阶娉娉婷婷走去，风情万种；又有挽着满篮沾露香花的卖花姑娘，打从桥端盈盈走过，空气中飘留着她幽幽的香气，使人情思恍惚。你看，小桥成了苏州姑娘表演的"T"型台了。

都说在苏州小巷里漫步不会感到疲惫，这是因为有桥。路走多了人总会觉得单调，有了桥就不一样了，桥起伏有致，加上苏州的桥变化万端，使你的行程变得富有节奏。走在桥上，移步换景，心情急迫的人也会不知不觉之中变得怡然舒畅起来。桥走多了，生命的步调便会从容自在。所以，苏州人中间急性子的不多，他们优哉游哉，好像生来便有一种上帝赐予的闲情逸致。有了一份好心情，便有了消受自然之美的福分。于是清晨过桥买菜，在桥上对着柳丝缠绕着的红霞慢慢做一次深呼吸，一天之中都会神清气爽。薄暮之中匆匆回家，过桥时见暮霭的绚丽渐淡，河上一片阒寂，拱桥静静地倒映在水中，上下竟合成一个完美的圆，凭栏俯瞰，那圆里也贴了一截人影，一时分不清人在看风景，还是人在风景中，于是物我两忘，怡然自得，觉得生活在这水城里，真美。

苏州的桥不仅是站立在水巷里，她们还牢牢站立在悠远的历史长河中。她们不仅跨越了河流，还跨越了历史。是桥，把苏州古老优秀的文化从千百年前传递到现在。我们读桥，就是在读历史；我们走过桥，就是走过历史。岁月湮远，朝代递嬗，一座座古桥穿越时空，联系古今。我们今天正在走着的桥，也许吴王傲笑着走过，伍子胥叹息着走过，梁鸿和孟光牵着手走过，陆逊沉思着走过，陆羽捧着野茶走过，张继、杜荀鹤、白居易、倪云林吟哦着走过，苏东坡、范仲淹神色凝重地走过，沈周、唐寅、文徵明、祝允明、张岱摇着折扇走过……古人们走过的桥我们在走着，古人们没有走过的路也正在由我们走着。千年百代，像风一样从桥洞里吹过，当我们拾级登临，盘桓在一座座古朴的桥上时，便会与一位古代的圣贤俊杰悠然心会。这桥，是现实的桥，是历史的桥，也是我们心上的桥呵。

桥，是苏州水城里的路，是水巷里的风景，是苏州文化的载体，还是这个城市里的坐标。在苏州，人们总是以桥来说明某一处大致的地理位置。“你家住哪儿?”“皋桥头。”好了，你只要给他门牌号码，他保证一点儿弯路都不走。“万国食府在哪儿?”“广济桥逸。”行，朋友们一个都不会走岔，除非他不是苏州人。你随便问一个苏州人苏州的中心在哪儿，他都会毫不迟疑地告诉你，苏州的中心也是一座桥，叫乐桥。王謇的地方志名著《宋平江城坊考》一书就是从乐桥“下刀”，将苏州的东、南、西、北一劈为四，叙述起来便清清楚楚。

苏州有来历的古桥众多，夸张一点说，每一座桥都有一个故事，把这些故事编辑起来，便是一本很好的《姑苏桥梁志》。

按苏州主要河道“三横四直”次序分述一些名桥的话，那么，“一横”上道先要提到的是泰伯庙桥。泰伯庙桥的桥北是祭祀吴国始祖泰伯的至德庙，桥东是祭祀八仙之一的吕洞宾的福济观，此观俗称神仙庙。临顿桥也是“一横”上的名桥，它因吴王出兵东征时，曾置桥于吴王所建的八所古馆中的临顿馆近旁，以憩息军士而得名。另外还有一座香花桥，因为桥栏上镌刻着 16 只精致的石狮子而为苏州人所爱惜。

“二横”上最有名是当数乐桥，此桥初建于三国时代的赤乌二年（239），《姑苏志》记载，汉萧王庙在乐桥上，相传桥近市曹戮人处，以萧何制律，故祀之。先是因为桥在处决死囚的地方而称为戮桥，后来按谐音改为乐桥，一字之易，功莫大焉。不然，行人过此，难免汗毛凛凛了。次有名的是言桥，原来叫阎桥，相传周武王封泰伯曾孙于阎乡，仲奕以阎为姓，其后裔住在桥附近，桥就叫阎桥了。后来又因为桥旁有祭祀孔子的学生言子的言子庙，遂改名为言桥。还有一座乘鱼桥伴随着一则神话，说古时候有两位贤士，分别叫丁法海和琴高，在这里看到一条有一丈长、有角有脚的大鲤鱼，拍动着两只翅膀飞舞，琴高见此鱼奇异，就骑坐在鱼身上腾空飞转，凌云上升成仙得道，因此有了这个桥名。其实这个神话发生在赵国，不知被谁搬到吴国来了。现在，乐桥、言桥、乘鱼桥都在新建的干将路上。

“三横”上大名鼎鼎的是饮马桥。据史料记载，此桥建于宋朝，原为木板桥，但有人传说饮马桥在晋代就有了，《红兰逸乘》上还有这样一个故事：晋朝有个高僧叫支遁，人称支公，他一生爱马，有一次支遁骑马来到这儿，放马到桥下饮水，马饮水时撒了一泡尿，不一会儿，撒尿处竟然长出了一丛莲花来了，于是饮马桥这个桥名便诞生了。

“一直”上的皋桥也是来头颇大：汉议郎皋伯通就住在桥旁，桥便叫皋桥。但是皋伯通留名青史并不是因为他曾做过汉议郎的官，而是他曾经收留过举案齐眉的恩爱夫妻梁鸿和孟光。梁鸿来到苏州的时候寄居在皋伯通的廊庑下，为人家舂米度日，皋伯通“察而异之”，觉得梁鸿不是一般人，便请他们住到他家里来。梁鸿去世后，皋伯通又妥善安葬了他。人们都觉得皋伯通做了一桩善事，而梁鸿是名人，于是皋伯通便也成了名人。皋桥原来是木桥，明代的时候改为石桥，现在则加固为水泥桥了。

“二直”上没有大名头的桥，乏善可陈。

“三直”上有座落瓜桥，背后有一个凄恻动人的故事：宋朝文人吕蒙正落魄来到苏州，住在一座破窑里，一天，饥饿吕蒙正外出求乞，走到醋坊桥边，看到有人挑着的一担瓜滚下来一只，吕蒙正拾起瓜叫住挑瓜的人，挑瓜人见吕蒙正是一个穷书生，就把瓜送给他，吕蒙正十分感激地捧着瓜回去，没想到上桥的时候一不小心瓜掉在桥上，跌成几块，后来吕蒙正做了大官，还曾故地重游，到这座桥上回忆往事，这座桥也就被人称为落瓜桥。临顿路旁还有一座花桥在中国经济史上常被提到。花桥是一座石板小桥，明清时，苏州织花缎的机匠常早早聚在花桥边等候雇主“叫找”，故名叫立桥。通常要等到人家吃过早饭，看看已是开工做生活的时候，估计不会有人再来雇工了才回去。据丝织业老工人回忆，花桥在民国初年的时候是一座东西向的单孔石桥，桥栏雕刻十分精美，桥上建有木结构的桥阁，内供丝织业的祖师菩萨。桥阁两侧有门，晚上可以关闭，桥的西堍还有一座土地庙，机匠们等不到工作，常在庙里烧香祝祷。其实花桥这地方在唐代的时候就很繁荣，曾在苏州做知府的白居易后来去了扬州，还很想念苏州的花桥，写有“扬州驿里梦苏州，梦到花桥水阁头”的诗句。值得一提的是，苏州还有几座桥也是机匠们的“立桥”之地。除了织花缎的机匠聚在花桥，织素缎的机匠常聚在濂溪坊的白蚬桥，织锦缎的机匠常聚在皮市街的金狮子桥，织缎的机匠常聚在皮市街的广化寺桥。古桥无言，却都是苏州资本主义萌芽时期的见证。

“四直”上的寿星桥建于宋代，又名营桥，明清两代曾经重修过。现在桥两边的石栏是移砌宋桥百狮子桥的浮雕石栏，浮雕是十余对狻猊游戏的姿态，从风格和技法上看，石雕是唐宋间的遗物，无疑是十分珍贵的艺术品。

富有诗意的乌鹊桥恐怕是苏州古桥中辈分最高的一座桥了。她因靠近吴王所建的古馆乌鹊馆而得名，有关乌鹊桥的诗句很多，“月满星移水照天，南飞乌鹊影翩翩”，“夜来桥上吴娃过，只道天边织女行”，描绘出一幅昔日苏州的风俗画。白居易的名句“乌鹊桥红带夕阳”更使乌鹊桥的大名远播四方。千百年来，乌鹊桥虽然几经重建，但桥名却被苏州小心翼翼地保存下来了。

都亭桥也是一座古桥，是纪念春秋前寿梦筑都驿招四方贤客而建的，可惜现在已经不存于世了。

苏州饭店对面的星造桥也有一段故事，这座桥原来叫善教桥，有一天晚上，天上突然掉下了一块陨石，落在桥的附近，苏州人认为这是吉祥之物，重修该桥的时候，便把这块陨石砌在桥里，故而改名为星造桥，因为是新造的，也叫新造桥。

星造桥东面有一座砖桥，两边的桥栏全用青砖勾以白粉，十分古朴雅致。可是老一辈的苏州人叫她转桥，为什么呢？这是因为砖桥附近是清乾隆间的兵部尚书彭启丰的“尚书第”，府第前竖着八根旗杆，地方官员经过彭府均需出轿下马步行。于是怕麻烦的人就绕道从砖桥转过去，砖桥就成了转桥。

山塘河上也有一批可以入诗入画的古桥：

“半塘桥北好阴凉，残醉扶来荡画航。临水数家门半掩，更无人处有垂杨”的半塘桥。

“桐桥月圆上楼台，鳞集游船向暮开”的桐桥。桐桥又名胜安桥，原为木桥，宋时易以石梁，明代重建并筑亭于桥左。

“两情如水水如环，柳外春桡数往还。招手渡头人不见，二分新月近青山”的青山桥。

“一路长堤系桂桡，疏帘斜卷隔河遥。诗情画景登时集，烟雨垂杨绿水桥”的绿水桥。

“野芳浜窄腻春流，斟酌桥高接画楼”的斟酌桥。相传吴王阖闾墓成，夫差怕工匠泄漏墓中的秘密，和伯嚭乘船在此桥下密商灭口之计而得此桥名。

“斟酌青山绿水湄，忽看虹影半天垂”的普济桥。普济桥最初建造的是木石桥，明弘治七年（1494），地方人士周方等人募钱改建，为三孔拱形石级桥，清康熙四十九年（1710）桥南建起普济堂，石桥便叫普济桥，此后又修理过多次。普济桥上的桥联写得颇有气魄：东望鸿城水绕山塘连七里，西落虎阜云岩塔影立春秋。拾级登桥，西眺虎丘拥翠，东望碧水蜿蜒，两岸民居临水，粉墙黛瓦，水城风光尽收眼底。在普济桥一侧，还有一座俗称为前浜桥的小普济桥，这是一座不加任何雕琢的石桥，只是在花岗岩桥桩上搁着三块长条石板作为桥面，上置六条长石作为桥栏。两桥一大一小，一简一繁，倒也相映成趣。

胥门外的万年桥也有一段曲折的历史故事。明代嘉靖以前万年桥是一座文康石造的大石桥，被奸相严嵩看中了，当时阿谀奉承的地方官将此桥拆了运到严嵩的家乡江西分宜。有人曾经写诗吟咏被迁建到江西分宜的万年桥说：“相传吴胥门，有桥甚雄壮。不知何当事，谄媚分宜相。拆毁远送之，未悉其真妄。兹来经秀江，巍桥俨在望。横铺八九筵，袤亘数十丈。石质尽坚珉，蹲狮屹相向。皆言自苏来，运载以漕舫。严老自撰碑，亦颇言其状。始知言不虚，世事多奇创。桥梁是何物，乃作权门饷。鞭石与驱山，势力岂多让。冰山一朝摧，籍没无留藏。独此岿然存，千秋截江涨。颂詈两不磨，功罪亦相当。犹胜庸庸流，片善无足况。吴山多佳石，胥江足良匠。有能更作桥，旧式犹可仿。”此诗可为媚上者戒，而万年桥址则成了渡口，直到清代才重建万年桥。乾隆年间有一幅著名的桃花坞木刻年画《姑苏万年桥图》，画下了新万年桥的景观：“桥上行人来往，摩肩接踵，桥下龙舟竞渡，旗幡缤纷，城时城外，楼阁瓦房鳞次栉比，市容繁华如锦。”

是的，苏州的每一座桥都是一页史书。都说苏州有非常深厚的文化积淀，此言不谬，仅仅是这些桥，就足以使人感到苏州文化沉甸甸的分量。

古井：映出苏州人的小、巧、勤、韧

一条条小巷和市河把苏州水城分割一个个“井”字，每一个“井”字里都世世代代生活着苏州人，也都有一批古井陪伴着苏州人走过一轮轮春夏秋冬，走过一个又一个世纪。古井，在苏州小巷里几乎随处可见。而今，随着古城街坊改造的日益铺开，古井，已经日渐稀少了。

苏州水城里水井数远远超过市河的数量。中华人民共和国成立初，苏州城里大约有近万口水井，以后还陆续开挖了不少。1994 年出版的《苏州全国之最》一书中估计苏州有井 2 万余口，其中 60%以上为古井，是全国保存古井最多的城市，如 1984 年公园街道有 400 口水井，葑门街道有 650 口水井，双塔街道有 780 口水井。可见其数量之多。一口水井便是意味着一方生活，正是这些遍布苏州小巷的水井默默滋润养育了一代代苏州人。

河道纵横的苏州水城地下水资源十分丰富，为开掘水井创造了条件，苏州的水井既有公井，也有院中、室内供独家独户用的私井，有的人家甚至拥有几口水井。

街头巷尾、庭院内外，哪里有人住，哪里就有水井的踪迹。它们

平江路万斛泉

有的等候在大路一旁，口渴的行人驻足于此，可以自己动手吊一桶清凉宜人的井水上来，既解渴，又解乏。有的驻守在邻里之间，每天清晨，女人们三三两两来到井台上，轮番汲水，淘米做饭，洗菜洗衣，伴着“哗哗”水声的是姑嫂、姐妹、妯娌、女友、邻人之间清亮的笑语。流不尽的清亮井水，说不尽的生活家常。对门好婆、隔壁阿姨，一天不见便又积存了不少话要说，从儿子说到媳妇，从菜场说到商场，嘴里忙误不了手里忙。不知疲倦的小孩子更是在人丛里窜来窜去，撞翻了不知哪家大姐的洗菜篮，小屁股上挨了轻轻一巴掌，激起一片哄笑声。有的掩映在花木丛中，半隐半现在画室书房的窗前，于是画家们的水盂里总是少不了一汪清澈的泉水，供他们恣意洗笔调色；挥毫写诗的文人文思中断了，凝望那无声地朝天倾诉的千年古井，便会有灵感飘然而至，诗思便如潮涌向笔端。有的悄然半蹲于寂静无声的蟹眼天井一角，做无休无止的沉思，偶尔有人把小桶扔进井口，汲水烹茶煮茗，品茶之余，也会品出苏州小巷的真味来。

上了些年纪的苏州人，都是喝井水长大的。用井水的最大优点是冬暖夏凉。盛夏，吃过午饭，小巷里的人便把西瓜放入一只小网袋，再在袋子里放一块砖头，用绳子系下井壁，让西瓜沉到井水里。到下午取出来，一阵凉意扑面而来，剖开西瓜，与清香同时溢出的还有一股清凉，直入脾腑，真是驱暑良方。人们还常常将食物放入篮子里，用绳子扎住篮子，吊入井中，可以使食物过夜不变质，这是把水井当成天然冰箱用了。更有年轻人受不了暑气，便打一桶井水上来，照着腿就浇，非常惬意，但是旁边的老人不肯了，“以后要得关节炎的！”隆冬，西北风呼呼地刮，大雪绵绵地下，井台上积满了白雪，井口上却飘散出腾腾热气。用井水淘米、洗菜、洗衣，手上感觉暖烘烘的，所以现在一些用了自来水的人家，洗衣服还是习惯用井水。

苏州人大都并不直接食用井水，有井的人家厨房里放着两只大缸，清晨第一桩事情就是吊井水，把水缸装满，盖好让它沉淀，日复一日地轮流使用。其实井水直接食用也无大碍，但是苏州人认为沉淀一下保险些。有一些人家在水井时投入几尾金鱼，任其在水井里繁衍生长，这样可以使井中的水虫绝迹，保持水质的清洁，还可以在闲暇时向井里俯看金鱼游动的轻曼妙姿，趣味无穷。由于水井里的水温常年不变，而且没有污染和其他威胁，金鱼在水井里生命力旺盛，无须投食管理，小小的金鱼苗不出几年就能长成一尾体态轻盈可爱的大金鱼了。吊水之前，先欣赏一下金鱼的美妙姿态，心情便会一下子舒畅起来，做家务活也充满了浪漫情调，成了一种享受。

水井在苏州人心目中享有重要的地位，过去苏州人租房子时，判断房子的优劣有一条标准，就是看你房子有没有水井。没有水井的房子是不怎么受欢迎的，很难租出一个好价钱。苏州人受水井的恩惠太多了，以至于每到大年初一，苏州人总是要封井，那一天，苏州城里大大小小的水井一般都是不用的。水井上都覆上了井盖，人们虔诚地焚香对井礼拜，祭祀“井泉童子”，感激“井泉童子”对人们的生活做出的巨大贡献。礼数最周到的人家还要在井圈上供奉一份糯米粉圆子之类的贡品，然后阖家人依次对井磕头，可见苏州人对水井的感情之深。对水井的感情还表现在苏州城里一些地名上，如大井巷、井家弄、井亭浜桥等，十全街也是因井得名，它是由十泉街演变过来的，此街两侧曾存有十口古井。

苏州的水井多种多样，有瓦井、砖井、泥井之分，井径多为 1~2 米，井深约 5 米。绝大部分水井上都覆盖着井圈。古井最为人所怜爱的便是那古色古香的井圈。井圈又称井栏，苏州古井的井圈的石料和形制也是多种多样。有武康石的，有黄石的，有青石的，有花岗石的，最常见的是青石井圈。在造型上有圆形的，有六角形的，有八角形的，有鼓形的，还有瓠瓜形的，如石板街民居内的水井，还有石刻三狮兽形的，如东北街124号内的古井，还有大石头巷民居内的四方莲花形水井，还有管家园的盂形水井，等等。有的井圈上凿有文字，镌刻着名人和书法家的题词，从中可以了解到古城苏州的历史变迁，充满的诗情画意，如果将这些井圈上的书法题刻墨拓下来，完全可以举办一个井圈书法艺术展览会。苏州城建博物馆珍藏的一只鼓形的青石井圈，上面不仅凿有清丽的文字，还凿着一些梅兰竹菊的图案，十分精美。可惜现在还未能考证出它的诞生年代。

苏州古井的存在方式也有不同。最多的是单眼井，另外还有双眼井，如玄妙观东脚门的怀德泉、羊王庙的长寿泉、玄妙观的市民公井等；有“品”字形排列的三眼井，如永定寺弄公井、汤家巷35号井、皮市街公井等等；还有四眼井，如天库前的源源泉、韩衙庄公井等。有的井与附近的桥紧密相依，相映成趣。《吴门表隐》记载了一条民谚：“娄门外，九槐村，井挑桥，桥挑井。”说的就是井紧接着桥的景观。所谓“井挑桥”是指永安桥两堍都有井，而“桥挑井”是指永宁桥桥底有一口井。

青石井圈往往都有深深的绳槽，那是千百年来人们汲水时井绳拉出来的印痕，是岁月留下的痕迹。曾有苏州文人从古井绳槽上读出小、巧、勤、韧四个字来，说此四字笼罩苏州人的性格，当不会有太多的遗漏，这话颇有几分道理。

苏州井圈里最有名的当数亨泉和复泉。金石家叶昌炽曾在《语石》中说：“亡友管申季明经家杉渎桥，门前有古井颜曰‘亨泉’，宋咸淳戊辰泗洲寺僧所立，有记有诗，申季即以亨泉自号，并拓一通见贻。”现在杉渎桥早已不复存在了，那么亨泉呢？人们在小新桥巷发现一眼水井上覆盖的八角形青石井圈上，倒是刻有“亨泉”的字样。此井圈是不是即彼井圈呢？井圈铭文上依稀可辨的“咸淳戊辰”“住山明叟”等字样可以确证，这就是叶昌炽《语石》里提到的亨泉。泗洲寺在苏州娄门，井圈上刻的“明叟”应该是泗洲寺的住持和尚。这井怎么和一个和尚产生关系呢？看一看井圈上刻着的另一些字就知道了：“超拔幽魂去，刊题施姓名。共资功德水，法界永口口。”另一面还有一段：“浚井无穷口，良缘属泗洲。清境因刹口，土厚得泉口。”铭文中的一些字现在已漫漶不清，但其大致意思还是清楚的。这眼井是为了超渡一个亡人的魂灵而由众人集资，并由泗洲寺的和尚明叟主持开凿的。亨，有通达顺利的意思，取名亨泉，不仅仅是寄寓水源畅通的愿望，还有另一层含义。泉，在这里还有黄泉阴府的意思。有唐诗“明月萧萧海上风，君归泉路我飘蓬”，泉路指亡人魂灵通向阴曹地府的必经之路。开挖亨泉就是为了使亡灵从此处顺利通过。

苏州有不少井就是为了亡灵“泉路”畅通而开凿的，其中又以为难产而去世的妇女开凿的井居多。古人认为妇女难产死后身沾满了污血，阴曹地府不肯接受她们的亡灵，她们通不过黄泉路。怎么办呢？亡灵的家人往往用化缘来的资金，由佛教寺庙主持开凿一眼水井，并由高僧主持开设道场，念经烧香化纸，使亡魂能够顺利进入地府安定下来。据民国年间编纂的《吴县志》记载，苏州城里的宋井中就有18眼是为了超度因难产而死的亡灵的。有的井圈上还刻有关于捐出亡妇的所有陪嫁来穿凿进泉的记载。

与亨泉齐名的复泉在叶昌炽的《石语》里也有记载，“严衙前有复泉，余欲物色之，分树一帜”，但是“彳亍荒榛瓦砾中，竟不可得”。当时一位金石目录学家缪荃孙向叶昌炽打听复泉的下落，叶昌炽回说：“确知其已佚。”其实复泉仍然好好地立在这个人世间，只是叶昌炽不知道而已。二十世纪二十年代，著名版本学家顾廷龙的祖父顾荫逊购得严衙前的一所旧宅，在院子里发现了一只形制古朴的石井圈，将石井圈上的污泥藓草剔除干净，原来就是叶昌炽遍寻不着的复泉！大喜过望的顾荫逊视若瑰宝，把它移到东书房，并将自己的书房命名为复泉山馆。年轻的顾廷龙对金石文字学已经十分精通，他亲自动手把井圈上的全部文字拓下来，装成一本大型册页，由他的父亲竹庵先生题写了跋文。当时的名流章太炎、钱玄同、胡适、叶恭绰、张元济、郭绍虞、钱锺书等都在册页上或题款识，或作长歌，或题咏，吴湖帆还在册页上作了一幅画，盛极一时。

复泉井圈呈八角形，一面刻有题记，共七行，大略的意思是南宋绍定三年（1230）十二月，沈某妻王二娘，二十岁，因难产身亡，为此建造义井，普施十方。井圈另四面刻有大字“顾衙复泉义井”，小字“崇祯七年（1634）四月立”，可能到了明末，这眼井重新开浚过。说不定就是因为开浚过后，将井圈重新覆盖于古井之上，此井才得名为复泉的也未可知。

亨泉和复泉，前者可惜已裂为两半，后者则由上海图书馆馆长、苏州人顾廷龙捐献给了苏州博物馆。

苏州古井中名井很多，比如说松鹤楼内的蟹脐井，这眼井还伴随着一个有意思的传说。传说苏州城像一只蟹，八个城门通向城外的八条街是八只蟹脚，城西相峙的虎丘山和狮子山是两只蟹螯，玄妙观是海兜，松鹤楼菜馆里的马蹄泉是蟹嘴，马蹄泉又叫海泉井，走到井旁蹬脚，井水就会起泡，所以松鹤楼的蟹肉大包最为有名。而牛角浜的七星泉则是蟹的脐水。据古人察看风水得出的结论，说蟹有脚就要爬行，蟹一动便会引起战争，于是古人早就废塞了蛇门和匠门，使蟹爬动不便。到了清末宣统年间，苏州城里开始有了电灯，观前街一带入夜后灯火通明，有人担心蟹见了灯火要爬动，便填塞了海泉井和牛角浜的七星泉，因为蟹没有吐纳就会死去，也就不会发生重大战事。现在，松鹤楼里只剩下一座蟹泉厅了。

原来玄妙观里有一眼古井也挺有名、有意思。这眼井名叫运木古井，在蓑衣真人殿，建于宋代，据说当初建造弥罗宝阁的木材就是从这眼井中源源不断地拔出来的，那真是十分经济、方便，苏州人的想象力真够水平。

有不少井值得地方志中记一笔的：

盘门瑞光塔西发现的一口唐井，是留存至今最古老的井了。

东北街 128 号原灵迹司庙有一眼止疟泉，据传祷水煎服可治疗疟痢。

蔡汇河头汤氏宅内的千佛井井圈内镌刻了很多佛像，据说该井水也可以治病。

沧浪亭有一眼井井圈在假山上，井却在山洞里，人在假山上也可以吊水。

闾邱坊巷金泉是 1932 年当地人为纪念救火牺牲的义士史金奎而捐资开凿的。

苏州还有许多有名有姓的古井，择其要者分列如下：

西美巷况公祠井、马医科神道街的觉海泉、桂和坊 4 号吴昌硕故

东美巷口古井

宅前的黄石瓜廊井、阊门下塘街旧神仙庙前古井、原崇真宫庙前的双井真泽泉、温家岸范烟桥故宅前的青石老井、悬桥巷顾家花园顾颉刚故宅边的青石老井、十全街111号李根源故居九保井、东大街22号古井、庙堂巷畅园大门前余天灯巷古井、吴王桥畔石匠弄拱星泉、大柳枝巷河边乾隆古井、书院弄益寿泉、郏长巷东首洙泗井、申庄前康济泉、侍其巷小教场口古井、姑打鼓弄古井、东善长巷牌楼弄井、桃花坞大街丰乐泉、徐鲤鱼桥畔井、范庄前西首井、古吴路博济泉、柳巷19号元邑官井、阊门周王庙弄济急井、谢衙前3号玉泉、东美巷口井、祖家桥仁济井、仓街69号百寿泉、仓街110号百龄泉、天宫寺弄永安泉、娄门石板街顾地流泉、阊门老虹村六宜泉、齐门路15号思静泉、蒋庙前同治井、桃花桥弄桃坞井、白塔东路32号元邑官井、东花桥巷与金刀桥巷口乾隆官井。

苏州城中有许多井称为义井，都是积善人士捐资助建的，比如张香桥埦义井、五爱巷38号平阳义井、金狮河沿17号义井、葑门盛家带义井、古吴路吴东弄义井等。苏州银行业巨贾沈惺叔年过四十犹乏子嗣，寄希望于“行善求子”，二十世纪一二十年代先后在苏州南、北、东、西街头路口开凿义井十数眼，现在仓街、平江路一带尚有留存，花岗石井圈上镌刻的“沈惺叔建义井”的字样尚依稀可辨。

也有不少珍贵的古井近年已经消失了，例如滚绣坊沧浪区少年宫前面的袁泉（清光绪八年，1882）和流芳泉（清光绪三十四年，1908）、十全街带城桥小学前的四眼公井（1936年）、乐桥祝家桥巷延益泉（清光绪三十四年，1908）、乐桥双栏公井（1927年）、铁瓶巷口仁寿泉（双眼，同治甲戌年，1847，怡园主人顾文彬凿）、因果巷消防队门前菩提井（清光绪三十四年，1908）、施相公弄民强里市民公社井（清宣统元年，1909）、阊门石佛寺弄 8 号门口石佛寺甘泉（晋代，花岗岩八角形，三面刻有佛像，五面各有石佛寺甘泉五个字）、平家巷 15 号原佛慧庵内莲花井、吏舍弄留韵义井、葑门横街 22 号典当井、大铁局弄 1 号义井（清乾隆六十年，1795，井圈刻有诸佛名号）、道前街清吴县衙门前廉让泉、娄门库里弄 6 号饮和泉等等。

现在，苏州水井正逐渐退出苏州人的生活舞台，取决于许多因素，其中自来水的普遍使用和地下水的污染是主要原因。但是，苏州古井永远退不出人们的记忆。一些“老苏州”谈起自己熟悉的古井都是一往情深。可以说古井一直伴随着他们的人生历程：孩童时，他们伏在井圈上对着井水扮鬼脸；年轻时他们与恋人花前月下相依相偎时也总爱对着井水摄一张“并蒂莲”；年老了，又是古井映出了他们的鬓间华发。

◎ 小巷人物 ◎

苏州小巷 >>>

张一麐在吴殿直巷红梅阁

——回归家园的人们之一

上有天堂，下有苏杭。苏州是个好地方。

身在苏州，耳边一片吴侬软语，鸟叫似的，十分好听。外地人在街头巷尾向苏州人问路，苏州人都会耐心细致、和颜悦色地为人家指路。你用普通话问，他就用普通话答；你用上海话问，他用上海话答；你用无锡话问，他用无锡话答；你用苏北话问，他用苏北话答。碰到高手，山东话、四川话、广东话他都能对付两句。于是苏州人的温文尔雅便在全国出了名，“宁可听苏州人吵架，不听宁波人讲话”之类的话便出来了。其实宁波人讲话并不怎么可怕，只是人们要为苏州找个陪衬，这才看上了宁波话，宁波人只好自认倒霉，谁让苏州总是能给天南海北的人一种很快就能适应、就能喜欢的感觉。

是的，苏州给人的感觉就是谁都能适应，官场上下来的、商场上下来的、战场上下来的，都说苏州好，都说苏州挺适合自己，或者说自己挺适合苏州。加上苏州气候好，苏州城市美，苏州菜好吃，苏州评弹好听，所以，苏州人大多不愿到外面做官，即使到外面做官，或迟或早都要回来。包括在外经商赚钱的、在外带兵打仗的，过了一把奋斗人生的瘾、挣了一笔足以与一家人好好享受半辈子的银子以后，便静静地回到苏州小巷，舒舒服服地安憩下来，定定心心享受生活了。

跟着回乡的苏州人来到苏州的，还有一些有钱、有本领的外地人，他们想在天堂过日子，于是选中苏州，来到苏州，在花木掩映的小巷深处买一所房子，在古城里交几位志趣相投的朋友，为乡邻们做一些公益慈善事业。平时到吴苑深处话雨楼孵孵茶馆、会会老友，有兴致时与同好听听评弹、拍拍昆曲，再有闲情逸致还可以铺纸泼墨，撇两笔兰草，圈几朵墨梅，与诗友画友酬唱往还，日子便十分雅致、精致。按照地方志的说法，前者叫乡贤，后者叫寓贤。

生活在苏州的不管哪一个时代，必须得时刻牢记八个字——苏州小巷藏龙卧虎。苏州城真的是个藏龙卧虎的地方，任何一个看上去不显山露水、十分谦恭的人，都可能有不寻常的来历。也许是位曾在战场带兵攻城略地、出生入死过的将领，也许是位博览群书、学富五车的大儒，也许是位画坛大师的得意弟子，也许是位军机大臣的直系子孙……比如曾经在我们单位坐过传达室的几位看门老人，一个个都有来历，有在二十世纪三四十年代就担任影剧院经理的，有曾经是知名演员的，有培养出英伦洋博士的。有一次，我在办公楼楼梯上碰到在我们单位看门好几年的一位老人，他手里拿着厚厚的一本《评弹大辞典》，我随口问："又发书了吗？"他说："不，是买的。"我接过书一看，定价50多元，便问他："你对评弹有兴趣？"他说："书里有关于我的介绍，买一本纪念纪念。"我一翻，果然，有照片，有文字介绍，老人曾经是名驰江浙的响档。于是我一有空就找他闲聊，挺有意思的。

我觉得，为人们所称道、所向往的苏州小巷，是清末民初至二十世纪二三十年代的苏州小巷。因为生活在这一时期苏州小巷里的人们一部分离世不久，一部分还健在，这段时期苏州小巷里的人和生活，我们有音可追，有迹可循，了解得比较多，感受得比较深。我们所谈论的苏州小巷，在很大程度上正是这一时期的。

这一时期，苏州小巷时汇聚了一大批可圈可点的风云人物、风流人物和风雅人物。其中声望最高的当数章太炎、李根源和张一麐，而且这三人是好朋友。

张一麐，字仲仁，人称张仲老。他出生在清同治年间，光绪年间中过举，应试经济特科，取第二名。他虽是科举出身的旧式文人，却是颇能识大体，顺大势，应潮流而前进的人。当康有为、梁启超等倡言变法的时候，张一麐和弟弟张一鹏一起响应变法，在唐家巷小学里创立“苏学会”，订阅了许多载有康梁言论的报纸，宣传新思潮。他是袁世凯的老友，也是畏友，坚决反对袁世凯称帝，书生气十足的张一麐不像有些明哲保的人那样离京远走了事，而是在袁氏府第与袁世凯当面争执，竟达一个半小时之久，以至于袁世凯第二天即令他离开总统府秘书长的要职，而担任教育总长的闲差。张一麐铁骨铮铮，始终不肯在《劝进表》上签名。后来云南蔡锷发出讨袁檄文，因张一麐与蔡锷在北京时经常往来，便被段祺瑞指为蔡锷的内应，张一麐几遭不测，暂避进天津法租界。袁世凯称帝不成，只能发出“申令”取消帝制，这道“申令”就是袁世凯把张一麐请回北京改定的。面对袁世凯的称帝丑剧，以及官场黑暗、军阀混战、政治腐败的现实，张一麐不愿再在宦海沉浮，于 1921 年回到苏州故乡，住宅在吴殿直巷的红梅阁。

张一麐为苏州的发展做了大量的工作，早年的时候，他就主张兴

吴殿直巷

办公共图书馆，以开发民智，并带头捐款。他还要求政府拨地造屋，逐步建设公园、体育场、博物馆等公共设施，现在苏州公园、体育场的布局，就是由他的设计思想而来的。

张一麐有着高度的政治敏感和爱国热情。二十世纪三十年代，日本侵略者觊觎中华之心日益显露，张一麐对此非常警觉，十分愤慨。有一次，兼任着乐益女校董事长的张一麐应邀参加一个由教育局举办的宴会，在沧浪亭的展览厅接待日本的某教育访问参观团。宴会一开始，日本人有点嚣张，但张一麐谈笑风生，完全掌握着谈话的主动权，显示出一种气势。他对日本人说："贵国把鼻子叫'哈那'，可是同时又把花也叫'哈那'，那么，用鼻子闻花香变成了'哈那'闻'哈那'了！"说完哈哈大笑起来。接着他又说："你们把鞋子称作'裤子'，到你们屋里走上榻榻米的时候，你们就说'请脱了裤子上来吧！'难道不是这样吗？"一席话把那些日本人说得一个个面面相觑，尴尬地听张一麐一个人说，张一麐则像打了一场大胜仗似的哈哈大笑。

1936年国民党政府逮捕了坚决主张抗日的沈钧儒等"七君子"，把"七君子"羁押在江苏省高等法院苏州看守所。张一麐和李根源等爱国志士一起奔走营救。国民党政府在全国舆论的强大压力下，不得不将"七君子"释放，但要"七君子"在出狱前每人找一个律师或有名望的人盖章具保。张一麐慨然为沈钧儒担保，李根源则为章乃器担保，其余五人由几名苏沪的律师担保。"七君子"出狱后，张一麐、李根源等爱国人士在苏州国货公司屋顶花园设宴招待，共议抗日救国大计，气氛激昂。"七七"卢沟桥事变后，日军又于"八一三"袭击淞沪，张一麐马上投身于开设医院救护伤员和收容难民的工作。他说："军兴之际，地方秩序不可一日紊乱。关于前后方之联络，地方士绅不能不负相当责任，此时尚非吾等避难之时。"并和李根源等人登高一呼，倡议组织老子军，要和日寇拼命。他们发布的老子军宣言要求六十岁以上的老人都行动起来，参加老子军，一起在后方做好后援工作，并在前线担负埋地雷、点火药线等工作，以减少年轻人的牺牲。宣言说："本军以敢死为目的，凡青年不必牺牲者，则可由本军充任之，但必须以不用膂力而能胜任者为前提。"还说："青年来日方长，若过多牺牲，未免可惜，老人年齿较高，即从容赴死，犹如商贾之早有赢利，不能算作亏本生意。当年范仲淹即被西夏人称作小范老子，故取其意而成立之。"并且宣布由张一麐担任老子军的司令，李根源担任参谋长。这是一桩轰动全国的壮举，在鼓励民众抗日方面有相当大的影响。为了老子军一事，蒋介石与张一麐闹了很久，蒋介石说，"国家纵极艰危，不应责耆老以效死于前线……务请中止此议，别谋所以靖献之道"。老子军终因蒋介石劝阻而没有成为现实。

后来张一麐去了重庆，任国民参政会参政员。1943 年病逝于重庆，邵力子对他有一句中肯的评价："张仲仁是好人，是爱国的人，是值得群众敬仰的人。"抗战胜利后，张一麐的灵柩运抵苏州，葬于善人桥附近。

张一麐的弟弟张一鹏则是晚节不保，堕入歧途。汪伪政府拼凑班底时，看中了曾任北洋政府司法部长的司法界老前辈张一鹏，张一鹏则婉拒不受，说："吾兄在重庆主张抗日救国，吾岂能与之分道扬镳?"然则，张一麐去世后，汪伪政府再三邀他担任司法行政部长，由于失去兄长的管束，张一鹏意志不坚，犹豫再三，最后还是走马上任。据说上任前，他曾问卜于一位姓秦的善卜者，卜者问他测何字，张一鹏说就测“秦”字吧。卜者不假思索，说这不是吉兆。因为“秦”字的上半部为“春”之首，下半部为“秋”之旁，从春到秋，为时能有几何？当时张一鹏官迷心窍，把亲友的规劝都置于脑后。半年后，张一鹏在视察监狱的时候染上伤寒，不治而亡。

李根源在十全街阙园
——回归家园的人们之二

张一麐的朋友李根源也是一位在苏州深孚众望的老人。他是云南腾冲人，字印泉，早岁从军，后来参加同盟会。辛亥革命的时候，他与蔡锷和罗佩金三人领导了云南的光复，还参加了孙中山的讨袁之役和护法斗争。黎元洪当国的时候，他于1922年任北洋政府的代国务总理，为当时的风云人物。他为人正直，由于坚决反对曹锟贿选总统一事，于1927年愤而辞职，奉母来到苏州，在葑门十全街购了一所园林式的旧宅院，修葺一新，定居下来。他把寓所命名为“阙园”，这是因为他的母亲姓阙。

李根源是朱德的恩师，他留学日本归来后在云南办了一所名为云南讲武堂的军事学校，自任监督，相当于现在的校长。当时学校规定只招收云南学生，为本省培养军事人才。朱德不知此项规定，长途跋涉来到云南的蒙自校部投考该校，主考人见朱德是四川人，便不拟录取。朱德正万般无奈时，被出来的李根源看到了，他经过考虑，答应收下朱德，他说：“既然赶来投考，说明他是一个有革命志气的青年，即使是四川人，也应录取，以如其愿，坚其志。”在学习期间，朱德深受李根源的教诲，两人结下了深厚的师生之谊。中华人民共和国成立后，师生俩相会于北京，共商国是，把晤甚欢，朱德对老师的尊敬一如既往，成为一段佳话。

李根源在苏州的时候，章太炎、金松岑等人都在苏州，李根源和章太炎的关系非常好，二人经常在一起谈艺论文，说古道今。苏州是文化古都，巷陌之间有很多文物遗迹，如果不加以妥善处理，任其损毁，殊为可惜。于是李根源经常在古城内外寻寻觅觅，找到残碑断碣便认真摩挲辨认，为此，他还特地备了一只小舟，供外出访古之用。每每有所寻获，归来便在小舟中仔细研究，考证其来历，不顾连日奔波之苦。他的三册《吴郡西山访古记》就是他辛勤工作的结晶。几个月的劳累，日晒雨淋，加上饮食不规律，他大病一场。他还支持并参加了吴荫培主持的保墓会，详细考察吴中古墓，一一为之封植，加以保护。

李根源收藏古物甚富，然为人又十分慷慨。有一次，他参加几位文人的聚会。座中有一位诗人周麟书，是明吏部尚书大学士周恭肃公的十二世孙。周麟书把他家藏的名贤书翰装裱成册页，请大家在册页上题咏留墨。李根源看到册页中有一幅桐城人光聪成为周恭肃公题的《归物图》诗之后，立刻站起身来，拍着周麟书的背说："原来你是周恭肃公的后代，恭肃有一遗物，我曾以高价得之于开封，既然找到了物主，我应该把它璧还给你。"说罢就乘车回家。隔了一会儿，他急匆匆地返回，把一只包裹放在桌子上，参加消寒会的诗人们围过来一看，果然是当年周恭肃公用的一块象牙笏板，色泽鲜润，完好如新。周麟书于无意之中竟得到了祖先的遗物，喜出望外，拜谢而受之。回家后，周麟书特地为那块象牙笏板修葺了一所厅堂，请李根源为这所厅堂题额曰"传笏"，然后在"传笏堂"上大宴宾客，庆贺这件喜事，引以为平生第一快事。

李根源非常关心苏州的百姓民生，他与张一麐一起主持了善人桥的农村改进会，作为开发农村社会教育的基地和示范，得到了中华职业教育社的赞助。他们还在那里开设小学，开办民众夜校和民众茶园，宣传卫生知识，修堰闸桥梁，疏浚河流。还和张一麐、吴荫培、王謇等人编修《吴县志》，做了很多实事。另外，他还著有《洞庭山金石》三册，《吴中郡邑学舍金石志》一册，《陈圆圆事辑》一册。

李根源还十分好学。1922年，太谷学派传人黄葆年来苏讲学，听讲的人非常多，葑门一带本来很冷落，竟然因为黄葆年在那儿的归群草堂讲学而“顿成闹市”，那儿与李根源的住宅很近，他耳闻目睹，见长衫短打，不绝于途，还听说该学派颇具神秘色彩，说“受业者先以占卜，卜皆应其人，是以共神之”。李根源很奇怪，便约张一麐一起去听黄葆年讲学。那天黄葆年讲的是《孟子见梁惠王》一章，所讲针对时局，立言慷慨深切，并没有其他玄妙莫测、神秘古怪之处。课后，黄葆年邀李、张共进晚餐。席间李根源终于忍耐不住，直截了当地问黄葆年说：“先生于讲课之外，总还有什么秘密的东西传授给弟子吧?”黄葆年从容回答：“夫子之道，忠恕而已矣，孝悌而已矣，他无有也。”李根源就不便再问下去了。后来，黄葆年病逝于苏州，葬在城外。李根源还在他写的《吴郡西山访古记》中提到“居邻于余”的黄葆年，流露出崇敬和怀念之情。

李根源很喜欢苏州，他也得到了苏州人的爱戴。他的儿子还与苏州人缔了婚姻，妻子是十全街的彭家千金。彭家祖上曾出过两位状元，称为“祖孙会状”，门前立了一排旗杆，文武官员经过彭家门前，都得下马步行。李彭联姻可谓门当户对。李根源和邻居们的关系也很好，他为母亲祝寿时，尽管他已经隐居苏州多年，但还是来了许多显达贵客，阙园一时车马云集，高朋满座。李根源索性大开园门，广请邻人入园与其共乐。1928年，李根源的母亲去世，李根源葬母亲于古城西南穹窿山余脉小王山，在山上种植了万株松树，名为“松海”。还在其中造了一所屋子“阙茔村舍”，名其堂为“小隆中”。章太炎曾为“小隆中”题额云：“余昔为印泉作楹语，称治世之能臣，乱世之奸雄。盖戏以魏武相似，以印泉尚在位也。退居十年，筑室松泉，自署小隆中，又追慕武侯，盖仕隐不同，故淡泊宁静，亦山林之趣，余因据其所称榜之。”小王山自从李根源营葬其母阙太夫人之后，就有了“阙茔”之名。村中设有小学校、运动场、阅报室、公共浴室、公井、苗圃、菜园等。阙墓在小王山正面，四周所植松柏等树中，有黎元洪赠送的数万株。墓后的一堆山石上，刻着章太炎篆书的《孝经卿大夫》，每个字都有一尺二寸见方。

“七君子”被捕入狱押解至苏州待审，李根源闻讯后十分气愤。当即前往看守所看望，并将一盆梅花送给沈钧儒，以此赞扬他们的铁骨红心。沈钧儒十分感动，马上将盆景上扎着的绳子解去，作了一首诗答谢李根源：“无限商量矜惜意，先从解放到梅花。”在审理此案期间，李根源挺身而出，为“七君子”奔走呐喊，广为联络社会各方积极声援，直至国民党政府不得不将“七君子”交保释放。

“一·二八”事变后，李根源为了淞沪抗战，积极奔走，动员爱国人士捐款支前。还将在上海事变中负伤转来苏州医治无效而牺牲的78名将士安葬于善人桥以北的马岗山麓。当时苏州城内外有不少空地，为什么要把他们葬到距城二十多千米的马岗山呢？这是由于苏州的老百姓认为这些阵亡将士都是善人，善人要葬善地，所以李根源等士绅就集资在善人桥买了这块坟地。李根源亲自为之题写古隶“英雄冢”三个字，张治中将军也怀着沉痛的心情写了碑文：“李印泉先生在苏集前十九路军、第五军上海抗日一役殉国将士骸骨，凡七十八具，葬于马岗山麓。命名：英雄冢。以治中曾参附斯役属题。自维当时制敌无术，书此不觉愧悲交集，泪下如绠矣。”墓碑至今犹存。营葬前，苏州曾举行了规模盛大的阵亡将士葬礼，李根源慷慨激昂，执绋走在游行队伍的最前列，当时目睹此感人场面的著名画家徐悲鸿于1943年在重庆的化龙桥据此事创作了一幅作品，题名为《国殇中执绋者》，画幅中突出一位魁梧的黑髯长者，气宇轩昂而又温文尔雅，具有强大艺术感染力，他正是李根源。

李根源去世后也被埋葬在小王山，他的故居“阙茔村舍”已被辟为纪念堂了。

金松岑在濂溪坊天放楼

——回归家园的人们之三

李根源和张一麐在苏州有一位结为金兰之交的异姓兄弟，叫金松岑，又名天翮、天羽，号壮游、鹤望、天放楼主人。金松岑是吴江同里人，后寓居苏州，也可以说是苏州人了。据说他还是苏州最早穿西服的人，当年他西装革履，剪短发，拿手杖，出现在苏州最热闹的观前街上，惹得人们争相围观。他的思想很激进，青年时在南菁书院就崭露头角，文采斐然。曾加入兴中会，以文字鼓吹革命。二十世纪二十年代，他在苏州可谓人望一时，名气很大。他的名气起码有一半是由于他写了小说《孽海花》。这部小说的主人角也是苏州人，一位叫金雯青，一位叫傅彩云。小说就是以傅彩云的故事为主线，写出那一时期的官僚文士们的活动，其实这两位主角就是苏州的状元洪钧和苏州名妓赛金花，赛金花的本名叫傅彩云，小说中写的基本上都是真人真事。但由于金松岑是诗人，写小说不是他的长项，所以他写了六回就不想再写下去，转请常熟人曾朴续写。出版后畅销一时，连版达十万部之多。小说翻译家林纾阅后曾有评价："《孽海花》非小说也，乃三十年之历史也。"金松岑对赛金花这位同乡并无好感，在小说里也是贬多于褒。直到 1936 年赛金花病故于北京，当时的一些古都名人对这位老妓大感兴趣，为了让她与钱塘苏小小媲美，将她葬在陶然亭，又考虑到碑记一定要请一位名士撰写才行，便写信请金松岑写。金松岑回信说：“作墓碣尚可，但我有我之身份，不能为老妓谀墓也。”

金松岑的寓所天放楼在苏州濂溪坊，楼下客厅里挂着一副肖退庵赠给他的篆书对联，一幅张善子画的马，字画旁则是他写的一张纸条，纸条上写着：“来客有言，直言谈话。以十分钟为限，免得影响本人读书写作时间。外国朋友恕不接见。”据说这张纸条是他在二十世纪三十年代为避免日本人纠缠而写的。楼上四壁满架都是书，坐椅和桌子上也全堆满了书，只有书桌旁边那只圈椅是空着的，学生来访，只能围着桌子站着。他为学生授课则在大郎桥巷的一座老式花园洋房里。他不收学生学费，食宿由学生自理，学生生活学习的作息制度是金松岑规定的。他总是乘着自备的黄包车从濂溪坊来到大郎桥巷，盛夏期间，他端坐车中，拉起车篷，车门前遮挂黑纱的帘幕，有时还戴一副墨镜，纸扇轻摇，颇有名士派头。再一注视，便会领略他清癯傲岸又平易近人的学者风度。他下车后踱入大厅，坐在桌子正中，学生就围坐在左右，开始听他讲授古文。他为学生讲龚定庵，讲顾亭林，讲王船山，但从来不肯讲自己的文章，学生多次要他讲解他写的《五奇人传》，他总是摇摇头，摆摆手。由于每天来访的客人络绎不绝，上课经常被这些迎来送往打断，其中有很多是远道而来的大学教授和地方知名人士。

抗战期间，金松岑写了大量可歌可泣的诗文，其中最有影响者当数《论气节不讲足以亡中国》。这洋洋洒洒上、中、下三篇大文，据古引今，辨析利害，激励人心，大义凛然。苏州沦陷后他避居上海，执教光华大学，后因学校解体，又回到苏州，过着清苦的生活，正如他在《告友人书》中所说，“不挂黠虏之网，不嗅盗泉之饵，衡门却扫，高阁偃仰”，“晚节不亏，傲骨依然”。

抗战胜利后，国民党接收大员欺压百姓，导致物价飞涨，金松岑拍案而起，他与南菁书院同窗吴稚辉以快邮形式向蒋介石提出非议。据说蒋介石看了信后问吴稚辉：“金天翮何许人耶?”吴稚辉回答说：“江南一老名士，颇负时望。”陈布雷在一旁说：“金天翮又名金松岑，苏州人，过去在上海时报写过社论，我和他相熟。”蒋介石说：“意见提得很好，可饬下查办。”但并无下文。金松岑无可奈何之下，写了许多义愤填膺的诗文。

金松岑晚年目击时艰，心情不好，又遭受爱孙金同翰早丧之痛，卖田鬻房，病贫交迫，于 1947 年去世。汪东对他有精辟的评价：“松岑其行类儒，其气类侠，其文类纵横家。”

章太炎在锦帆路章园

——回归家园的人们之四

章太炎是苏州另一位大名鼎鼎的寓贤。“中华民国”的名称就是章太炎在日本主持《民报》时提出的。有关章太炎的最有趣的传说是袁世凯想称帝时，他曾经把袁世凯授给他的大勋章当作扇坠大闹总统府。其实这只是一则有趣的传说而已，最初的来源是当时上海的《神州日报》。章太炎的夫人汤国梨曾说过，那时章太炎还没有大勋章，如果章太炎要用勋章做扇坠的话，他也只有一枚“勋二位”的勋章，而不是“大勋章”。事实是在袁世凯当了83天皇帝身败名裂之后，黎元洪任总统，以章太炎反袁有功，才晋升“勋一位”的。

章太炎从1932年始客居苏州，那年秋天，章太炎应金松岑邀请来苏州讲学，先后在大公园县立图书馆、青年会、沧浪亭等处讲过。每逢他一周一次的讲学，来听讲的人都特别多，颇有少长咸集、群贤毕至的气氛。尽管要听懂他的讲学一定要有相当的旧学基础，还要能听懂他浓重的余杭口音，能做到这两点的人并不多，但来听他讲学的人依旧络绎不绝，所以章太炎对此很高兴。加上他的朋友李根源、张一麐建议他可以考虑在苏州创立一个讲学组织，扩大听讲的范围，使各地研究国学的人都能得到听讲学术的机会。章太炎觉得这个主意很

锦帆路章太炎故居

好，他一生为反帝反清，七次被捕，三次入狱，现在帝制被推翻，可以静下心来搞学问了，以垂暮之年，设一讲学会，“计亦良得”。而且苏州是旧游之地，章太炎对此地印象很好，又有好多朋友，于是便有了定居苏州的想法。

章太炎早就来过苏州，早年他倡言革命受到清政府的追捕，曾经藏在苏州的东吴大学，掩护他的是他的好朋友黄摩西。黄摩西也是一位人物，他是最早编写中国文学史的人，他编写的文学史一共厚厚29册，是在清末由东吴大学以铅字有光纸钱印行的。他学过黄老之术，能几天不吃不睡，平时不爱洗澡，不常换衣服，身上总是发出一种不好闻的异味，在东吴大学执教的时候，学生都不愿坐在教室的前几排，怕闻到他身上的气味。但是他讲课旁征博引、妙趣横生，很受学生们的欢迎，于是一些学生便带着香料来听他的课。黄摩西还有一件事功不可没：沈三白的《浮生六记》就是在他主持的东吴大学刊物《雁来红》上最早发表的。他与章太炎惺惺相惜，友情很深。但他俩的意见经常不一致，常常吵得面红耳赤，不亦乐乎。有一次章太炎还吃过他的亏：那天二人一起在茶楼吃茶，可是都没有带钱，准备离开茶楼时，才发现这一点。二人经过商量，决定由黄摩西回东吴大学去取钱来付茶资，章太炎则留在茶楼里等。可是黄摩西到校取了钱以后，正好收到一封邮件，打开一看，是好友寄来的诗文，一读之下，便忘了为什么回校、忘了章太炎还在等他。章太炎一直等到黄昏还等不到人，就想回去，可是又不识回去的路，直到天黑了，才由茶馆里的伙计送回东吴大学。两个书呆子闹了一个大笑话。

章太炎在苏州先是卜居在沧浪亭畔，他对周遭的环境非常欣赏，曾经为沧浪亭的面水轩赋诗一首：“沧浪近在盘溪曲，水浊真堪濯我足。举酒为酹苏舜卿，买山同作巢由仆。”夫人汤国梨同时也赋诗一首：“落拓春衫过此亭，乡情杨柳眼为青。渔歌声断谁为语，憔悴行吟苦独醒。”后来，他在侍其巷购得一宅，题其住宅名为“双树草堂”，但因其邻近喧闹，不宜静居。有一次，章太炎与夫人途经锦帆路 50 号，看到有一幢新建的楼房即将竣工，就顺便进去参观。负责建筑的人对他们介绍说，这所房子造价约二万七八千元，但房主突然须远行，愿意照建筑原价出售。他们看到这所房子面向朝南，东西两面均有门出入，外表为一宅，内部却分为两宅，后面朝北尚有一片空地，可以扩建，比较理想。于是就托那建筑工头与房主联系，几天后即顺利成交。章太炎就此正式自沪迁苏，时为 1934 年的秋天，章氏讲学会也在苏州正式成立。全国各地负笈而来的学者络绎不绝。

过去因为章太炎讲学没有固定场所，所以听讲者也大多不固定，不少人纯粹是听说章太炎有大学问而来听听他究竟讲的是些什么。听讲者都是根据广告牌而得知讲学的地点和时间，届时便集中在讲堂。时间一到，便看到章太炎自带白金龙香烟一包，火柴一盒，翩然到场。讲堂里便有人喊一声“章先生到”，大家一齐起立，表示敬意，章太炎乃就座，点香烟一支，执清茶一杯，开始讲学。听讲者便开始奋笔疾书，自作记录。也有不少听不懂内容或听不懂口音的人摇头不已，散场时便相互议论：不及《三国志》《水浒》好听。

自从章氏讲学会成立后，先后五百多名学生云集苏州，其中还有陕西、甘肃、云南、四川远道而来的学生。讲学会由章太炎主讲，并请王小徐、蒋竹庄、沈瓞民等任特别讲师，其他担任讲师的还有朱希祖、汪东、孙世扬、诸祖耿、王謇、王乘六、潘承弼、王促莗、汪柏年等人。章太炎每周亲自讲三四次课。后来学生越来越多，且有很多是外地人，需要解决膳食和住宿问题。而原有居屋无法应付，于是章太炎又在屋后空地上造屋作为讲学会之用，同时在侍其巷旧屋设预备班。讲学会开设的课程有《诸子略说》《文学略说》《小学略说》《经学略说》《史学略说》等若干种。与李根源和张一麐经常参加社会活动不一样，章太炎一般不问外事，专心致志隐居授徒。

1936 年 6 月，章太炎由于为讲学会准备讲义日益劳累，终致鼻疾发作，每日请博习医院的医生美国人苏迈尔诊治，延至 6 月 14 日，喉中吐出两小块烂肉，进入弥留状态。此时距他最后一次授课仅十日。章太炎逝世前章夫人、李根源、苏迈尔及讲学会全体学生在场，大家各持香一支，鳞次跪于章太炎卧室外啜泣不已。章太炎于翌日逝世后，立即由张一麐等人组成治丧委员会，漏夜由新村照相馆放大三十寸遗照，李根源在上面亲书“太炎先生遗容”，并于永年长寿器店购得独幅楠木棺木一具，入殓时章太炎身着蓝袍玄褂。大敛时张一麐曾亲撰一联悬于灵堂，上联：三吴讲学，卓然大师，际此破碎山河，商榷弥兵辜夙约；下联：卅载缔交，倏为隔世，已践真灵伟业，从残绝笔有遗经。章太炎逝世的消息传出后，即有人送来章太炎亲笔书写的“章太炎之墓”墓碑一纸，原来这是四十年前章太炎被袁世凯软禁时秘密写就着人带出的，原保管人已经过世，临终前关照儿子要好好保管。那墓碑上的“太”字写成“大”字下两点，大约是古字吧？大师已经不能再生讲解了。

因抗战，章太炎的灵柩只能暂置于宅内的防空洞内。李根源当时曾呈请政府予以国葬，直到 1955 年，其灵柩才被隆重安葬于杭州西子湖畔的张恨水墓一侧，现在墓前已建起章太炎纪念馆供后人凭吊。

鲋庐主人与无尽居士
——回归家园的人们之五

苏州小巷里隐居着许多有来历的人，这些人静静地生活在深巷大宅之中，一般不会在大庭广众之下露面。在“老苏州”的记忆中，倒是曾在几次社会活动中看到他们的风采。一次是在大公园举行的追悼“一·二八”淞沪抗战将士亡灵的道场上，一次是在穿心街报国寺召开的欢迎西康活佛的集会上。还有一次施剑翘女士来苏，在燕家巷创办了一所小学，资助办学的名单上也出现了一批大名鼎鼎的姓氏，为首的一位便是曾任北洋军少将的吕亚西。但是这些优游林下的人似乎都想远离自己的过去，又不肯融入当时的社会，于是一个个都取了全无人间烟火的道号，如天南遁叟、鲋庐主人、无尽居士、蛰安村人等。这些人不仅有钱，没有生活上的忧虑，不用担心柴米油盐的涨价，往往还在文化上有较深的造诣。有能书善诗的，有精通音律的，有深谙文物鉴赏、富于古董收藏的，有在莳花弄草方面富有心得、自成一家的。他们往往不求闻达，自得其乐，除了二三好友偶或相晤，社会很难窥见他们的庐山真面目。他们的行状也很少为人所知。

南园附近有一处深宅，住着一位光楮末榜举人，他自号鲋庐主人，原是安徽人，年轻时曾经远赴日本学习法政，辛亥革命爆发后回国。他的祖父曾是前清洋务派大臣，他却投靠国民党柏文蔚幕下，做过审判厅长，二次讨袁失败后，柏文蔚下台，他也随之下台。曹系、吴系、段系在安徽轮番“坐庄”，他也随之几度上下沉浮。后来去了上海，不久便看中了苏州南园的一所房子，买了下来，让儿子留在上海任职，自己则就此退隐，定居苏州。老人住宅内遍布参天大树，簇拥着一所古旧的旧式洋房，室外内摆设、字画，可以说件件都是精品，放到时下的艺术品拍卖会上，都可以使大家眼前一亮，竞拍出高价来。老人心慈目善，对人一团和气，但对孙子很严格。孙子每天放学回来，必须整顿好衣服轻手轻脚地进入老人的书房，听他亲自讲授“四书”，孙子不是跟父亲在上海，而是跟他生活在苏州，也是老人自己的主张，因为上海那地方是待不得的，儿子的公馆又是商人出没的地方，小孩子在那里会越学越坏。听说那小孩子跟着老人倒确实是潜心学习，在学校里的成绩也拔尖。

在那座大宅里，除了祖孙两人，就是几个仆人，但老人并不感到寂寞，也常有几个知己来访，谈诗、论道、说佛、讲古，一样光阴似箭，日月如梭。无人来访时，老人就讲点老故事给孙子听。一次孙子的小同学听老人讲徐锡麟的事，说徐锡麟刺杀安徽巡抚恩铭手，被剖腹生祭，亲兵取了他的心准备烹食，谁知一下油锅，那颗心就蹦跳起来，吓得亲兵不敢下手。后来有人放了点银子在锅里，心就不动了。老人因此得出结论，说人心总是喜银子的，故而见银不跳。说得小孩子们毛骨悚然。

老人写得一手颜体好字，写字的时候仆人在对面拉着纸，老人一挥而就，颇有几分潇洒。他写的诗也可以一读，有一首竹枝词写得不错：“掠地差池乳燕飞，雨余门巷绿初肥。韶光已逐年华换，作客王孙尚未归。”可惜他在苏州颐养天年的美梦被日本人打破了，日本人占领苏州，闹得老人不得安宁，他曾是东洋留学生，又有一定声望，只好下乡躲避，最后染病去世。

沧浪亭旁边曾经住过一位无尽居士，秀才出身，是湖南湘潭人，中国革命同盟会会员，后进讲武堂，参加湖南学生军，在谭延恺部，属湘系地方派别，北伐时已经是国民革命军第二军第二师的一位团长，曾经历过打岳阳、攻武昌的战斗。不久，谭延恺下令讨伐蒋介石，他便奉命率东下，直抵南京城下。谁知风云突变，宁汉合流，谭蒋握手言和，他便成了替罪羊而解甲归田。于是他来到苏州，买宅于沧浪亭一侧，当起寓公来了。

无尽居士比鲋庐主人要开明一些，并不要求儿孙读旧书，因为小孩子读旧书无用，不能富国强兵。等他儿子大了，他果然送儿子当兵去了。他写的诗也比鲋庐主人的作品有气魄些。这位素慕柳亚子的老人有这样一首感怀诗：“昨宵入梦走天涯，不信吾头鬓已华。剑气冲霄虹贯日，搂船破海浪翻花。消除块垒无烦酒，痛割疮痍快斩麻。稽首大雄听一吼，冤亲人我本无差。”无尽居士的年寿颇高，中华人民共和国成立后公安局的同志挨户家访，同他交谈，他说：“蒋介石是什么东西，我在民国十六年（1927）就把他看透了！”说得别人一愣一愣的，一时搞不清楚他是哪一路神仙。

南石子街潘家护鼎
——回归家园的人们之六

苏州小巷里有来历的隐士们在苏州沦陷时期大多表现出可贵的民族气节，不肯折腰摧眉事汉奸。有一位曾于清光绪二十四年（1898）登进士殿试二甲、授职翰林院编修的苏州人潘昌煦，在进士馆学习期满后赴日本中央大学专攻法学专业。潘昌煦在辛亥革命后担任北京政府大理院刑庭庭长，后来在燕京大学任教授五年，与郭绍虞、顾颉刚等人朝夕切磋，1933 年退休回苏州。当时有不少人劝他从事律师工作，但他不愿与政法界的某些人为伍，宁愿鬻字卖文为生，息影巷里，作诗写字，清淡自奉，令人崇敬。敌伪时期，张一麐创议组织老子军，他慨然报名参加。苏州沦陷，他又跟随张一麐为收容难民事务不辞劳苦，奔走城乡。张一麐离开苏州后，他即杜门不出，并作诗一首以明心迹："从此尽多天下事，请君莫问草间人。"亲友故人中凡有任伪职者来访，他一概拒不见面。有个故友就任伪职前来他家辞行，他也是避而不见，只是让他夫人出来回复："道不同，还是不见为好。"大汉奸、汪伪政府江苏省省长李士群死后，李士群的爪牙们一再上门要潘昌煦为李士群"点主"。所谓"点主"，是指亡人灵位牌上"某某某之位"的"之"字上的一点要空着，得请翰林来"点"，因为翰林属“文魁星君”之列，夜叉小鬼敬畏三分，得其庇护，可保阴司路上的平安。“点主”是很荣耀的事，翰林在众人侍候之下，焚香祝祷，然后举笔一点，有千钧之力，点毕，笔往后一抛，跟班的利落地接住。仪式简直，氛围却很肃穆。但是潘昌煦不为威胁利诱所动，甘冒杀身之祸，严词拒绝，汉奸们也无可奈何。潘昌煦虽然以鬻字卖文为生，但凡是汉奸求字，他一概不写。正如他在诗中写的那样：“岂不悦肥甘，惧足伤廉洁。”

南石子街8号的潘家在苏州沦陷期间冒死保护国宝，中华人民共和国成立后主动献给政府的事无疑值得大书一笔。这要从潘家的一位祖先潘祖荫说起。

潘祖荫是咸丰二年（1852）探花，官至工部尚书、军机大臣，对金石古玩有着特殊的爱好，特别钟情于青铜器。由于他家产殷实、官居高位，他在青铜器方面的收藏极少有人能与他相比。历史上被誉为“海内三宝”的青铜器大克鼎、大盂鼎和毛公鼎，他就拥有其中两件：大克鼎和大盂鼎。多少人对其垂涎三尺，但是由于潘祖荫在官场上的权势和声望，无人敢打这两件宝物的主意。光绪十六年（1890）10月，潘祖荫的弟弟潘祖年亲自把这两件宝鼎秘密运回苏州故乡，藏在老宅里，秘而不宣，谨加防护。清末权臣江苏巡抚端方曾经来到潘家提出要借两件宝鼎，并为此软硬兼施，均被潘家拒绝。后来端方在辛亥革命中成了断头鬼，潘家才松了一口气。

二十世纪二十年代，一位美国人一路寻觅到苏州，花了不少心思来了潘家，请求见一下宝鼎，如愿后竟提出要以六百两黄金外加一幢楼来换，潘家人平静地告诉他，不卖。后来南京国民政府的一个要员也曾以“举办文物展览”为由要借宝鼎，警觉的潘家人一眼便看穿了

平江路南石子街潘祖荫故居探花府

那要员的心思，谢绝了他的“好意”。

苏州沦陷前，潘家主持家政的是潘祖荫的孙媳潘达于，她感到一场险恶的风暴就要降临，决定将两只宝鼎藏起来。经过深思熟虑和周密的计划，最终选择了潘宅大院第二进中的堂屋为藏匿地。因为这间屋子长久无人居住，积满了灰尘，不易引起外人的注意。在极其保密的情况下，潘家人花了两天两夜的功夫，挖成一个深坑，妥善安置好宝鼎。苏州沦陷后，日军果然如潘达于所料，气势汹汹地来到潘家，大肆搜寻宝鼎，结果一点儿踪影也没找到。经过一个多月的周旋，日本人无计可施，有时一天突然闯进潘家达七次之多。逼得潘达于含泪赴上海避难。日军最后洗劫了潘家的其他财产。

宝鼎终于保护下来了。1951 年，潘达于看到政府重视文物，又感到护藏宝鼎的责任过于重大，便主动写信给上海文物管理委员会，表示愿意捐献出珍藏 60 年的传家宝——大克鼎和大盂鼎，最后由中央文化部出面接受潘家的捐赠。宝鼎重新出土那天，来自上海博物馆的工作人员在青铜器专家陈梦家的指导下，按照潘达于的指点，在潘家大院挖开青砖泥地，闪耀着古铜风采的两件宝鼎终于重返人世，潘达于不禁流下两行热泪。翌年，大克鼎和大盂鼎分别被收藏于上海博物馆和国立北京历史博物馆（现中国国家博物馆）。特别令人敬佩的是，潘达于当时是靠到里弄加工组劳动取酬维持生活的，她宁愿这样，也不愿变卖祖宗的家当。除了宝鼎，她还献出大量文物，仅上海博物馆等单位出具收据的就达 400 余件之多。

许多功成名就的苏州人或外乡人都在苏州找到了生活在家园里的感觉，他们的有些后代却使他们家族的荣耀归于尘土。这里仅举一例。

有一位方少爷，其祖父是清代侍郎，放过钦差，任过学台，是位够得上与皇上和太后说话的人物。回到苏州后，凭着他那大名士、大官僚的双重身份，仍然是八面威风。方少爷的父亲混过盐运差使，民国后从事工商业，既有权势，又有钱势。方少爷6岁的时候就穿上了狐皮袍子，小帽子上安一个红顶子。读书却不行，中学老是读一年级，一直读到父亲去世才算告一段落。搓麻将倒是一把好手，头发搽得雪亮，身上一股香水味，搓牌时手上黄豆大的钻石戒指闪闪发光，穿一套白香云纱短装，口袋里露出一根金链条，系着一只欧米茄金表，脚蹬白皮鞋，不时地打着拍子。他还曾在宫巷义昌福投资，开了个音乐茶座，自己也上去客串过几首流行歌曲，在麦克风前装模作样，过一把瘾。他爱好京剧，爱捧角儿，从苏州一直捧到上海，包场、设宴、送礼、请报馆写文章，自己还票过戏，花钱如流水。后来又把兴趣转到捧歌星上。等到上海那家最后的盐号破产后，方少爷没钱混了，才回到苏州，先卖古董字画，再卖家具房产，还为了房产打过一场官司，从此一蹶不振，没有朋友来找他玩了，最后连妻子也不要他了，他只好一人搬到学士街过日子。中华人民共和国成立后他投奔一位曾经跟随他祖父多年的苏二爷，已经抱孙子了的苏二爷收留了他这个“小主人”，顿顿有酒有菜，还热心地为他设计今后的生活，无奈“小主人”实在一点本领也没有，反而把苏二爷家里的东西偷了不少出去卖。苏二爷长叹一声，把原来东家的两间房子让给他，自己离去，不过没有把房契给他，否则又被他卖了。

由此可见，再好的家园也经不起败家子折腾。

阔家头巷萧退庵和他的朋友

——隐于艺文的人们之一

一些功成名就的人以苏州小巷为颐养天年的家园，一些家产丰厚的人以苏州小巷为享受人生的天堂。

苏州小巷里还有一部分人则是以文学艺术为家园、为天堂。他们在深深小巷里挥毫泼墨，著书作文，深以为乐，且成就斐然。

苏州自古以来就是一张文学艺术的温床。明代苏州人开创了吴门画派，文徵明之子文彭是篆刻的祖师，苏州各朝各代在文艺方面人才辈出，洋洋大观。时光进入二十世纪后，苏州小巷里同样是笼罩着浓郁的文艺气息，丹青妙手，墨客骚人，多如过江之鲫，一时星汉灿烂。

就说现在已经面目全非的干将坊一带吧：那时的干将坊是从草桥头开始，经言桥头到乐桥头为止，是一条只有两米左右宽的碎石子铺的小巷。抗战前为了修苏嘉铁路，城东开了相门，才从新学前开始拓宽到言桥，使半条干将坊变成了弹石路。言桥西头至乐桥则未动，仍是小巷。在这里，著名诗人袁水拍住在草桥头，诗人曾经深情回忆他的老宅："那时的宅子，空地真多，后面有大间的屋子，无墙，却可派很大用场，洗衣服等，在那儿做一种治喉痛的西瓜霜。屋外面是园子，园子之外面又有一小园子。这才有门关着，开门可通到后面的街上。”著名剧作家曹孟浪住在诗巷东首第二个门堂子里。隔壁第三个别门堂子则是书法家吴公亮一家。音乐家杨天雪住在让王庙旁边六扇头墙门里，他不仅小提琴拉得好，对中国民乐也很擅长，家里常有优雅的琴声飘出。苏州“诗医”陈雪楼年轻时曾在言桥头石库门里挂牌开业，早晚路过的人们会看到他在诊所里写字吟诗。评弹大家朱耀庭及其晚辈朱介生、朱介人住在言桥东侧面一排翻造过的六开间楼房里，斜对面还住着一位叫张步蟾的评弹艺人。走过这一段幽静的街坊，总是可以听到琅琅的书声，清悠的歌声，如诉如慕的琴声，再加上乐群社礼拜堂沓传来的钟声，使人觉好像走进了世外桃源。

驰名大江南北的大书法家萧退庵住在紧挨南园的阔家头巷。阔家头巷是苏州城南的一条普通的小巷，过去行人稀少，路旁长着蓬松的狗尾草，南瓜藤从屋檐边垂下它那瘦瘦的黄花，即使是拉二胡的算命先生也懒得从这里走过。但这里的人常看到萧退庵老先生披着他的棉风兜从巷尾缓缓走出来沽酒。身上有着陶渊明式的隐逸之气。他戴玄巾，披黑氅，着僧衣，身上常挎着一只书囊，里面放着笔墨纸书，胸前挂着他的学生邓散木镌刻的“本无”羊脂玉印一方，须梳一柄，门钥匙一把，走起路来，颈下挂着的东西便会发出叮当之声。小巷子里的人们只要听到有这样的声音，就会恭恭敬敬地让在一边，等老先生慢慢走过去。萧退庵也不客气，仰首前行，目不斜顾。萧退庵不喜交游，除了弟子，只与裱工刘定之等几个专擅一艺的人交往。他在苏州还有两个朋友。一位是杨虎城任陕西省主席时的民政厅厅长王典章，一位是高僧印光。当时印光正在苏州穿心街报国寺里闭关，整理峨眉山等佛教名山的志书。萧退庵平生最友善的两位朋友都是高僧，一位是印光，一位是李叔同，即弘一法师。他经常往返苏沪，与李叔同讨论书道，交流书艺。萧退庵笃住佛学，一直吃斋。与隔壁圆通寺内的住持风月上人也往来密切。但是他又喜欢吃酒，每逢铺纸作书，他总要先痛饮一番，然后挥毫泼墨，畅快淋漓。有一次，他到附近的一家小酒馆吃酒，酒酣之际，店主人见他喝得高兴，便拿出纸墨笔砚，请他留下墨宝。萧退庵毫不推辞，乘兴而作，“飞觞醉月”四个大字一挥而就，店主人喜出望外，将其精裱后张挂于店堂里最醒目的地方，每有熟客来店，店主便照例要指点着那四个字炫耀一番。在苏州，萧退庵的书名人人皆知，但能得到他的墨宝的人却为数不多。有一年，曾与萧退庵同为南社社员的汪精卫来苏州大开寿筵，拍马有术的伪省长李士群投汪精卫所好，在寿筵上专门辟了一间宽敞雅致的厅堂作为当代名士题留墨宝之处，也请来了萧退庵。谁知当他毕恭毕敬地将萧退庵迎进静室说明意图时并许以重金时，萧退庵却婉言拒绝，他说：“我今日既然被邀，就得来看看来了哪些人，又是怎样的热闹场面。许重金以求笔墨，岂是你我之辈所为？也未免太看轻萧某人了。”后来他又对别人说：“汪精卫同我过去确实都是南社社员，但后来分道扬镳了。应知我野性难驯，不善逢迎。”

萧退庵书法艺术的影响力不仅在国内，还远及日本、朝鲜，他有许多号：蜕庵、退庵、退暗、蜕公、退公等，别署则更多，他的学生翁恺运曾就此事请教他，他回答说：“为了不求人知。”在艺术上，他主张多读书，多看碑，多识字，多认得晋唐以下和清初及中叶的法书，才能得书法门户。他说：“书法虽小道，要具三要素，一曰书学，二曰书道，三曰书法。字为本，法为末，道为用。阙其一，则非正法也。”他一生弟子很多，其中成就最大者，当数邓散木和沙曼翁。萧退庵晚年多病，子孙先亡，形单影只，常在茶馆独自小坐，中华人民共和国成立初曾任江苏省文史研究馆馆员。

萧退庵曾经有一位颇投缘的阔家头巷邻居——一度借居在巷内蘧园的书画家叶恭绰。叶恭绰是为了参加一些苏州书画家发起组织的正社书画会而来苏州的。当时张善子、张大千兄弟俩也寓居在阔家头巷附近的网师园内，他们三位书画家往来不绝，经常在一起切磋，相处十分融洽。有意思的是这几位宗教信仰不一，张善子信天主教，张大千信基督教，萧退庵信佛教，但这并不妨碍他们的友谊。他们还十分愿意与萧退庵的朋友、圆通寺住持风月上人交往，认为风月学问深厚，眼界开阔，颇有见识，也是一位诗文高手。叶恭绰来苏州后，萧退庵、张大千曾经有意与他谈起隔壁的风月上人，可是叶恭绰并不以为意，其他几位便不好勉强。时至早春，圆通寺里玉兰盛开，清香四溢，住在隔壁的叶恭绰对那花景赞叹不已，有时还遥遥对花吟哦，颇有可望而不可即的意思。而风月上人也知道素有文名的叶恭绰就在隔壁，也想与他交往。一天早上，叶恭绰闻声开门，见门外站着一位和尚，面目清秀，眉宇间溢出聪慧之气，手上还拿着几枝玉兰。叶恭绰正诧异间，和尚朗声说道："小僧即隔壁风月寺的风月，因闻叶公喜爱此花，特此折枝相赠，望笑纳。"叶恭绰忙热情地邀请他入座，略一交谈，便觉得这位和尚谈吐不俗。两人越谈越投机，叶恭绰兴致盎然，又铺纸引笔，即时赋诗一首，书赠风月上人。诗曰："丈室初花也自奇，隔墙欣送玉交枝。南泉拈出浑如梦，谁问灵山礼本师。"落款为"番禺叶遐庵持赠"。风月上人也是饱学之士，见叶恭绰才思敏捷，又写得一手浑厚古朴的行草，自是敬佩不已，便也略一沉吟，挥起羊毫，步其韵和了一首诗："识得唯心本不奇，菩提无树亦无枝。

阔家头巷

眼前原是西来意，珍重维摩老阿师。”落款为“圆通寺风月上人拜上”。其诗品书品也让叶恭绰刮目相看，合掌作礼，表示感谢。后来叶恭绰在参加正社书画会时，与吴湖帆等人谈到风月上人的不凡。嗣后，俩人便成了知交。

十梓街正社书画会的同仁
——隐于艺文的人们之二

正社书画会是在 1933 年冬天成立的，发起人有彭恭甫、陈子清、吴湖帆、潘博山，赞成并加入的有邓孝先、王同愈、叶恭绰、吴瞿安、张紫东、何亚农、张善子、张大千、吴诗初、王季迁、邹百耐、朱梅村等人。社址设在十梓街 172 号。“正社”之名寓有正直求是之意，至 1934 年春天，正社由最初的不满 20 人增至 40 余人，这才订立社约，推举干事，办理日常事务，组织书画展览。书画会宗旨：切实研究艺术，取重于从唐、宋、元、明、清诸大家中求其艺术之奥妙，以中兴吴门画派。社约规定，社友分普通和特别二种，普通社友由社员三人以上介绍，经干事会审定，交纳会费者即可加入。特别社友是文艺界耆硕卓有声望者，以全体基本社员的名义聘请，以资指导。正社书画会规定社会每月集中一次，各出近作，以供交流与观摩，从而探求吴门画派的绘画风尚。

正社书画会的发起人都是苏州艺坛的名士。彭恭甫是清代状元彭启丰的后裔，吴门望族。彭家祠堂有一间经常锁着的屋子，每逢初一月半，有人进去打扫，点香烛供奉。里面有什么呢？有一张大椅子，一根拐杖，是老状元彭定求的遗物。彭定求在乾隆年间中了状元，孙子彭启丰又在咸丰年间中了状元，而且祖孙二人都中过会元，这就叫“祖孙会状”。彭家有这样一块上书这四个字的匾额。苏州出过许多状元，但是能够挂这一块匾的，只有彭家。据说彭定求的儿子虽然是个没有名位的布衣，但也很聪明，颇有辩才。有一天彭定求批评儿子没出息，说：“你的父亲、儿子都能显亲扬名，独汝无能。”其子回答说：“你不要小看我，你的父亲不如我的父亲，你的儿子不及我的儿子；状元生我，我生状元，何愧之有?”彭恭甫出身于这样的书香门第，自幼受到家庭的影响，喜爱绘画。曾师从陈子清学习山水，追踪元明诸家笔意。后来纵观家中所藏的古代书画真迹，感到董其昌的山水画功力深厚，意境超迈，大气不凡，于是专注于画，并遍游名山大川，其作品构图新颖，设色清新雅致，具有吴门画派的特色。中年后与吴湖帆、陈子清、潘博山等书画家成为挚友。正社书画会成立后，就是由他和吴湖帆总负责的。苏州沦陷后，他的收藏悉付战火，这令他十分气恼。是绘画使他充实，陪伴他走完一生，彭恭甫晚年居体育场后洁庐，于 1963 年逝世。

陈子清是彭恭甫的老师和好友，他住在迎枫桥弄，祖父陈寿祺是清代织造衙门的官吏。父亲陈敬业曾为驻日本横滨领事包文书，写得一手漂亮的蝇头小楷。书香门第出身的陈子清毕业于草桥小学，与叶圣陶、吴湖帆为同学。他博学多能，精通小学、训诂，擅长书法绘画，没有师承而全部得力于家学。书法早年追宗米南宫，后来专注于东坡体，笔法苍劲挺秀，端谨有致。所作山水浑厚高古，落笔生动。他曾任苏州图书馆典藏部主任，抗日战争爆发时，他遵照馆长蒋吟秋之嘱，将馆藏善本图书密装木箱，星夜运往洞庭山包山寺，在住持闻达上人的支持下，将图书藏在方丈密室内，自己则隐在寺内寸步不离。直到抗战胜利后将图书完好无损地运回苏州，金松岑曾对此大加褒扬，写过一篇很有影响的《完书记》以记载这件事。

吴湖帆出身于世家，他生身父亲是清代兵部尚书吴大澂的哥哥吴大根之子，因吴大澂之子吴本孝早逝无后，才以吴湖帆入继。吴湖帆住在双林巷里明代苏州画家金俊明的旧宅——春草闲房，后迁至凤凰街。他的山水大开大合，气象万千，画风秀丽丰腴，清隽雅逸，是我国近代著名的书画大家，其画艺曾得到清末著名画家陆廉夫的指导。因为当时陆廉夫是吴大澂的幕客，常去吴宅，加上其祖父吴大澂收藏历代金石书画真迹甚富，致使吴湖帆大开眼界。他还精于古书画鉴定，除根据笔墨、纸张、题款、印章外，还在点苔补草、分条缀叶和坡地水曲等细小之处着眼，具有独到之处。平生著作有《联珠集》《绿遍池塘草图》《梅景书屋书画集》《梅景书笺二册》《梅景书屋印选》等印行海内。他又是一位大收藏家，收藏极富，有《樱桃黄鹂图》、王晋卿《巫峡清秋图》、宋赵构《千字文》、赵松雪管仲姬夫妇合卷、宋刻《淮海居士长短句》、宋画《汉宫春晓图》、王叔明《松窗读书图》、黄子久《富春山居图》、《七姬权厝志》孤本、沈石田《松堂探梅图》、唐伯虎《弄玉吹箫图》、徐文长《春雨图》、薛素素《美人香草图》、恽南田《洗雨桃花图》等，都是稀世之宝。尤为难得的是，他曾经花去三十余年的心血，广泛搜集清代状元书扇70家、71页，其中有顺治三年（1646）首科状元傅以渐、光绪三十年（1904）末代状元刘春霖，以及苏州状元徐元文、缪彤、彭定求、陆肯堂、王世琛、彭启丰、潘世恩、钱棨、石韫玉、吴廷琛、吴信中、吴钟骏、洪钧、陆润庠等人的作品。这些作品不仅是书法艺术精品，还是珍贵的历史文物。中华人民共和国成立十周年的时候，吴湖帆将其捐献给了苏州市文物管理委员会。吴湖帆的夫人潘树春是乾隆朝尚书潘世恩的曾孙女、光绪朝军机大臣潘祖荫的侄女，结婚后向吴湖帆学画梅，夫妇俩常合写图卷册页，酬唱闺中。他所取的馆堂轩阁名也与潘氏有关，潘氏陪嫁中有宋代景定刻本《梅花喜神谱》，他便将其寓所命名为“梅景书屋”；得其夫人先世御赐玉华砚，因砚质洁如堆雪，润若凝脂，便题室名为“玉华仙馆”；夫人陪嫁中有宋拓欧阳询的《化度寺故僧邕禅师舍利塔铭》《九成宫醴泉铭》与《皇甫诞碑》三帖，再加上吴家旧藏的欧阳询的《虞恭公碑》，他就颜其厅堂为“四欧堂”，并将他们的子女取名为孟欧、述欧、思欧与惠欧。吴湖帆中年之后走上坎坷之路，先是与他相伴 24 年的潘夫人因患阑尾炎误诊以致肠穿孔而死。悼亡之后的继配是潘夫人的使女顾抱真，证婚人是钱大钧。顾抱真颇通文墨，曾填词《一点春》，其中有“料理夫人断续弦”之句。吴湖帆心情不畅，一度染上“阿芙蓉癖”，加上不善理财，画名虽高，手头却不宽裕。“文化大革命”时，有人在他的床底下竟抄出了一扎当票。吴湖帆除书画之外，还爱好下围棋，后来连续两次中风，或许与他弈棋用脑过度有关。他的衣冠冢在苏州小王山麓，但骨灰在何处至今仍是个谜。

最后一位正社书画会倡议发起人潘博山也是世家子弟，其高祖便是乾隆武英殿大学士潘世恩。潘博山从小喜欢读书，曾跟随吴梅学诗词，跟随吴湖帆学画，其山水作品结体精致，笔力苍古。其花卉以没骨法作画，得恽南田神韵。他精于鉴别文物，被聘为故宫博物院鉴定员。他还是近代著名藏书家，藏书三十余万卷，藏书楼名为宝山楼。

潘博山除了参与发起正社书画会，还与朱竹云、朱守一、王选青、邹澄渊共五位山水画家结成“鸣社”，取其不鸣则已，一鸣惊人的含义。其中王选青为明代大学士王鏊后人，古字画家藏极富，故鸣社同仁常常集中观赏、琢磨古代名家书画真迹，重点研究元代黄公望、倪云林，明代沈周、文徵明、唐寅，清代王石谷、王原祁的作品，直到抗战开始，他们去上海了，画社才停止活动。

小巷画会何其多
——隐于艺文的人们之三

娑罗画社也是苏州美术园地里的一个有影响的画社。它于1932年春成立，由吴似兰发起组织。社址在西百花巷，因吴似兰有娑罗花一枝，极名贵，遂以“娑罗花馆”名其画室，又名其画社。最初入社的有陈摩、张星阶、蒋宜安、朱竹云、蔡震渊，以及吴似兰的弟兄吴子深、吴振声、吴秉彝等十余人。社友每月集中两次，切磋艺事，谈古论今，或鉴赏古画，或各写书画义卖，救济贫民。吴氏一门都是画家，吴子深、吴振声擅山水，吴似兰、吴秉彝精于花卉。吴似兰的花卉飘逸潇洒，清幽淡雅，他早岁见张星阶作木本花卉胜过自己，遂每逢初春必去光福香雪海对梅写生，废寝忘食。又常和其诸兄研究画艺，以四人合作花鸟画为乐事。画社后来发展到36人，最后达60余人，张一麐、吴梅、吴待秋、余觉、颜纯生等人都参加进来了。同时在北仓桥成立了娑罗花馆，后又设立分馆于珍珠弄，还在上海增设娑罗花馆门市部，常年陈列和销售社友的作品，既扩大了苏州书画家的影响，又具体解决了一部分人的实际生活问题，很得人心。画社后来因为吴似兰移居上海才告解散，前后历时达15年之久。

苏州最早的画会当数怡园画集了，那是在清光绪二十一年（1895）

由吴大澂、顾鹤逸发起组织的，加入的人有陆廉夫、王同愈、吴昌硕、费念慈、倪墨耕、郑文焯、吴秋农、翁绶祺、顾若波、金心兰等12人，社址设在怡园内，吴大澂被推为盟主。画集每月聚会三次，宗旨为“研讨六法，切磋艺事”。许多外地画家慕名而来，萧山画家任阜长、任立凡甚至因此而定居苏州的塔倪巷，最后也入了画社。

冷红画会则是由陈摩、管一得发起，加入的画家有樊少云、金挹清、赵眠云、徐康民、顾墨畦、程小青、柳君然、胡逸民、范际云、胡茄声等人，社址设在南石子街50号。画会共举办会友作品展览13次，效果很好，连上海的汪亚尘、刘海粟、王济远等人都加入其内了。

还有一个桃坞画社，是由吴子深发起组织的。吴家在苏州是大姓，苏州过去有“贵潘”“富潘”“贵吴”“富吴”之说，其中贵吴是指吴大澂，富吴指的就是吴子深，他因累世经营茶叶、酒业而致巨富。吴子深又是一位很有成就的画家，他与吴湖帆、吴待秋和冯超然被誉为江南画坛上的“三吴一冯”。吴子深家财万贯，性格开朗，重义轻财，往往一掷千金于艺术事业，毫无吝色。他6岁时跟表兄包天笑学诗词，16岁能做五、七言诗，17岁随大舅父曹沧洲学中医内科，以后受其父亲吴砚农喜爱文艺的影响进入艺事。吴子深与创立苏州美术专科学校的颜文梁是莫逆之交，1927年苏州美术专科学校迁入沧浪亭，但因房屋年久失修，墙垣倾倒，满目荒芜，吴子深两次捐款四千，并对颜文梁说：“你办学，我出钱。”颜文梁在《重修沧浪亭记》中赞扬其事。1928年学校成立校董会，他被推选取为校董主席。翌年他去日本进行文化艺术考察，归国后即购下沧浪亭东侧的四亩地，捐资五万四千银圆，建成一座罗马式的大楼，其规模之大，造型之美，

怡园

为当时全国美校之冠，即为现在苏州美术馆的前身。桃坞画社成立后，他与樊少云、朱竹云、蒋宜安、刘临川、张星阶，以及吴似兰昆仲经常相聚切磋，又购下宋代范成大石湖天镜阁遗址，想建筑房屋为闹中取静之作画场所，还收集了董其昌书法，将其刻成书条石一百块，朝夕临摹董字，每天作画不停，技艺大进。吴子深作画有个习惯，常在画成之后又添上几笔，成为蛇足，接着又后悔不已。于是他就与他的学生兼好友、名画家朱竹云商量："我作画时，你站在我后面看着，在我画到九成账的时候，就从后面将我手中的笔抽去——免得我吃后悔药。"可见他对艺术的认真态度。吴子深直到抗日战争爆发才离苏去沪，租下威海卫路慈惠南里一幢房子，挂牌从医。1949 年去香港住其表兄包天笑家中，一面挂牌行医，一面鬻画卖字，曾在南洋举办个人画展，获得很大成功，饮誉东南亚和日本等地。1966 年去台北任台湾艺术学院国画系教授，1972 年谢世。

除了上面谈到的一些画社、画会，苏州还有不少这类艺术沙龙式的组织。择其要者，有飞飞画会、茉莉书画会、冠云艺术研究社、云社、平社、南园画会、中国画研究会、绿天文馆等。

不少书画家并不仅仅参加一个组织，他们往往在同一时期里参加几个画社的活动，比如专注于花卉仕女的吴秉彝，先是在 1930 年参加其二哥吴子深组织的桃坞画社，1932 年又加入了其六弟吴似兰组织的娑罗画社。这样实际上促进了各画社、画会之间的交流，这就在不知不觉中促进了苏州书画家整体水平的提高。

还有的书画家不止一次地发起成立书画组织。比如余彤甫，他先是与花鸟画家陈摩、山水画家管一得等组织了一个以红枫为标志的"冷红画会"，后来过了几年，又参与组织了正社书画会。有意思的是余彤甫还是个经常搬家的人，他曾住过悬桥巷、洁庐、富仁坊等地，以后才定居在吉由巷。

频繁的艺术沙龙活动不仅促进了书画家们的技艺提升，也使他们的小巷生活充满了情趣。谢孝思曾经深情地回忆他参加一个沙龙的情景。刚来苏州不久的谢孝思住在锦帆路章太炎家的隔壁，当时社教学院的同事余彤甫则住在体育场，他们经常同路回家，两人慢慢地熟起来，进而由余彤甫结识了蒋吟秋、范烟桥、周瘦鹃、程小青等人，谢孝思也将社教学院的韩天眷、乌叔养、蒋仁、卢善群等人介绍给他们，大家共同语言很多，聚在一起，上下古今，无所不谈。时值岁末，一天蒋吟秋提议：苏州民俗，讲究的人家要挂“岁朝图”，图以吉祥福寿为内容，我们何不应景作些画，卖将出去，以作聚餐之用？大家一致同意，蒋吟秋又提议聚会是不是可以拟名为“丁亥消寒雅集”？又获得同声赞成。于是，蒋吟秋先主动刻了一方“丁亥消寒雅集”的石章，这些人就或三日一聚，或五日一会，集中在周瘦鹃家里作画，有时合作一二幅，有时合作二三幅。画好了，就由余彤甫送到“国货公司”出售，每幅标价二十元，销路还挺好。

起先，他们聚餐的地方不外乎两家老店，一是观前街的松鹤楼，一是甫桥西街的天香园。后来，就索性不上馆子，叫店家将所需送到王长河头周瘦鹃家，因为他家地点适中，有园景可观，参加聚会的人可以从容而谈，再加上贤惠的周夫人还可以为他们加上一些可口的佳肴。比如周夫人为他们做的蟹黄，做得色香味俱全，令人叫绝。不过吃了几次才知道，他们吃的蟹黄并不是每回都是真品，有时是用咸蛋黄冒充的，但能够以假乱真，也是值得再三品尝的。他们聚餐并不包办，十分民主，每人点一个菜，饮酒也是各人量力而行，从不强劝。

范烟桥和周瘦鹃的胃口最好，别人谈笑风生，他俩只顾埋头大吃。有一回程小青突然追问："老范，你只顾吃，刚才谈的你听到没有?"范烟桥一边大嚼，一边点头，引得众人大笑不已。

曾有个苏州人拿来一幅中堂画请教谢孝思，因为上面有他的大名。谢老一看，正是"丁亥消寒雅集"的作品。右边青花大瓷瓶中插着松枝、牡丹，左边稍下立太湖石，厚重中见玲珑。瓶与石之间有开口石榴一枝，其后穿插朱竹，瓶下方佛手、灵芝、万年青交错陈列，湖石后的盆中种菖蒲草，一共十样。左下方的印章依次是天眷、孝思、吟秋、叔养、善群；右下方的印章是烟桥、瘦鹃、蒋仁、小青五十后作、彤甫。一方较大的印是"丁亥消寒雅集"，题词是："画中美趣，笔底天机，消寒雅集，逸兴遄飞。丁亥冬仲，天眷、孝思、彤甫、小青、乐山（蒋仁）、善群、叔养、烟桥、瘦鹃、吟秋合写。"正好是十个人。但是因为年代久远，谢老已经不能一一说出谁画了什么了。只记得卢善群画好花瓶后，由谢老画松枝，韩天眷画牡丹，余彤甫立石，乌叔养添石榴，蒋吟秋写朱竹，万年青是程小青拿手的，其余大约就是蒋仁的手笔了。周瘦鹃和范烟桥是不能动画笔的，他们二人以作诗吟句见长，这题词必定就是经他们二人推敲后由蒋吟秋执笔的。当时真的想不到"丁亥消寒雅集"的作品竟能够能跨越半个世纪，安然无恙地来到作者面前。

姑苏文坛在深巷

——隐于艺文的人们之四

丁亥消寒雅集中有画家，有书法家，也有诗人和作家，打破了艺术门类的界限。其实他们中间有许多人是一身几任，能画、能写、能吟诗作文。因此，我们常常看有的文艺家在书画家圈子里十分活跃，在文学圈子里同样如鱼得水。苏州也有属于文学家的团体，比如星社，就拥有范烟桥、江红蕉、蒋吟秋、徐卓呆、程小青、陶冷月、程瞻庐、严独鹤等人。星社还出版了35期周刊《星》、70期三日刊《星报》，星社的骨干范烟桥还在苏州主编了《珊瑚》杂志，该杂志上不仅发表小说及弹词等作品，还发表了《沈万三考》《唐塑波澜》《宋代的游艺》等考证历史文物的文章，正如范烟桥在《星社感旧录》中所说，星社“在一向沉静枯燥的苏州文坛燃起一点星星之火，而使苏州芜杂肤浅的报纸副刊有所警觉，提高了一些水准。尤其是东南一隅，爱好文艺者，有了星社一个微小的印象”。

在这一时期的苏州文人中，著名作家、老报人包天笑无疑是前辈。包天笑三十岁左右踏入报界，直到98岁去世，共写了66年文章，这在文坛上是少有的。他在开始写作生涯之前，曾经考中过秀才，教过书，曾翻译过日本小说《空谷兰》《梅花落》，轰动一时，最后搬上银幕。他还把当时的革命事迹串联起来，以秋瑾为主人公，写了一部《碧血幕》，发表在《小说林》，很能鼓舞革命士气，为读者嘉许不已。他还是最早参加南社的一批文人之一，他曾经回忆说："第一次参加时，觉得人数极少，不过十余人而已。"在南社中，他认识了李叔同、胡寄尘、高吹万、蔡哲夫等人。他在《时报》任编辑时，首创报纸副刊《余兴》，刊载除了新闻、政论以外的杂著，内容五花八门，矜奇斗巧，讽讥歌曲，游戏文章，层出不穷，颇为读者欢迎。周瘦鹃、范烟桥就是他的投稿者，当时他俩不过是二十岁上下的青年。包天笑对他们立足于小说林，并且用轻松活泼的笔法写作是很有影响的，这种影响一直波及那时小说界的一个新流派——鸳鸯蝴蝶派。

范烟桥和周瘦鹃都喜欢戴一副墨镜。范烟桥十岁时就是近视眼，是贪看中西小说看出来的。他是吴江同里人，29 岁移家苏州购屋于温家岸，与其他苏州富有的风雅之士一样，范烟桥家中也有池塘假山、花木点缀的亭园。由于他家的隔壁曾经是元代文人顾阿瑛的雅园遗址，他就将家里偏东的房屋命名为"邻雅小筑"。园中栽了不少山茶花，因而有"一角雅园风物旧，海红花发艳于庭"之句。周瘦鹃的家园更是搞得典雅精致，远近驰名。他是作家中的园艺家。他曾翻译《欧美名家短小说丛刊》，是高尔基作品最早的译者之一，鲁迅曾经对他的译作亲自审阅加批，大加鼓励。他编辑的《礼拜六》风靡一时，竟形成一个文艺流派，人称"礼拜六派"。他不赞成鸳鸯蝴蝶派的提法，但不反感"礼拜六派"，他和范烟桥总是说："我们是礼拜六派。"

星社有一位作家写了好多长篇小说，他就是望云居士程瞻庐，他写的长篇有《茶寮小史》《黑暗天堂》《新旧家庭》《情茧》《东风吹梦记》《湖海英雄》《快活神仙记》《街谈巷语》《雨中花》等，尤以

《唐祝文周四杰传》行销最畅。因为这部小说里周文宾本无其人，经而经书商要求，不得已以当时的“张灵”为影射者，所以程瞻庐自己也不甚惬意。可是这本小说出版后销行独畅，书商亦给予巨额润资，他受后连声说：“惭愧之至。”他应世界书局的请求，续写一位扬州人写了一半的《广陵散》，别人问他，人家是扬州人，写的是扬州事，你是苏州人，行吗？他说：“只要把苏州的事搬到扬州城去就成了。”

星社里的程小青是著名的侦探小说作家。他家住在望星桥堍沿河边，在一条非常狭窄的一人弄里，长长的小巷只有他一户人家，大门就在弄底，星社的朋友都说，程小青的家就像个写侦探小说的人住的，深邃而神秘。他把家称为“茧庐”，并为“茧庐”写了一首《一剪梅》：“桥畔幽居浮水西，曲岸风微，小巷人稀，向阳庭院有花蹊，春日芳菲，秋日纷披。高阁窗前绿树低，晓接朝曦，暮送斜晖，闲来读画更吟诗，家也怡怡，国也熙熙。”他的小说中最著名的就是《霍桑探案》，程小青笔下的私家侦探霍桑是一个除暴安良、有胆有识的英雄人物。但霍桑的命名缘于一次错误。1912 年，程小青参加上海《新闻报》副刊《快活林》的征文竞赛，写了一篇侦探小说《灯光人影》，给其中的侦探取名为“霍森”，不知是编辑的改动，还是排字工人的误植，出版时“霍森”成了“霍桑”，程小青就将错就错，续写起“霍桑探案”来了。为了写好侦探小说，他还作为函授生在一所美国大学进修了犯罪心理学和侦探学。有意思的是，有一次他崭新的自行车在小公园被偷了，让他过了一把破案瘾。程小青明察暗访，从一家自行车修理店里看到一副崭新的自行车挡泥板，觉得反常，顺藤摸瓜，果然查到了窃贼，没丢“霍桑”的面子。

同样是被偷，吴昌硕就没有程小青那样的能耐。吴昌硕在苏州先住在西亩巷的四间楼，后迁帝赐莲桥，最后购得养育巷桂和坊宅定居下来。就是他住在这间住宅里的时候，小偷光顾了他家，偷去不少应用杂物，却偏偏把他的一些字画丢在门外的地上，倒是一些路过的人拾走不少，其中就有当时没有装订的《削觚庐印存》散页，所以现在见到《削觚庐印存》大多是些杂乱无章的零星本子，没有整部的，这都是那次失窃后散失不全导致的。

还有不少必须提到的文艺家：

陆廉夫，苏州名画家顾墨畦、沈雪庐、樊少云、陈摩、黄裳吉、宗履谷的老师，住在河沿街。

吴郁生，嘉庆状元吴庭琛之孙，曾任军机大臣，1911 年返苏州故里，居三多桥巷，为清末民初著名书法家。

刘临川，能山水，善花卉，得恽南田遗韵，书法亦佳，茶馆“吴苑深处”的构图设计至绘画书法由他一人总揽，功底深厚，家居吉由巷。

蒋宜安，擅画人物走兽，尤精花鸟、仕女，与颜文梁的父亲颜纯生和刘临川并称为苏州“画坛三老”，居肖家巷。

颜纯生，因右耳重听自号半聋居士，从任伯年学画，名重艺苑，一生绘画五十余年，有长者之风。居干将坊，后迁桃花坞。

顾鹤逸，清道光进士，归里后筑怡园，又建过云楼，收藏古代金石字画，名迹甲吴下，著誉海内外。创立怡园画集，酷爱苏州自然风光，屡屡为之写生，作品以健笔写柔情，淡雅清新。居铁瓶巷尚书里，后迁朱家园。

邓孝先，曾任吉林民政使，诗词书画皆善，自己有“四十学书，五十学诗，六十学词，七十学画”之说，居胥门侍其巷。

赵之云，居十全街，因园内有古梅十株，额其住宅为“十泉十梅之居”，为吴昌硕入室大弟子。

赵眠云，能书善画，梅菊松石，往往数笔，便有文人画清逸之气，居枣市街、曹胡徐巷。

汪东，章太炎弟子，中国革命同盟会会员，经史百家，无不研习，亦擅书画，居东北街。

周赤鹿，专攻仕女，尤爱画神佛，是画人物的高手，住皮市街，晚年迁砂皮巷。

蒋企范，书法家，因得翁同龢手书真迹而专习翁字，笔力雄健，居滚绣坊。

顾彦平，顾鹤逸从子，所作山水不同凡响，一生创作甚富，居尚书里。

陶冷月，擅长油画，而且精通中国传统画技法，山水画功底厚实，居蔡汇河头。

管一得，以画山水为艺林所推重，参与组织冷红画会，居盘门师姑桥弄。

陈隐涓，擅西画，能摄影，尤精漫画，居观前承德里。

余觉，清末举人，沈寿的丈夫，书法娟秀雅逸，工诗词，曾居范庄前、马医科、皮市街、西花桥巷等处。

吴待秋，从师吴昌硕，得其神韵，曾被日本画家赞叹“天下大手笔，毕竟属于吴”，居装驾桥巷。

冯超然，我国现代著名画家，与吴湖帆、吴待秋、吴子深并称“三吴一冯”，居东北街。

…………

叶家弄叶桂行医传奇

——悬壶济世的人们之一

在苏州小巷里的文艺家中，有些人对祖国的传统医学有着很深的造诣，有的以此为职业，有的则在从医和从艺这两块截然不同的领域里跳进跳出，十分有意思。

比如萧退庵，原本是跟江南名医张聿青学医的，精通岐黄之术，后来则以书法名天下。而吴子深则少时学医，先以画名，抗日战争爆发后挂牌从医。后来则是行医与绘事并举，入则为名医，出则为名画家，令人敬佩。再比如居住东北街的汪星伯，曾在上海、昆明、南京等地挂牌行医，返苏后在东北街开设诊所，善于辨证施治，对症下药，有“汪一帖”之称。又曾从师画家陈师曾，所作山水气息高古，有一次连善于古画鉴定的吴湖帆都把他的作品误以为是清初名家王石谷的无款山水。汪星伯在书法上正、草、隶、篆四体皆能，浑厚刚健，书卷气与金石气兼而有之。苏州像这样多才多艺的人并不在少数。

苏州小巷中另有一批人，也许他们在琴棋书画、诗词文赋方面亦有较深的造诣，但他们的职业与交游都在医学领域里。他们中间有许多名医，挂牌开业的中医则更多。过去人们在街头巷尾常看到拉着出诊医生的黄包车飞奔，车铃声一路“叮当”不已，令人注目。

人们都知道苏州自古人才辈出，最突出的是状元，好像那是苏州的特产。其实苏州的医生也很有名，名医非常多，高手云集，历代宫廷里的御医就有很多是苏州籍的。以至于形成了历史上有名的医学流派：温病学派。

苏州人对苏州名医的轶事很熟悉，且津津乐道。最为家喻户晓的两位当数叶天士和薛生白了。他们都是康乾时期的医生，而且是一个老师教出来的，他们的老师也是一位名医，叫王子接。与王子接同时的还有许多苏州名医，如周俊扬，马元仪、沈明生、张路玉、程郊倩、蒋示吉、尤生洲、柯韵伯、叶横山、顾松园等，都是一代名流，饱学之士。

叶天士名桂，号香岩，晚号上津老人，这是因为他的住宅在阊门外下塘桥与上津桥之间的叶家弄。现经勘察，叶天士的宅院当是现在渡僧桥下塘48号至54号之间的建筑群。其故居坐北朝南，东西三落，前后七进，现在虽然有些为单位占用，有些为民居，但其昔日规模格局犹存。其中第二进大厅面宽三间，前后置翻轩，四壁下部均用水磨贴砖，梁柱上缀以木刻浮雕，当是叶氏诊室种福堂。其宅东侧有一弄堂名叶家弄，宽约二米，长百米许，叶宅进深占弄长70%，并有侧门通内宅。弄堂南段称“水叶家弄”，因其靠临阊门古运河，故名。河边有一石砌码头，相传为叶氏专用码头，以停靠病家求诊船只和叶氏出诊快船。当时阊门一带为苏州最繁华的地段，人口稠密，商业发达，店贾林立，名医集中，药店也很多，有天下第一码头之称。叶宅在渡僧桥和上津桥之间，两桥之下横贯运河，东与环城河道沟通，西行与枫桥运河相汇，堪称水陆要津，医家在此设诊，当然是十分理想的。

阊门外渡僧桥下塘叶天士故居

叶天士祖父两代均精于医道，出生于世医之家，叶天士从小就受到家学的熏陶，父亲叶阳生很重视对叶天士的培养，叶天士也很勤学，未及弱冠之年就已经通读了《内经》《难经》等唐宋各家中医著作，为日后的学医生涯打下了坚实的基础。当他 14 岁的时候，父亲去世，家道一下子艰难起来。叶天士便毅然放弃了通过科举进入仕途的想法，一心一意专攻岐黄之术。他跟从父亲的一位姓朱的学生学医，那位朱先生也毫无保留地将叶阳生教他的东西再教给叶天士，天性聪明的叶天士能够将老师教的知识和经验融会贯通，其见识往往超过他的老师，渐渐地，他的医名便超过了老师。他还广泛求教，听说有谁善于治疗某种病症，他马上会执弟子礼前去请教，“宿学虚心，为一时之冠”，所以能够“集众美而成名”。他从 12 岁到 18 岁，更换了 17 位老师，可见他对医术孜孜不倦的追求。

由于叶天士聪明好学，医道日精，未满 30 岁就名盛于世，苏州诗人、“天子门生”沈德潜所著的《叶香岩传》说：“叶切脉望色，听声写形，言病之所在，如见五脏症结。桂治病多奇中，于疑难症，或就平日嗜好而得救法，或他医之方略与变通法，或毫不与药而使饮食居处消息之，或于无病时预知其病，或预断数十年后皆验。病之极难捉摸者，一经诊视，指示灼然。以是名著朝野，即贩夫竖子，远至邻省外服，无有不知叶天士先生者。”《本草再修》陈修园序则说：“吴门叶天士先生以医术擅名于世者五十余年。”

有关名医叶天士的轶事很多，王友亮《叶天士小传》中记载了一则：叶天士有一次从外面回家，路上突然遇到暴雨，雨把道路都冲坏了，有一个车夫背着叶天士涉过水流。叶天生从那车夫身下来后，对车夫说：“你明年的今天要病死的，不过现在救治还来得及。”那车夫无论如何不肯相信，叶天士也没办法。过了一年，那车夫的病果然发作，头顶都溃烂了，家里人把他抬到叶天士的诊所求治，叶天士给了他们一些钱，让他们快点回去，说：“不能过明日酉时也。”人们把那车夫抬回家，车夫果然第二天就死了。

钱肇鳌的《质直谈耳》也记述了一则有关叶天士的轶事。有一年夏天叶天士来到一个小镇，有一个人听说了，想用假装生病的方法来试一试叶天士的医术到底如何。当时他正吃好饭，便跳起来奔到叶天士住的地方，假说自己肚子疼，请叶天士诊治。叶天士按了按他的腹部，说：“肠已断，不可治也。”那人以为叶天士上了当，窃笑着离开，还在街头把这事当作笑话手舞足蹈地讲给别人听。笑话还没有讲完，那人肚子真的剧痛发作，一会儿就支持不了倒在地上，挣扎了一阵子就死了。

叶天士治病往往匪夷所思，独出心裁。

有一个富人家娶了新媳妇，但新娘子生了一种奇怪的病，整个人像呆住一样，吃药也无效。叶天士看了以后，叫人在一所空房子里挖一泥坑，坑里放些肮脏污秽的垃圾进去，再在坑上搁一块木板，让病人躺在上面。然后静静地守候在旁边，看她有什么变化。果然，那病人躺了一会便开始呻吟起来。第二天，将病人移到内室，神志就清楚了，病人家属向叶天士请教其中缘故，叶天士说：“此香闭也，臭可辟香耳。”

叶天士不仅用奇法为外人治病，他有时对自己家里人也这样做。他的一个外孙才一岁，“痘不出”，他的女儿将孩子抱回娘家来，请父亲治疗，叶天士看了，竟难住了。女儿很气愤，扑上去用头撞他，说他总是讲痘无死症，为什么独独自己的外孙不能救活？说着就找出一把剪刀要自杀。叶天士忙止住他，说："我来想办法。"想了一会儿，叫女儿把小孩子的衣服全部脱掉，放在一间空屋子里，自己就外出玩去了。女儿想看看屋子里孩子到底怎么样，可是进不了门，心里十分着急，请人去叫叶天士回来，叶天士正玩到瘾头上，不肯回来。女儿只能放声号哭。叶天士一直等到夜半才回家，把门打开一看，孩子的痘已经一粒粒发出来了。这时他才告诉女儿，因为那空屋里蚊子多，借助蚊子叮咬孩子的皮肤才让痘发出来。

叶天士有一位邻居难产，有位医生为其开了治疗药方，产妇的丈夫拿着药方请教叶天士，叶天士在药方上加了一片梧桐叶，用药后产妇顺利地产下婴儿。后来别人也仿效他，在药方里加上一片梧桐叶，叶天士知道了笑着说："前吾用梧叶，以值立秋故耳，今何益？"

叶天士贯彻古今医术，毕生忙于诊务，著作很少，79 岁时曾想刊印一本《本事方释义》，可惜天不假年。叶天士于 80 岁那年去世，临终前告诫他的儿子说："医有可为而不可为，必天资敏悟，又读万卷书，而后可借术以济世。不然，鲜有不杀人者。是以药饵为刀刃也。吾死，子孙慎毋轻言。"

叶天士去世后，他的弟子和后人集其遗稿编辑整理成医著多种。有《温热论》《医效秘传》《叶选医衡》《叶氏明医论》《三时伏气外感篇》《叶天士家传秘诀》《叶氏妇科证治》《本事方释义》《叶评伤寒全生集》《柯氏来苏集评批》《景岳全书发挥》《临证指南医案》《幼科要略》《叶氏医案存真》《眉寿堂方案选存》《三家医案合刻》《南阳医案》等等。他创立的卫气营血温病学说奠定了温病学的理论基础，对后世影响极大，与另两位在温病研究方面卓有成就的苏州名医薛生白和缪遵义一起被后世称为"吴中三大家"。

俞家桥薛雪圣手断生死

——悬壶济世的人们之二

薛生白，名雪，号一瓢，又号槐云道人。他自号一瓢有个缘由：有一次薛生白遇到一个和尚，身挂着一只瓢，瓢上刻着七个字："吃尽天下无敌手。"薛生白觉得很奇怪，知道这个和尚非寻常之辈，必有来历。于是邀请他回家，设宴共饮，两人以瓢注酒，一瓢能容酒一斤，和尚吃了36瓢，而薛生白仅饮一瓢，所以他遂以"一瓢"自号，而且命名自己的卧室为"一瓢斋"。

他博学多才，能画一笔飘逸洒脱的兰草，还写了很多诗文。由于他的母亲多病，他才精心研读《内经》，探究医学。后来得到吴门名医王晋三、周扬俊的指授，晓畅医理，治疗每奏奇效。《清史稿》称他"于医时有独见，断人生死不爽，疗治多异迹"，"与叶天士先生齐名，然二公各有心得，而不相下"。薛生白还是一位自学成才的一代名医，他从没有执弟子礼拜于某位名医门下，但对《素问》《灵枢》《难经》《伤寒论》《金匮要略》等无不通晓，又在著名医家如葛哄、钱乙、东垣、丹溪、河间、从正、景岳等各家理论间兼学从善，自成一家。如取《内经》《难经》奇经八脉理论，运用于妇科、内科的诊治，治痰饮效法《金匮》，治脾胃病多取东垣之法，治肝肾多用景岳之法，泻火、滋阴取法于河间、丹溪，疗儿科多从仲阳，辨治湿热病在吴大可的《温疫论》基础上大有发展。正所谓“秀才学医，如菜作齑”。薛生白之所以能成为一代名医，首先是由于他有坚实的古文基础，再加上他刻苦好学，触类旁通，能对各家学说理解深透。后人对薛生白和叶天士做过评价，认为“二君皆聪明好学，论人工则薛不如叶，论天分则叶不如薛”。

薛生白十分重视望诊，有一次他的朋友袁枚来苏州，亲眼看到他诊治一个叫张庆的厨师，那人得了一种“狂易之症”，大约是一种心理上的毛病吧？认日光为雪，张口吃少许，肚肠就会剧痛欲裂，不管吃什么药都没有用。薛生白到了，没有动手诊脉，只是对着病人的脸看了一会儿，就说：“此冷痧也，一刮而愈，不必诊脉。”于是在病人背后刮疗，现出一块如手掌大小的黑斑，病人就立即好了。

薛生白断病如神，能预知生死。他曾经治疗一个福建来的商人，认为他患的是不治之症。和那商人在一起的主人请求薛生白想方法延长他的时日，等他的儿子赶到，将他经手的出纳之数交代清楚，会省去不少麻烦。薛生白答应试试看。于是开了一些药给病人吃。病势果然好了些，过了十几天，病人竟能坐起来了。病人的儿子赶到后，薛生白悄悄地告诉那位主人，说病人今夜要去世了。主人大惊，不相信。薛生白说：“我答应延长他的时日，但是没有许诺会救活他。”病人果然在夜里死去。

还有一回，袁枚的一位厨师王小余一病不起，已装进棺材，就要掩棺的时候，薛生白来了。他叫人打着蜡烛照看，一看便笑了，说：“死了，但是我就喜欢与疫鬼打交道，也许能赢。”说着便拿出一药丸，用石菖蒲捣汁调和，命轿夫用铁筷子撬开王小余的牙齿，灌药进去。当时王小余早已目闭气绝，其他人只听到喉咙里药汁流动的声音，似咽似吐。薛生白关照，好好看护，到鸡叫时他就能出声了。果然到鸡叫的时候，王小余能发出声音了。再服一剂，病就好了。袁枚曾经多次看到薛生白的神医手段，对他的医术极为推崇。薛生白却说："我之医，如君之诗，纯以神行，所谓人在屋中，我来天外是也。"

他的医学著作有《医经原旨》《湿热论》《日讲杂记》《薛氏医案》《扫叶庄医案》《薛生白医案》《校刊内经知要》等。

薛生白家住在南园俞家桥，他把自己的住宅叫作"扫叶庄"。扫叶庄本来的含意有二：一是薛生白著《周易粹义》时，其书稿屡定屡更，常常修改，就像要不断地扫去落叶似的，说明他治学之严谨；二是因为南园树木葱郁，经常落封径，行人不便，需要童仆不经常扫去落叶。沈德潜所作的《扫叶庄记》说得很详细："扫叶庄在郡城南园，薛征君一瓢著书所也。地在俞家桥，沿流面城，树木葱郁，落叶封径，行人迷踪，宛如空林，呼童缚帚，静中得忙，久矣，成课业也。昔有元时俞叟石涧隐居，注《易》于此，故此桥以俞名。俞《易》理取诸程，象数取诸邵，为朱子《本义》后一书。予尝赞其《南园易图》云，姬孔在心，眼前皆《易》，碧绿青黄，满园太极。以其随在感触，超乎迹象也。今一瓢注《易》，又能补俞《易》所未及，屡定屡更，芟汰疵类，与扫除落叶相似，则扫叶颜其庄者，诚意在斯乎。"

可是没想到后人在扫叶庄上大作文章，说扫叶庄的意思是指向叶天士的。还为叶天士取了一个书斋名叫"踏雪斋"，让这两位名医直接针锋相对。还说薛生白住宅门前有一对联：门对沧浪水，桥通扫叶庄。那简直就是对叶天士的斗争宣言了。有个震泽人还为他俩的矛盾找到起因，说是有一年吴郡流行大疫，城里设了医局以济贫困的人。有一个更夫浑身浮肿，到医局求治，薛生白诊脉后说“水肿已剧”，治不了。病人离开后在路上遇到叶天士的轿子，叶天士远远看到，说那不是更夫吗？这是热驱蚊带受毒所致，吃两剂药就可以了。于是就引起了薛叶之间的矛盾，无非是同行冤家吧。这样的故事很有可读性，人们也乐于相信。其实严肃地推敲起来，薛生白与叶天士在学术上确实有分歧的地方，《苏州府志》也有记载说“雪生平与叶桂不相能”，这本来也是正常的，但并没有更多的证据能证实薛叶之间的相互攻击、水火不相容。

薛生白出身于诗书人家，为史学家薛虞卿的曾孙，虞卿为文徵明的外甥，家学渊源，素有学养。薛生白为人风雅，心胸豁达，扫叶庄倒是有这样一副薛生白自撰的对联：堪笑世人无狗监，何妨自我作牛医。又作楹帖云：九重天子垂清问，一榻先生卧白雪。这样抱负、这样心胸的名士，怎么会与另一同行钩心斗角至此呢？

薛生白少年时曾学诗于著名诗人叶燮，著有《一瓢斋诗存》六卷，共 265 首，以及《一瓢诗话》二卷。他爱与文人学士交游，他画的兰常被朋友索要，他为友人画兰，止数叶一花一蕊而已。他家里养着数十只龟，自谓效仿龟息，故臻长寿。他还随身携带一把铜杖，号铜婢，是他的击技练身之器。

不为名相，便为名医
——悬壶济世的人们之三

苏州中医都有一定的文学素养，有一位苏州名医叫尤怡，是被顺治皇帝称为真才子、康熙皇帝称为老名士的尤侗的儿子，由于他的伯兄受官司株连而倾家荡产，到尤怡名下仅有三十亩地，不久也因故失去了。尤怡不得不从滚绣坊的亦园迁居到城北的花溪居住，生活十分窘迫。尤怡自小遍读群书，家道中落后只得以行医养家糊口。后来他医术日见不凡，找他治病的人越来越多，名声渐渐大起来。但他并不在意，空闲时则以灌花饲鹤自娱，借以寄托自己的恬淡之志。他还与顾秀野、徐龙友、周迂村、李客山等名流结成了历史上有名的城南诗社，尤怡作有较多诗词作品，并结集为《北田诗稿》行世。尤怡亦为高寿，95 岁去世。垂危时有一首诗告别诗社诸友："椰瓢桦尘有前缘，交好于今三十年。曲水传觞宜有后，旗亭画壁猬居前。病来希逸春无分，老至渊明酒已损。此后音尘都隔断，新诗那得到重泉。"虽为绝笔，诗句仍然十分工整，其意切切，其情殷殷，令人动容。

徐灵胎也是苏州的一位名医，他曾进京为皇室看病，乾隆要留他在太医院，被徐灵胎婉辞。十年后，他再次奉诏带病进京，时已 79 岁高龄了。抵京后自知将不起，便自拟墓联"满山芳草仙人药，一径清风处士坟”，白天还从容谈论阴阳生死出入之理，至夜谈笑而逝。徐灵胎也是袁枚的老朋友，对诗文颇有造诣。他喜欢写道情，著有诗文 39 篇。其中一篇《嘲学究》写得有趣：“读书人，最不齐，烂时文，烂如泥。国家本为求才计，谁知道，变做了欺人技。三句承题，二句破题，摇头摆尾，便道是圣贤高弟。可知道三通四史，是何等文章？汉祖唐宗，是哪一朝皇帝？案头放高头讲章，店里卖新科利器。读得来户背高低，口角唏嘘，甘蔗渣儿嚼了又嚼，有何滋味？辜负光阴，白日昏迷一世。就叫他骗得高官，也是百姓朝廷晦气。”说得的确痛快淋漓。

瓣莲巷 4 号有个曹沧洲祠，是苏州人纪念名医曹沧洲的地方，祠里重现古代中医前店后坊的格局，聚合药材、药理、制药、问诊等中医要素，成为集医理展示、非物质文化遗产体验、门诊坐堂为一体的中医主题文化馆，是展示苏州吴医文化的窗口。

曹沧洲号兰雪老人，出身于名医世家，其父曹云洲也是名医，世居阊门西街。曹家历代行医，精理内科方脉，兼治痈疽等症，至曹沧洲时医名益盛，妇孺皆知。

苏州民间有不少关于曹沧洲的传说，最有名的是“三钱萝卜籽换个红顶子”。这个传说又有两个版本，一说是曹沧洲治好了光绪皇帝的疾病，一说是曹沧洲医好了慈禧的旧疾。前者有医案等史料为凭，后者却没有确凿的史料记载。据说光绪年间慈禧太后得了怪病，太医们束手无策，当时主管医局的苏州状元陆润庠和曹沧洲是发小，深知曹沧洲医术了得，便举荐曹沧洲赴京为慈禧治病。曹沧洲到京后先按兵不动，假言路上受了风寒，卧床不起，其实他是在多方打听，迂回摸清太后的病根。他终于发现太后的不适是因吃得太油腻引起消化不良，于是出手了，而且处方异常简单，只开了三钱萝卜籽。慈禧喝了曹沧洲开的药汤，很快身体就好了。于是慈禧赐曹沧洲七品顶戴，其医名更为远播。

曹沧洲为光绪看病则是有记载的。他曾经为同道、青浦名医陈莲舫编著的《女科秘诀大全》一书作序，序中写道："往岁，德宗病剧时，余与先生同应征召，赶赴京师，会晤于旅邸中，讨论方药，得聆清诲。益信先生医学湛深，识见宏博，有非余辈所能异及也。迺返后，余因应诊事光，不获常相亲炙，每引以为憾……"

曹沧洲和陈莲舫两人为光绪皇帝治病的脉案在《御医请脉详志》中有明确记载：光绪三十三年（1907），帝躬违和，诏征名医，由南京制军保荐曹沧洲与青浦名医陈莲舫同应征召，入京视之，会晤于旅邸中讨论方药。治得见效，授为御医。曹沧洲为光绪皇帝诊病前后两年，从数十诊脉案分析，光绪皇帝因操持过度，情绪拂郁，肾虚肝阳，脾虚湿热，故有头晕耳鸣、遗泄、脘腹满闷、大便不调等症状，与高血压、脑血管病、胃肠功能失调、消化不良相似，且病情淹滞。曹沧洲逐日诊视，不敢懈怠，病机理法有理有据，方药调剂又必有出处，费尽心机。翌年，因病告归，名望益重。但是民间传说总喜欢以慈禧为主角，苏州还流传着曹沧洲为慈禧治病的另一传奇。有一次曹沧洲离苏进京前到观前街采芝斋，选购一些粽子糖作为礼品。慈禧吃了，觉得味甜鲜洁，爽口宜人，精神为之一爽。于是乘兴将苏州采芝斋的粽子糖列为"贡糖"。曹沧洲也从中得到启发，建议采芝斋在制作粽子糖时，放一些薄荷、甘草、川贝、松子等能食用的药材，于是采芝斋因此名声大盛，从此采芝斋是"半爿药材店"的说法流传于吴地。

究竟是谁推荐曹沧洲进京的也有不同的说法，除了陆润庠说，

瓣莲巷曹沧洲故居

还有说是邓星伯推荐的。邓星伯也是苏州名医，曾经进京为摄政王载沣诊治湿温伤寒，宫中传为妙手。慈禧太后有病时，苏州巡抚朱之榛拟奏请邓星伯征如为御医，但是邓星伯认为宫内陋习太多，推辞不去，推荐曹沧洲去，于是曹沧洲一举成名。

但是苏州人认为曹沧洲是老百姓的医生，对曹沧洲的医术尊崇到迷信的程度，以至于当时流传“不及看到之病人，至曹氏门槛上一坐，即能愈病”的传说。

苏州的名医如此，一些名望不大的医生同样气度不凡。有一位常在巷头摆药摊的老先生，为人看病分文不取，自己却穿着破衣烂衫。过春节的时候，他也高高兴兴地为自己写了一副对联：但愿人常健；何妨我独贫。其境界令人敬佩。

苏州还有一位画家名医很富传奇色彩，他就是海上画坛闻名遐迩的“三吴一冯”中的吴子深。吴子深是曹沧洲的外甥，吴子深最为人所津津乐道的是在抗日战爆发后离苏去沪，在上海赖以为生的不是他的画艺，而是他的医术。他是一位非常好的中医，早年他跟大舅父曹沧洲学中医内科，得其真传，医理精深。他在上海挂牌行医、悬壶济世，很快就名声大起，一年后购下一幢洋楼，与吴湖帆、吴待秋、冯超然诗酒流连、交流画艺。抗日战争胜利时他一夜未眠，大书“胜利”二字，至今犹存。当年举办个人画展，海上画界认为他的作品“古趣盎然，厚而能雅，淡而见腴”，吴子深一跃而为海上书画名流。1949 年他离沪去港，一面挂牌行医，一面鬻画卖字，曾为胡志明看病，其画艺亦饮誉东南亚。后来经张大千介绍往台北任台湾艺术学院国画系教授，直至谢世。

身兼名画家和名医如吴子深者，这一辈子无论如何也是令人歆羡不已的。

仓米巷里的二八年华

——我的小巷朋友之一

说起仓米巷便会想起沈三白和芸娘，《浮生六记》给了后人多少美好的想象啊！这一对富有情趣、相濡以沫的夫妻是从沧浪亭搬到仓米巷来住的。虽然这里没有沧浪亭住得宽敞、雅致、诗意盎然，但也有宾香楼、读书处，窗外还有一片陆氏废园可供张望，总比他们后来流浪他乡强得多。

仓米巷的得名当然和旁边有米仓有关，和米仓有关的还有这附近的东美巷和西美巷。现在那些米仓早已隐入地方志了，但那名字仍然散发着米香。米香和书香，是仓米巷特有的气息。

仓米巷就在文联对面，我三天两头就要走进仓米巷。我与仓米巷的亲密接触全是因为瓦翁住在里面。说起瓦翁，苏州人或爱好书法艺术的人都知道。这位已经九十七岁高龄的老人以一手飘逸雅健的小楷征服了当代书法界，曾经获得第四届全国书展金奖首名，人称“状元”。这位状元却从来不奇货可居，熟人、朋友甚至邮递员求字，他都是慨然而作，略无愠色。有时碰上婚庆喜事，我代人求他的墨宝，他写好了要我去拿时还说笑话：“酒，你去吃；字，我来写。”

每次去瓦翁家我都要问他这一段时间里的行程。他的活动太多了，书法界的、文艺界的、省市政府的、学校的、社区的……许多活动都以请到他出席为荣。他也好商量，面对各种谢词他有以不变应万变的一句话："我要服务社会。"有时一天之中要跑好几处，老人还自我解嘲说："我老头子赶场子哉！"

瓦翁字洒脱，人亦洒脱。成天笑呵呵的，聊天时冷不丁就要幽上一默，走到哪儿都是一片笑声。文联的人，各个协会的人，都喜欢他。他随便在文联的哪个办公室里坐一会儿，机关里的人就会一个个闻讯而来，向老爷子请安，听他说笑话。老人思维敏捷，不熟悉的人谁都觉得他不过六七十岁而已。他最喜欢和年轻人交朋友，和他聊天一点也不会感到有什么代沟之类的障碍。由于瓦翁，我相信心是可以不老的。瓦翁还是很有影响的篆刻家，他在每年生日时都要为自己刻上一方印。我最忘不了的是他八十八岁时刻的"二八年华"和九十岁时刻的"九十学步"，试想，有这样心态的人还会老吗？

瓦翁也是后来才搬至仓米巷居住的。以前住在彭义里。那里是清代状元彭定求住的地方。彭定求和他的孙子是有名的祖孙状元，据说他嫌儿子没出息，没想到儿子回答他说："状元生我，我生状元，何愧之有？"弄得他老爸无言以对。确实，单凭这句话表现出来的捷才，也看得出这位拒不惭愧的人绝非等闲之辈。那时我也常去瓦翁家，总想在老人的书房里多待一会儿，那是值得久久流连、也经得起细细品味的所在：别致的石头，诱人摩挲的葫芦，整齐排列着的线装书，墙上经常更换的书画小品……玩味着、遐想着，觉得苏州古城的魅力在这里清晰可辨、盈手可掬，觉得向往苏州文化的人如果无缘结识瓦翁那真是一件憾事。

彭定求、沈三白……苏州也真有趣，无论瓦翁搬到哪儿住，那地方总会给人以文化渊源上的丰富联想。有时我送瓦翁过马路，进了巷子老人便执意不肯我再送，我便立在那儿久久地看着他缓步走进深巷，恍惚间会油然想到当年沈三白也是这样缓缓走在巷子里的吧？

顺着巷子再往里走，还会走过南半园，是来自溧阳的进士史述居住过的地方，其中有半园草堂、安乐窝、还读书斋、君子居、待月楼、挹爽轩等，曲园主人俞樾曾为其作记。再往前走，前面还有一座隆庆寺，不过这寺庙早从现实迁进志书了，当年的钟磬之音已幻为现在的琅琅书声。

在仓米巷行走，和在苏州其他许多巷子里行走一样，稍不留神，就会迷路，走进历史。

瓣莲巷清芬四溢

——我的小巷朋友之二

一进瓣莲巷就看到曹沧洲故居，便想到名医曹沧洲和他的外甥徒弟吴子深，当年他是怎样跟在舅舅身后在这里进进出出的呢？

胡乱想着，迎面一小杂货店，便到蒋风白蒋老家了。右拐，穿过一条又窄又暗的备弄，绕过一眼青石古井，就到蒋老门前，一按门铃，便听到师母的声音："来啦——"

十多年来，我是蒋家常客。蒋老画出了得意之作总要打电话让我过去看看。兴致高的时候还要我去看他作画。初夏时他也会约我去欣赏他收藏的字画：文徵明、唐寅、王宠、祝允明、徐青藤、八大山人、石涛、任薰、任伯年、郑板桥……与古人真迹面对面，我会如同置身于云端之上，一时不知今夕何夕。

看蒋老作画很有意思：先是铺平宣纸，对着茫茫的白沉思，然后取笔、蘸墨，力士般分开双腿站稳，才挥笔在纸上果决地行走。有一次他画兰，"唰唰"两笔，一笔飞飘左上，一笔斜斜地逸向右方，仅仅两笔便顾盼多姿、隐隐生情，我不由喝彩："这幅必是精品。"蒋老深深看我一眼，一字一顿地说："画兰最要紧的就是这两笔。"然后转过身去，对着画沉思良久，叹了一口气："一辈子也就这两笔了。"我为之默然。

蒋老多次鼓励我学画，我也很想跟蒋老学几笔兰竹。他的兰竹可谓当代画坛一绝，冯其庸称其墨竹在石涛与板桥之间。但我一直没有真正动手，还在朋友面前自我解嘲：“先画竹呢，还是先画兰？”一时还没拿定主意。其实内心里总觉得与蒋老交往的时间长着呢，急啥？先看着吧。直到后来和车前子谈起此事，他为我扼腕：“你可惜了。”我才真的感到一种莫名的隐痛，不仅仅是没跟蒋老学画。

后来更多的是蒋师母约我去他家。师母总是固执地称我为老师，每次都是师母默默地为我沏茶，还端上一小碟点心，哪怕是几片饼干。交往好几年后我才知道师母喜爱写作，后来她拿出数十篇散文托我整理、修改、发表。从这些文字走进师母情感世界深处，颇有美不胜收之感。街边山茶开了，她有由衷的欣喜；家里三花猫死了，她有纯真的喟叹。最是她对少女时代的追忆亲切感人。读着读着，你会感到老人内心葆有着的一种类似女中学生的情怀。后来我曾在师母散文集的序里说，瓣莲巷原名板寮巷，不过讹为瓣莲巷却讹得很精彩，苏州就是一朵硕大无朋、清香四溢的莲花，蒋老夫妇便是其中一瓣。师母嘀咕说：“我在这里住了三十多年，真勿晓得板寮巷。”

有时看老两口斗嘴也很有趣。师母耳朵不好，蒋老性子急，声音就大，师母却波澜不惊，眼皮也不抬一下，仍旧慢慢地想，慢慢地说，过一会儿才数落蒋老几句。蒋老只好对她看看，不啧声。

蒋老住院时也没什么大病，师母还告诉我她选了两幅画等老头子出院了题上字送我留念，谁会想到蒋老就此没能再回瓣莲巷呢？谁又能想到师母一月之内和蒋老脚跟脚走了呢？我到医院看过蒋老，却没能看望师母——他俩住同一家医院，师母却不知道蒋老已先她而去，我怕见面时师母向我打听蒋老，我不知如何应对。

前几天路过瓣莲巷，下意识地拐进去。又见曹沧洲故居，又见那小杂货店，却无法再重走那窄长的备弄、按响那门铃了。从小巷那头出去时心里不由念叨着：曹沧洲、吴子深、蒋风白……是一些永远属于这条小巷的名字呵。

幽兰巷晚风中的摇铎绘者

——我的小巷朋友之三

我说友苏的作品世人皆知，这绝不是故作惊人之语。除非你屏蔽互联网，否则一定会与他的画作不期然相遇。他那些略带夸张的市井人物工笔画，灵动诙谐，情趣洋溢，一个个似曾相识的生活场景跃然画幅上，可谓大俗大雅，引人会心一笑之余，让人领略人生的深沉底蕴。网上无数描摹姑苏风俗民情的文章，总要配上几幅友苏的作品，似乎不这样就显得不够味、不“正宗”。友苏的作品确实为那些文章增色不少，为互联网贡献多多。说到版权保护，他只能苦笑，网上盗图太方便了。但这何尝不是一种自发的全民投票？

我和友苏同事多年，他说话不多，不喜欢复杂的社会交际，是个追求单纯的人。这一点，和文联这种必须和各色人等打交道的单位并不相谐，但和我倒是颇为相契。

印象最深的是这样一个细节，开会时我俩经常坐在一起，我往往坐在他的右边。那时文联没钱，想做点事情很难，成本最低的事就是单位里自己开会，开那种冗长的务虚会，很是磨人。端一杯茶，面前摊开笔记本，偶尔有人伸手在本子上写上几笔，似乎是昏昏欲睡中的一种提神。有一次我看到友苏在本子上写了好久，无意一瞥，密密麻麻一大片，伸头仔细看，哦，他在默写辛弃疾的词：我看青山多妩媚，料青山看我亦如是，情与貌，略相似。友苏发现我在看他，回头相视一笑。我拿过他的笔记本翻一翻，哇，一厚本里都是默写的唐诗宋词，那不仅仅是借助古人的力量抗拒无聊的小把戏，他是在守护自己的一方天地啊！

忽然有一天，他认真地对我说，准备办退休手续。我吓一跳，还早呢，退什么休啊？他说现在有一条新政策，满三十年工龄可以提前退休，他正好符合条件，决定退休回家。

我很意外。从没听说有人想提前退休，退休的同事也都是留在单位里好多年才真的离开岗位回家，领导也希望这样，毕竟老同志都是艺术行家，用起来顺手。

记得当时我对他说："你是对的，可以把时间和精力都用在自己的创作上。"

我一直记得这次简短的对话。他懂得自己。

几年后，我一边细细翻阅他新出的《市井人物》，欣赏一幅幅展现市井生活的风俗画，便油然想起《诗经》时代那些摇着木铎在阡陌间辛勤采风的人，那些记录编撰出"风雅颂"传布于今的行者，我觉得友苏也是那样的，不同的是他用画笔把他体悟到的精彩之处，以自己独到的生动诙谐又富有诗意的笔触，把生命中的温馨感人描绘下来，传达给人们一抹暖意。于是我一边想起当年对话，一边自言自语：他是对的。

又过了若干年，我和几位朋友一起去美术馆看友苏的新画展《平江岁月图》，这是友苏历经六年多创作的呕心沥血之作。长达四十五米的画卷中，从平江路横贯古城，一直到阊门，从民国时期一直到现在，时空巧妙交织，近千不同时代的人物在画面上融为一体，气势磅礴而又精细入微，令人叹为观止。在展厅来回逡巡中，我又想起那次对话，他是对的。

其实做同事的那五六年里我俩交往并不很深，但我知道他一直在画着。忽然有一天他在网上传给我几十幅画作，说要出一本画册，要我写序。我有点惶惑，觉得以他的背景，完全可以请著名的大家写。他淡淡地说，还是让熟悉的朋友写好。

那是友苏的第一本画册，其中贵州苗寨组画莽莽苍苍，浑厚浓重，令我印象深刻。还有一幅描绘公园人物群像的《百乐图》，也让我赞叹不已，觉得他就是善于捕捉人物动态的高手。

现在我才知道，他退休前已经开始尝试画工笔市井人物系列了，头脑里想法很多，笔下各种人物跃跃欲试，或许那时他意识到自己正处于突破瓶颈的紧要时刻，对他来说，退休是毅然决然的事。

现在我知道了，为了这一刻，他已经准备了几十年——

在甫桥西街幼儿园的时候他就开始画了：打仗，开炮。书画之家的熏陶无意中播下了一粒兴趣的种子。

读中学时他的绘画才能被美术老师发现，便作为培养苗子额外关照了。

下放太仓农村后，他拥有充足的时间写生，一幅题为《我是队里的饲养员》的创作送到县里，画中是一个抱着一头肥猪的姑娘，良好的绘画感觉让他被抽调到文化馆，专事创作。未几，又被安排到一家木雕厂，从事美术设计。

回城后他被分派到大光明电影院画海报，那是一段非常锻炼人的经历：凭着几张电影拍摄的黑白工作照，要画出有视觉冲击力的海报来，并不是很容易的。友苏珍惜这份工作，使出十八般武艺，中国画、木刻版画、西画，都得一一尝试，色彩、透视、构图，都得再三斟酌。隔壁开明影剧院的海报很有特色，他便经常在暗中观摩学习，日积月累的进步让他觉得很充实。他曾两获省电影海报展一等奖，这使他信心大增。

美术专科学校成立后，他立即报考，然后就是严格而紧张的基本功训练和理论学习。对他启发最大的是周矩敏老师的水墨民国人物《散淡人生》，可以说直接引发了他创作工笔市井人物的念头，他的长期积累和接踵而至的想法，让他终于找到一举喷发的“火山口”。

这个系列一经问世，美术界叫好，市场叫座，在平江路上的友苏美术馆，该系列的复制品和衍生品销售火爆，因为这些画既有较高的艺术品位，又搔到了老百姓的痒处，架不住大家喜闻乐见啊！现在，这个系列已有近百幅作品，蔚为大观。

我为厚积薄发的友苏高兴，从他源源不断问世的画作中，我看到他曾经长期居住过的潘儒巷、幽兰巷和花街巷，特别是幽兰巷，他住了有十多年，我看到他从中发现和渲染的那么多诙谐而接地气的小巷风情。我钦佩友苏。专司画工笔市井人物，并形成规模、产生巨大影响的画家，在国内仅谢友苏一人。在国际上，也只有美国的画家罗克韦尔可以相提并论，他画油画，专门描绘美国的市井人物。现在，友苏的作品已然成为江南的一个崭新的文化品牌，有什么比这更令人兴奋的呢？

穿心街的念想

——我的小巷朋友之四

穿心街名从何来？不知道。王謇先生的《宋平江城坊考》上说这里过去有大新巷和小新巷，可能与此有关吧。

穿心街是我走得最多的一条小巷。头发长了要到巷东头的理发店理发；自行车出毛病了要到巷西头的车摊上修理。更不用说往城东南隅办事也是从这条巷子出去最方便了。

巷东理发店的老板是温州人，白脸，瘦瘦的，和气寡言，忘了他姓什么了，忘不了的是头发长了就去找他，这一找就是三十多年。现在我夫人、儿子也都习惯到这儿来。小店里的少男少女学徒是经常换的，学成后到哪儿去了呢？没问过，大约是到别处开理发店了吧？

巷西的车摊师傅好像是淮阴那一带的人，红脸，身板敦实，很讲信誉，上班把车扔那儿，下班来取时所有的毛病都好了，还顺便在链条上滴好油，车胎打足气，价钱也十分公道，从不乱来。我觉得工商局应该在这儿挂上一块“信得过”的匾牌。

穿心街上最有名的人也是外地来的，他就是佛教净土宗第十三代祖师印光大师。大师 1930 年到此闭关，1937 年离开这儿上了灵岩山。他的关房就是穿心街中段报国寺里的几间小屋。

穿心街报国寺客堂

我的办公室在二楼，窗户正好斜对印光大师的关房后窗。时常听到和尚们在当年的关房里诵经，估计是佛教里的重要日子吧，还间杂有磬、铃、木鱼等各种呗器，十分悦耳，让人感到一种心的宁静。关房的屋脊上常有一只白鸽散步，门卫老潘不知用什么方法捉到鸽子，文联张主席知道后立即喝令他放掉，此后那白鸽再也没有出现。

报国寺不大，相当于一个小四合院，前后三进，与文联海棠楼隔墙相接。二十世纪九十年代初这里还有居民住着，后来落实政策改为苏州佛教博物馆，院子中间的那棵大树越发茂盛了，春天开花时报国寺上空一片紫云。

我常常在二楼隔窗久久凝望报国寺，想象印光大师在此闭关时的情景。大师是不出门的，但得不断接待慕名来此叩关的人们。我看到张善孖从网师园带着那小老虎来请求皈依，大师认为养虎是“无事生事”，“令虎吃牛，实造杀业”，但大师慈悲，仍“为说三皈”，并赐法名“格心”，据说“自是虎遂柔伏，未几化去”，大约是已经脱离畜生道了吧？

我看到续范亭带着女儿和女仆来此请求皈依。续范亭是抗日爱国将领，为抗战曾在中山陵自刎明志。但大师似乎并不怎么看好他，因为大师看到他十岁的女儿与女仆戏顽，他呵斥女儿，女儿不听，“发气呵之，稍静一刻，又顽起来”，于是大师在写给友人的信中说：“光知彼是只知愤世，了无治世之才，只一女孩，在光处尚不受约束，况统兵乎！”联系后事，大师说得有理。

我还看到大师在国民党元老张静江的耳边说了些话，张顿时痛哭流涕。说的什么呢？我没听见，除了张静江谁都没听见，思来想去，猜不透。大师就是大师。

我看到许多人在报国寺前来来往往，就是没有看见过另一位寓居在苏州的外地人——国学大师章太炎。章太炎的住所距报国寺不足百步，锦帆路过来转个弯儿就到了。章太炎也写过好多佛学文章，这两位大师应该在一起聊聊的。但我一直没看到这方面的资料，印光大师的年谱中也没相关记载，网上有篇文章说他俩曾有交往，但又语焉不详，是不是在报国寺更无从查考，不免让我感到一种无端的怅惘。

再往前看，我还依稀看到另一个身影：郑思肖，福建连江人，这位以一函《心史》寄意明志，以一笔墨兰留赠后人的南宋诗人，宋亡后的余生就是在报国寺里度过的。不过那时的报国寺不在此处，好像在如今的文庙那一带。这并不妨碍我向报国寺张望。郑思肖真是铁骨铮铮啊！他的一幅墨兰仅寥寥十七笔，但就是不肯给赵孟頫。别看赵孟頫是元初的大官、大书法家，讨不到郑思肖的墨兰也只好忍气吞声地离去，毕竟是贰臣。

海棠楼之忆
——我的小巷朋友之五

海棠楼是壶园留下的二层小楼，壶园的其他部分早已于三十多年前变成一座现代办公楼了。新旧两楼，一大一小，在粉墙两侧依依顾盼，各自怀着心事做无声的对话。

我至今说不准这座旧园叫壶园还是葫园，这两字的意思在这里好像差不多，茶壶也好，葫芦也好，都是螺蛳壳里做道场，极言其小。几十年前我开始在这里上班，先是在楼下编报纸，后来到楼上搞协会，再后来搬到新楼办公。海棠楼里开过饭店，做过版画工作室，几易其主，后来还曾修缮一新后专门用于艺术家们聚会，海棠楼有知，也会高兴的。

三十多年前海棠楼里真的是谈笑皆鸿儒，往来无白丁。我印象最深的是作曲家金砂，那时他住在言桥头，到海棠楼来只需步行十分钟。金砂总是一路哼着小曲轻手轻脚、闲云野鹤般地来到海棠楼下，只要有空，我都会陪他聊一会儿，听他说《牧羊姑娘》是怎样谱出来的，说《毛主席来到咱农庄》是如何唱开的，谈得最多的还是歌剧《江姐》，哪些腔是从川剧里化出来的，刘亚楼当年是如何抓他们的创作的，毛主席观看《江姐》后和剧组合影时谁谁谁是怎样挤到毛主席身边的……说起《江姐》来金砂就如痴如醉，那是他创作的最高峰，是他最钟爱的女儿呀。加上我又是一个十分理想的听众，从小就对歌剧《江姐》十分熟悉，再听他绘声绘色这么一说，真是非常过瘾。后来他写了好多篇论文总结《江姐》的创作经验，他都给我复印了一份。他打算写二十篇结集出版，可惜在世时没有实现。

我在楼上办公时来得最多的是书法家朱第，他是书法工作者协会的理事长，楼上有他的办公桌。那年天热，楼上如蒸笼一般。于是用下五子棋的方式来避暑，大家轮番上阵攻擂，朱第厉害，总是奋战在第一线。后来他听说我会下围棋，就拉着我下，再也不理五子棋了。他在围棋盘上十分好战嗜杀，常常在稳赢的情况下杀崩了。我还记得他和我下的第一盘棋，在做了一些准备工作之后，他动手杀我的棋了，拈起一粒子悬在空中，突然抬头问我："打二还一你知道吧？"

院子里最美的风景是两棵树，一棵海棠，一棵桂花。花开时节就是小楼的节日了。海棠花开的是热烈和浪漫，桂花开的是含蓄与温馨。那粉红和金黄都是满树满树的，几天后满地缤纷落英，人们也不忍扫去。两棵树造型都很漂亮，屈曲横斜，古意盎然，十分入画。回想起来有点奇怪，这院子里来来往往的画家也挺多，怎么没听说有哪位为它俩写过生？大约是这样的树在苏州太多太多，不足为奇的缘故吧？现在那海棠已经辞世了，不知道是被虫蛀死的，还是开饭店时被油烟熏死的。只剩下那棵已显老态的桂花，任一段木桩撑着，不免让人感到凄凉。

写到这里，我突然想起楼上窗棂里斜斜写着的字迹：某年某月某日初开，某日始盛，某日凋尽。那显然是海棠花开花谢的记录，有七八年了，笔迹却不一样，有的我认识，有的不认识，认识的人中间有的已经过世了。凝视那笔迹，一双双温情的眸子便慢慢地从字里行间浮现出来。

我接着那笔迹记了一年就搬往新楼。撤离的那几天楼板中间堆满了待处理的东西，有人试图从中找出有用的，老姚幸运地发现了一幅张辛稼的书法，我也意外地找到一张上海诗人芦芒写的斗方，那是他写于 1962 年的诗作：“灵岩山，巨象伏青天，曲曲山道如登天，步步云雾缠。松苍苍，石峥峥，琴台遥看姑苏城，紫烟缭绕彩烟升，郊野桑稻密层层。”也许那年诗人游灵岩山是由文联接待的，于是在海棠楼挥笔写下了诗作？这幅斗方现在就挂我的两可斋墙上。

对这幅字我有个设想，芦芒的女儿王小鹰是上海作家，现在苏沪两地艺术家交往颇多，说不定王小鹰哪天会到海棠楼做客，也许这幅字交给她更为合适。如果这事能成，我想在海棠楼举行一个小小的仪式，不知道这能不能算作海棠楼的一段佳话？

在小小的两可斋

——我的小巷朋友之六

两可斋小得很，不足六平方，一桌一椅一橱而已，乏善可陈。要说，也只能说说两可斋的客人。

两可斋的客人多是文友，不敢说谈笑皆鸿儒，但绝对往来无白丁。当然话说回来，真正的白丁朋友现在想交也难，你到哪儿去找？比二十世纪五十年代找大学生还难，得靠缘分。

常来两可斋的文友多兼棋友，这很容易理解，谈诗论文是见不了胜负的，远不及黑白世界里的掐架来得刺激。输了想卷土重来，赢了要猛追穷寇，于是便成了常客。输了也好，赢了也罢，风度总是在的，相视一笑中，得意与解嘲之类的内容便全有了。若是意犹未尽，他们还有其他的招。诗人陶文瑜的拿手好戏是写一幅字，内容大多是“意料之外，情理之中”一类，写得一手好散文的王华，送竹刻笔筒是他保留项目，两可斋里就有一只，笔筒一面刻着首届中日围棋擂台赛聂卫平对藤泽秀行那一局棋的棋谱，一面刻着苏东坡的字“胜固可喜，败亦欣然”，还巧妙地把“亦然”两字排到一起，真是慧心巧手，我十分喜欢。王华也十分得意这个笔筒的构思，他曾经在《新民晚报》写过一篇他醉心于做笔筒的散文，还重点提到送我的笔筒。

想起来二十世纪八十年代的中日围棋擂台赛真是厉害呀！我和好几位文友都是和那黑白子结下不解之缘的，看着聂卫平屡屡杀出重围，勇猛夺标，真是开心。看高手们杀着手痒便自己杀，没人关注我们，我们便各自盯着对手：有一次我和陶文瑜杀棋，边上放着一张纸，谁输了便在上面签个名，签着签着耍赖了，他笔下出现了一串马晓春，呵呵。再后来他索性写连载小说了，把自己的对手们都写进小说，碰到棋友便要预告，明天谁谁谁要出场了，最后出来一统江湖的当然是他自己——小说里那位叫陶文的大隐，我则是陶文最后解决的对手，名叫桃花庄主雪也燃。作家有作家的办法，纸上杀无疑比棋上杀来得顺手，来得爽快。

那帮一起学棋的文友中我最佩服诗人车前子，只有他能够毅然决然地抛弃围棋而去，就像长坂坡上的赵子龙，单骑闯入敌阵，左冲右突绝尘而去，让围棋之神目瞪口呆，而我们则都成了那野狐禅万劫不复的俘虏，我再没有看到第二位能够从围棋的手掌心跳将出去的好汉。

棋友里段位最高的是杂文家程映虹，业余三段。他是我隔壁楼上的邻居，但我们相识是在报社召开的作者座谈会上，那天不知怎么从写作说到围棋，正好我俩都刚在《围棋天地》杂志上发了文章，于是就像地下党对上了暗号，找到了组织同志，便相约什么时候切磋切磋，一打听都乐了，原来住在一起，我住三楼，他住在我对面楼的一楼，真是搞笑，可惜时间不长他就跑到美国去做教授了。

裴金宝和俞志高是两可斋里的另类朋友，都是由我的写作对象过渡成好友的。他俩是粮校同学，毕业工作后都改了行。改行本来是正常的事，但他俩改得匪夷所思，一点也不靠谱。金宝爱上古琴了，做古琴，弹古琴，还收了不少徒弟，在江南很有影响，前天在网上看到已经有人称他为大师了。志高呢？迷上了中医，专门在吴中医派上下功夫，整理出版了几大本温病学派的典籍，做了一桩很重要却缺少人做的大事。他出的书我书架上都有，有时取下来翻翻，似懂非懂的，蛮有意思。我一直想把他俩放在一起写一写，题目就叫《苏州两同窗》，写一写他俩究竟是听到了什么样的召唤，才走出所学专业，扑进了另一片迷人的天地。我确信，如果能够成功地把这两位朋友写出来，就等于成功地把这座文化古城写出来了。

两可斋的第一位文友是姜晋，他是个妙人儿，玩的门类多，玩什么都能玩出名堂来。作家就不必说了，他还是苏州市书法家协会会员，书艺高低我不懂，但他的作品能够在拍卖会上换钱总可以认为是上了层次了吧？他还是收藏家，家里像个小博物馆，他收藏的明信片、老照片在圈子里是有名气的。他拉小提琴，还收了两名学生；他吹笛子能上台独奏……他还擅聊，如果他在聊天时能够像善于开头一样善于结尾的话，他简直就是个没有缺点的人。

巷子里的阳光

◎ 附录 ◎

苏州小巷名录

巷名	曾用名	起止
绣线巷	普新巷	马医科菜场西
西麒麟巷		新春巷至养育巷
施林巷		水潭巷至景德路
长春巷		新春巷至养育巷
新春巷	道堂巷	西美巷至景德路
吴殿直巷		新春巷至养育巷
东百花巷		王天井巷至中街路
西百花巷		中街路至汤家巷
王洗马巷		中街路至汤家巷
大九思巷	自力巷	吉祥弄至汤家巷
小九思巷	更生巷	王洗马巷至汤家巷
义巷		王天井巷至花驳岸
高师巷		王天井巷至中街路
马大箓		王天井巷至中街路
王天井巷		景德路至东中市

续表

巷　名	曾用名	起　止
乌龙巷		包衙前至三茅观巷
三茅观巷		中街路至汤家巷
汤家巷		东中市至景德路
宋仙洲巷		中街路至汤家巷
曹家巷		王天井巷至中街
养育巷	遵义路	司前街口至景德路
乘马坡直巷		通和坊至古吴路
乘马坡横巷		东接吴县直街
水潭巷		剪金桥巷至施林巷
慕家花园		养育巷至施林巷
海红坊		养育巷至新春巷
桂和坊		养育巷至新春巷
通和坊		养育巷至水潭巷
镇抚司前	长阳巷	养育巷东
包衙前	星火巷	中街路至汤家巷
花驳岸		王天井巷至中街路
潘仙巷	阳光弄	养育巷西
天官坊	永红巷	学士街横巷
周五朗巷	黎明巷	东接吴趋坊
五爱巷	王枢密巷	吴趋坊至西中市
专诸巷	穿珠巷	景德路至西中市
寒儿巷	兴无巷	东接吴趋坊
舒巷		天库前至西中市

续表

巷　名	曾用名	起　止
刘家浜		吴趋坊至石塔横街
长船湾		胥门大街至南新路
回龙阁	先锋巷	景德路至刘家浜
南码头		南新桥至阊门吊桥
大马堂		五爱巷至宝林寺前
天库前		吴趋坊至专诸巷
宝林寺前	宝林巷	东接吴趋坊
十间廊屋		宝林寺前至天库前
河西巷		桃花坞大街至高长桥
西大营门		桃花坞大街至高长桥
杨家院子巷		南接阊门内下塘街
杨院巷	杨家院子巷底下	蒋家弄至戈家弄
廖家巷		西接桃花坞大街
韩衙庄	光芒巷	西接桃花桥弄
太子码头	工农码头	北接北码头
北码头		北童梓门至四摆渡
前南新巷		南浩街至后南新巷
后南新巷		南浩街至马路一区东
前文家巷	亦工巷	东接北许巷
后文家巷	亦农巷	北许巷白莲桥浜
南许巷		胜塘桥弄至北许巷
北许巷		南许巷至枫泾浜
永新巷	杀猪弄	施家弄至南许巷

续表

巷　名	曾用名	起　止
南丁家巷		金石街至广济路
北丁家巷		广济路至义慈巷
义慈巷		宝莲寺巷至上塘街
宝莲寺巷	醒狮北弄	三乐湾附近
东芦家巷		南浩街至阊胥路
西芦家巷		阊胥路至淮阳路
黄家巷		南浩街至阊胥路
谈家巷		淮阳路至河
江鲁巷	江鲁会馆	阊胥路至王祥弄
新风巷	乐荣坊	阊胥路至小菜场
万人码头		南新桥至鲇鱼墩
大木梳巷		西叶家弄至小木梳巷
小木梳巷		西叶家弄至大木梳巷
东长善浜		留园路至上津桥下塘
市福桥		广济路至胡家墩
李继宗巷		北接八字桥西街
福全巷		北接李坊桥
大郎桥巷	建新巷	临顿路至平江路
丁家巷		干将路至大郎桥巷
钮家巷		平江路至临顿路
大儒巷		平江路至临顿路
肖家巷		平江路至临顿路
南显子巷		迎晓里至临顿路

续表

巷　名	曾用名	起　止
郝长巷		仓街至平江路
中张家巷		仓街至平江路
横巷		仓街至新建里
小新桥巷		仓街至城河
小柳枝巷	小柳贞巷	仓街至城河
曹胡徐巷		平江路至临顿路
东花桥巷		曹胡徐巷至临顿路
姑打鼓巷		东花桥巷至曹胡徐巷
金刀桥巷		东花桥巷至白塔东路
赛银巷		东花桥巷至白塔东路
丁香巷		平江路至仓街
中家桥巷		丁香巷至胡厢使巷
丽姬巷		西接仓街
悬桥巷		临顿路至平江路
北显子巷		西接临顿路
楚春巷		箓葭巷至悬桥巷
混堂巷		平江路至仓街
箓葭巷		临顿路至平江路
大新桥巷		仓街至平江路
大柳枝巷		仓街至平江路
胡厢使巷	创新巷	平江路至城河
兴隆巷		仓街至孙家弄
卫道观前		仓街至平江路

续表

巷　名	曾用名	起　止
洙泗巷		观前街至清洲观前
宫巷		观前街至干将路
社坛巷		清洲观前至牛角浜
井巷		南接观前街
土圣巷	红星巷	旧学前牛角浜
斑竹巷		永定寺弄至景德路
宜多宾巷		人民路至庆元坊
韩家巷		宜多宾巷至永定寺弄
阔巷		富仁坊巷至调丰巷
富仁坊巷		人民路至宫巷
土堂巷	土塘巷	调丰巷至富仁坊巷
诗巷		干将路至调丰巷
东脚门		观前街至旧学前
西脚门		观前街至观成巷
第一天门		宫巷至北局
蔡汇河头	柴河头	落瓜桥下塘至宫巷
嘉余坊		人民路至金太史巷
碧凤坊		落瓜桥下塘至宫巷
调丰巷		宫巷至吉由巷
小曹家巷		小太平巷至由巷
小太平巷		干将路至颜家巷
吉由巷		调丰巷至人民路
颜家巷		临顿路至宫巷

续表

巷　名	曾用名	起　止
由巷		干将路至颜家巷
莲目巷		由巷至宫巷
民智巷		西接施相公弄
乔司空巷	爱民巷	观前街北
观成巷		东脚门至皮市街
铁瓶巷		人民路至镇抚司前
金太史巷	育红巷	马医科菜场东
弹子巷		东接人民路
九胜巷		邵磨针巷至人民路
塔倪巷		邵磨针巷至人民路
大井巷		邵磨针巷至人民路
邵磨针巷		观前街至富仁坊巷
丹香巷	桂花弄	东接小太平巷
牛角浜		土圣巷至东脚门
马医科		人民路至新春巷
清洲观前		井巷至洙泗巷
后庙巷	为民巷	蒋庙前至沙家弄
前庙巷	为群巷	蒋庙前至皮市街
装架桥巷		皮市街至人民路
砂皮巷		人民路至河沿下塘
桑叶巷		东中市至砂皮巷
开甲巷		东中市至砂皮巷
大新巷		旧学前至皮市街

续表

巷　名	曾用名	起　止
殿基巷		装驾桥巷至西北街
打线巷		皮市街至殿基巷
小王家巷		殿基巷至人民路
大王家巷		殿基巷至人民路
祥符寺巷	延风巷	皮市街至人民路
闾邱坊巷		皮市街至人民路
莲子巷	永进弄	南接祥符寺巷
史家巷		临顿路至皮市街
谢衙前	培育巷	临顿路至皮市街
西花桥巷		临顿路至皮市街
蒲林巷		人民路至河沿下塘
阊村坊巷		人民路至河沿下塘
双林巷		人民路至河沿下塘
张莲子巷		闾邱坊巷至祥符寺巷
因果巷		皮市街至人民路
任蒋桥下塘	新民弄	南接谢衙前
承天寺前	承天巷	东中市至保健路
西海岛		承天寺前至西海岛五弄
范庄前	工农巷	人民路至河沿下塘
蒋庙前	永锋巷	临顿路至后庙巷
潘儒巷		临顿路至平江路
百家巷		东北街至北园
狮林寺巷	狮子林巷	临顿路至平江路

续表

巷　名	曾用名	起　止
坝上巷	坝上	新造桥下塘至园林路
桐芳巷		园林路至临顿路
新民巷		仓街至平江路
葛百户巷	敢闯巷	西接麒麟巷
赛金巷		白塔东路至桐芳巷
小唐家巷		东北街至北园
大唐家巷		东北街到北园
东麒麟巷		娄门横街至平江路
传芳巷	正谊巷	娄门横街至平江路
北张家巷		西接传芳巷
平家巷		西接齐门路
星桥巷		齐门下塘至黄墙弄
兰巷		西接史家弄
河东巷		南接桃花坞大街
官库巷		桃花坞大街至桃源村
井亭桥浜		西接齐门外大街
骆驼桥浜		桃花坞大街至永丰二弄
七家村		井亭桥浜至东汇路
南田村子		东汇路至铁路
板刷村		苏站大队
九曲湾		人民路至骆驼桥浜
盐仓巷		十梓街至通关坊
后梗子巷		五卅路至锦帆路

续表

巷　名	曾用名	起　止
前梗子巷		五卅路至锦帆路
南双井巷		盐仓巷至孝义坊
莲花巷		东接人民路
北双井巷		张果老巷至祝家桥巷
张果老巷		锦帆路至人民路
祝家桥巷		锦帆路至人民路
张思良巷		十全街至石家湾
马济良巷		张思良巷至人民路
船舫巷		带城桥弄至十全街
九如巷		十梓街至五卅路
泗井巷		五卅路至长洲路
槐树巷		十梓街至民治路
多贵桥巷		凤凰街至鹅颈湾
司长巷		凤凰街至言桥下塘
燕家巷		北接十全街
醋库巷		凤凰街至五卅路
朱进士巷	团结巷	苍龙巷至醋库巷
苍龙巷		朱进士巷至醋库巷
高岗子巷		北接前梗子巷
甲辰巷		市桥头至干将路
唐家巷		市桥头至石匠弄
张家巷		南接十梓街
阔家头巷		带城桥弄至郊区

续表

巷　名	曾用名	起　止
善家巷		西接凤凰街
二郎巷		十全街至南园大队
如意巷		北沿河至郊区
定慧寺巷	双塔巷	官太尉桥至凤凰街
孔付司巷	前进巷	凤凰街至迎风桥弄
侉庄		小街至葑门西街
祖家桥		望星桥北堍至石匠弄
官太尉桥	益民巷	叶家弄至干将路
望星桥北堍		十梓街至祖家桥
望星桥南堍		十梓街至忠信桥
石炮头		葑门横街至东环路
网师巷	友谊园弄	网师园门口
大石头巷		人民路至柳巷
仓米巷		人民路至东美巷
东美巷		道前街至大石头巷
西美巷		道前街至新春巷
西善长巷		东善长巷至念珠街
柳巷		大石头巷至养育巷
大八良士巷		西美巷至养育巷
小八良士巷		花街巷至大八良士巷
花街巷		西接养育巷
东善长巷		司前街至金狮河沿
东采莲巷		金狮河沿至地方弄

续表

巷　名	曾用名	起　止
南采莲巷		地方弄至司前街
三多巷		书院巷至侍其巷
府东巷	舒巷	西接道前街
东支家巷		东接养育巷
西支家巷		西接剪金桥巷
金狮巷		人民路至金狮河沿
太师巷	道堂巷	书院巷至金狮河沿
书院巷		人民路至三多巷
瓣莲巷		东接养育巷
庙堂巷		养育巷至剪金桥巷
余天灯巷		瓣莲巷至庙堂巷
侍其巷		东大街至吉庆街
憩桥巷		人民路至幽兰巷
鹰扬巷		三山街至铁瓶巷
幽兰巷		憩桥巷至西美巷
紫兰巷		人民路至豆粉园
双成巷		南接牛车弄
游马坡巷		南接庙堂巷
剪金桥巷		富郎中巷至学士街
富郎中巷	跃进巷	东接养育巷
朱家园		东接小教场
前莲花巷		学士街至升平桥弄
后莲花巷		东接学士街

续表

巷　名	曾用名	起　止
百花洲		学士街至盘门
接官厅	大众巷	造船浜至胥门外大街
潘环巷		西接东大街
竹辉巷	近潘村	西接人民路
西半爿巷		接马军弄
新桥巷		东大街至吉庆街

（本名录截至 1982 年）

后　记

《苏州小巷》初版问世至今已有二十五年，整整四分之一个世纪。以世纪为尺度来衡量的时间段，真的不能算短。

过去的四分之一个世纪是急剧动荡着的，包括苏州小巷。

古城里急剧增加、日益沉重的人口负担，现代城市文明对千年古城咄咄逼人的挑战，迫使苏州小巷脱胎换骨。大规模拆迁改造的尘土飞扬、此落彼起。伫立在新村楼上铝合金全封闭的阳台上眺望古城的变化，不少人感叹说："以后恐怕难以见到真正的苏州小巷了。"

是的，二十世纪初就来到古城的老人们这么说；三四十年代生活在苏州的老人们这么说，中华人民共和国成立初期来到苏州的人们这么说，八十年代初来到苏州的人们这么说，连近几年才来到苏州的人们也这么说。

苏州小巷早已走上了一条不归路。

说起苏州小巷，人们的心情真是复杂。

爱她的有之。她清秀美丽，她平易近人，她含而不露，她气质典雅……

怨她的有之。她逼仄狭窄，车子都开不进；她人口拥挤，过去一户人家住的，现在挤了七十二家房客；她破旧不堪；她阴暗潮湿……

怜她的有之。多有味道的建筑，多有人情味的生活方式，石库门啊，天井啊，备弄啊，古井啊，只怕她适应不了现代社会，只怕她就要从这个世界消失……

许多苏州小巷已经在地图里消失了，本书还保留并沿用了一些旧城改造前存在过的小巷名称，并整理附录于文后。此外，为表准确，本书还保留了部分旧制计量单位的使用。这些曾经的小巷静静地守望在本书的每个角落，当你翻开这本书时就会发现，她们一如自己的前身——蓝底白字的路牌，还在凝视着我们的生活。

苏州小巷注定是一个永久的话题。

苏州小巷的许多影子还在，许多老照片在被大量地复制，许多老文章在被反复地印刷，怀旧的情绪似乎席卷一切，老字号的出版物“大行其事”。

苏州小巷的许多符号还在，粉墙黛瓦、石库门、马头墙、漏窗、云墙……她们或天衣无缝，或颇为尴尬地在新崛起的建筑上慰藉着人们的心绪。可以说每一位苏州的建筑设计师俯身在图纸上的时候，他的脑海里便会横七竖八地躺满了苏州小巷的影子。

苏州小巷，最为挥之不去的影子在苏州人的心里，她横亘在苏州人的性格中，浮动在苏州人的血液里。以后的人们也许会从苏州人崇尚含蓄精致的审美情趣、苏州人内敛自足不事张扬的处事性格中，更深刻地品味苏州小巷、反刍苏州小巷、重新认识苏州小巷。

在我看来，苏州小巷二十五年来变化最大的是水。

水是苏州小巷的灵魂，水美，苏州才美。但是二十五年前的苏州水实在不美。引用一段我在《满城活水》里的记叙吧：

蒋宏坤告诉我，五一节吴仪同志来的，我陪她听评弹，听完评弹出来，九点多，正好是河边居民往河里泼污水的时候，也是河水最难看的时候。吴仪对我说："你看，水这么臭，怎么是'上有天堂，下有苏杭'呢？"

那是2012年的5月，蒋宏坤是当时的苏州市委书记，吴仪是刚刚卸任的国务委员，"我"是当时的苏州市水务局局长戴锦明。书记和局长的谈话地点约在大儒巷口的桥上，也就是吴仪当面批评苏州水臭的地方。

谈话之后，治理水环境的"四个百分百"雷厉风行地展开了——百分百污水入河截流，百分百实现河道清淤，百分百消除断头浜，百分百达到河道保洁全覆盖。

"四个百分百"更短促有力的表达是八个字：截污、清淤、畅流、保洁。

七年之后的盛夏，已经退休的戴锦明摊开苏州水系图，对我细细叙说全过程和关键节点，那真是苏州城建发展史上一场波澜壮阔的世纪行动。为了重现这一过程，我采访了一百人，从水利部部长到平江河上的保洁员，花了三年时间，写成一本非虚构文学《满城活水》。

真的是满城活水，一点也不夸张。河水清了，鱼儿游来了，临河人家的窗子打开了。水一活，小巷就美了。要知道，这活水是从东太湖、从阳澄湖、从望虞河引来的，分别从西南、西北、东北注入苏州城，经过全城市河，再从东南角的澹台湖流出。

这是一段令苏州人吐气扬眉的往事，苏州小巷里的水终于彻底摆脱了"黑臭"的骂名。

属于苏州小巷的故事还在往前走，走出这个章节，又走进另一个章节。苏州小巷的故事常讲常新。

还有一段小巷听漏的故事，是我跟着自来水公司听漏师傅夜走小巷的独特经历。

听漏师傅专司寻找城市自来水管网的渗漏处，全城只有五名，他们以乐桥为中心点把全城分为四片，每人分管一片。我跟的傅师傅听漏技术最好，他是自由的，任何地方都能去——当然，他们都只能在夜深人静的时候去小巷听漏，白天太嘈杂了。

那天晚上九点半，我和傅师傅在白塔东路平江路口的保吉利桥边碰头，附近仍有一些游客徜徉，晚风像缎子一样细细拂过，淡淡的桂花香随之而来，让人不由得做一次深呼吸。那是苏州最好的秋夜。

我跟着傅师傅匆匆走过一段游人稀疏的平江路，便向东一头钻进胡厢使巷。

巷子里行人很少。两边人家隐隐传来电视声、搓麻将声，渐渐地，这些声音和灯光悄悄隐去，偶尔有一两句模糊的人声从备弄深处飘出来。月光在石板路上薄薄地铺一层壳，人仿佛走在浅浅的雾气上。

傅师傅专注地通过探头谛听来自地下的声音。他拎着探头自顾自在石板路上大步向前走，每走一步手里的探头顺势在石板上做一次短暂的停留。

“你听，”傅师傅停下来，在小巷两侧听了听，把耳机交给我，“这家人家还在用水，就是这种声音。”于是我记住了这声音，“嗞嗞嗞”的，因为有正常的水压，声调较高，但平和、沉静、均匀。

在小巷拐弯的地方他又停下来让我听，那是一种声调明显低得多的水声，像山间小溪流那般淙淙悦耳，那是污水管道里传来的声音。

碰上狗一样蹲在路边或屋檐下的消防栓，他总要打招呼一样拎着探头靠上去听一听：附近有漏点的话，可以在消防栓上听到异常。

我们走出胡厢使巷，在仓街上走了一段，弯进丁香巷，又拐进一条阔而短的巷子。傅师傅才走了几步就停下来，像大夫在病人胸脯上听到了某种杂音，立即抓住它，在这一点的周边远远近近反复听，然后又在折向一户住宅的碎砖小径上来回听。我有点紧张，看那劲儿像是抓到漏点了。果然，他招呼我："这是个漏点，你来听听。"

我戴上耳机把探头放在傅师傅手指着的地方，从地下传来的声音果然不同凡响，激动的高调，带着一股癫狂的劲儿，还很嘈杂，嘈杂里时有尖锐的啸叫，活脱脱正在上演一出"胜利大逃亡"的闹剧。

傅师傅告诉我，从声音判断，是自来水管有裂缝了，这一带的水管大多是铸铁的，老化了，容易破裂。他说，从漏点传出来的声音里，不仅可以听出漏点确切位置所在，还可以听出水管不同的材质：水泥管、塑料管、铸铁管、镀锌管、球墨管，传出来的声音都有细微的差别。一句话，听漏看似是小道，门道却蛮深。

傅师傅卸下双肩包蹲下，取出笔记本电脑记下了什么，再掏出一支喷筒在地上细心喷了一个深红色的十字。刚才他来来回回仔细听，找的正是这个点。明天他会将这个位置通知公司派人来修复。

傅师傅特意打开路中央一只水泥井盖，让我看漏出的水正从这里施施然潺潺流进下水管道。它一天能漏多少水呢？"我们通常按小时算，这个漏点每小时能漏三吨水左右吧，不是大漏，但也不算很小了。"

那夜傅师傅一共找到五处漏点，直到近午夜零点才收工。

之后，我常在深夜醒来的时候想起傅师傅，此时他还在小巷夜色中专注地谛听着吗？

那时我就想，我也是一名小巷谛听者——谛听从小巷传出来的各种各样的声音，生怕漏掉点什么。

其实，关于苏州小巷的故事，我们大多是听来的。听前人讲，听别人讲，我们也讲给别人听。所有人的故事叠加起来，才成为苏州小巷的大故事。

因为这些故事来自我们的过往，来自一代代人的快乐和苦痛，来自我们对这座城市深深的眷恋，来自我们的根，所以我们要记住它们、温习它们、思索它们，然后顺着它们继续往前走，这样，我们才会走得踏实而沉稳。

薛亦然

2024 年 4 月 16 日记于江枫园两可斋